辽宁省教育厅高校学术专著出版基金资助

SHEHUI ZHUANXINGQI
LIAONING ZHIYE JIEGOU YANJIU

社会转型期
辽宁职业结构研究

王立波 ◎ 著

北京师范大学出版集团
BEIJING NORMAL UNIVERSITY PUBLISHING GROUP
北京师范大学出版社

图书在版编目(CIP)数据

社会转型期辽宁职业结构研究/王立波著. —北京：北京师范大学出版社，2015.4

(学术前沿研究)

ISBN 978-7-303-18442-2

Ⅰ．①社…　Ⅱ．①王…　Ⅲ．①职业—结构—研究—辽宁
Ⅳ．①D669.2

中国版本图书馆 CIP 数据核字(2015)第 018658 号

营销中心电话　010-58802181　58805532
北师大出版社高等教育分社网　http：//gaojiao.bnup.com
电子信箱　gaojiao@bnupg.com

出版发行：北京师范大学出版社　www.bnup.com
北京新街口外大街 19 号
邮政编码：100875
印　　刷：北京京师印务有限公司
经　　销：全国新华书店
开　　本：170 mm×230 mm
印　　张：13
字　　数：220 千字
版　　次：2015 年 4 月第 1 版
印　　次：2015 年 4 月第 1 次印刷
定　　价：45.00 元

策划编辑：刘松弢　　责任编辑：谭徐锋　刘松弢
美术编辑：王齐云　　装帧设计：李尘工作室
责任校对：王　婉　　责任印制：马　洁

前 言

改革开放以后，对于中国社会而言意义最大的、最为根本的变化就是社会结构的变迁，社会结构变迁的核心是社会分层结构的变迁。所谓社会分层是对社会的一种特殊的观察角度，是从人们社会地位结构变化的过程、轨迹以及结果的角度观察社会。

在现代社会，职业地位已成为人们社会地位的风向标，职业与个人收入、财产、教育水平、生活方式高度相关，职业最有力地体现了个人的物质报酬、个人的社会声望，职业分层也成为社会分层的最根本、最主要的指标。由于职业结构在经济发展和社会结构变迁之间建立了一种联系，这种联系直接反映了经济发展对社会变迁的影响，对职业结构及结构变迁过程——职业流动的分析，我们可以观察到社会结构变迁的动态轨迹，因此，职业结构变迁研究也成为社会学研究的具有代表性的研究方法。

中国式现代化的特点之一是地区间社会经济发展的非均衡性，辽宁老工业基地是在计划经济体制下，直接由国家财政投资建设发展起来，至今仍是除京、津、沪直辖市以外中国城市化水平最高的地区。改革开放以后，中国政体连续性背景下的渐进式改革形成了从南向北、从东向西推进的"梯度发展格局"，东南沿海地区迅速发展起来，而以辽宁为代表的老工业基地逐渐失去了往日的辉煌。对于城市化和工业化过程中，带有自我职业选择特征的农民工问题在这里并不明显，取而代之的是带有"后工业化"特征的下岗失业工人问题，老工业基地面临着与东南沿海地区不同的社会事实。

中国的老工业基地不同于早发型工业化国家因产业结构调整或矿业资源枯竭而形成的大工业聚集区。这种区别在于它们形成的社会历史过程和制度背景的不同，前者是在完全市场化条件下的相对单纯的产业转型，后者则是在产业转型的同时伴随着由计划向市场的体制转型，双重转型的压力形成中国老工业基地更加复杂的社会结构；这种区别也在于经历这种转型的劳动组织不同，中国的劳动组织曾经是国家行政权力向经济领域的扩展，在社会转型的过程中劳动组织首先面临着自身的转型，也面临着由计划到市场的一系列的劳动关系、产权关系的变革，在计划和市场的磨合期国有企业所有者的缺位、资产的流失等都加大了老工业基地的转型成本；这种区别还在于处于这种劳动关系之中的劳动群体不同，早发型工业化国家的老工业聚集区的劳动群体，是在市场经济条件下具有主体自由选择条件的社会人；中国的老工业基地的劳动群体，在改革前是与新中国紧密相关的单位人，他们为新中国的现代化建设做出过重要的贡献，国家不仅在政治上，而且在经济上和福利保障上对他们有着相应的制度承诺。

中国的老工业基地也不同于曾经有过计划经济历史的俄罗斯和东欧国家的老工业基地。苏东的改革是全方位的私有化和迅速的市场化，同时也伴随着传统的政治经济和意识形态体系的中断，在以往的国有经济主体消失以后，国家也中断了与原有国企社会的责任关系。中国改革的市场化不仅是渐进的，而且，作为主体的国有经济领域、传统的产权形式、管理体制和单位制社会结构没有根本性变化，或者说没有表现出根本性变化，在市场化条件下，国企在国民经济中的地位也日益巩固和强大，中国的老工业基地实际是中国社会主义计划经济的历史与改革后的现实社会相联系的纽带；它不仅有别于早发型工业化国家，也不同于改革后的苏东社会，而是具有特殊意义的社会结构类型。

如果说中国改革开放初期是以东南沿海地区为代表的计划经济的浅水区，伴随着农民快速城市化、乡镇企业迅速崛起的市场化过程。那么改革发展的现阶段，中国现实社会最显著的特征则是在计划经济的深水区所发生的，经济转型和体制转型交织在一起、体制内社会和体制外社会并存，以传统体制作用的领域更宽、作用程度更强的老工业基地社会结构变迁为典型代表。因此，在改革发展的新阶段，充分认识老工业基地的社会结构，可能是社会学中国化亟须研究的对象，是解析中国式发展道路的关键环节，也是社会学研究更紧密地回应社会发展重大问题的需要。本书正是在上述认识的基础上，试图通过解析辽宁职业结构的变迁来理解中国当下社会结构最显著的特征以及这种特征的演变趋势。

本研究主要采用文献研究、问卷调查和个案访谈。问卷调查的数据有两部分：第一部分是课题组在 2006 年 1 月至 3 月在辽宁收集的抽样调查数据。采用多阶段复合抽样的办法，在辽宁的十大城市：沈阳、抚顺、营口、锦州、大连、阜新、鞍山、辽阳、丹东、本溪进行，各市抽取两个区，每个区抽取一个街道办事处(沈阳抽取两个街道办事处)，共 20 个街道办事处，再从每个街道办事处中随机抽取一个社区，再根据社区的人口登记簿随机抽取 50 户左右的家庭，将访问户 25～65 岁的有职业经历的人口按年龄排序，根据入户抽样表抽出调查对象，计划样本 1100 份，有效样本 990 份。样本的基本情况是男性占 47.6%，女性占 52.4%，年龄 34 岁以下占 21.2%，35～44 岁占 17.2%，45～54 岁占 41.5%，55～70 岁占 20.2%，平均年龄 42 岁，家庭平均月收入 1915 元，家庭平均人口 3.16 人，本人平均月收入 1098.5 元。此外第二部分是本研究进行的零工市场调查，调查时间为 2007 年 4 月，采用判断抽样的方式，在沈阳的 8 个规模不同的零工市场进行，计划样本 400 人，回收有效访谈问卷 390 份。平均年龄 41.7 岁，平均月收入为 832.4 元。

个案访谈的数据也有两部分：第一部分是 2005 年 7 月，课题组把问卷的试调查和对下岗失业工人的个案访谈结合起来，在辽宁的 7 个城市对 58 名下岗失业工人进行了深入访谈，使研究内容更加丰富生动和真实可靠。第二部分是在零工市场的问卷调查中就零工市场的运行机制同步对 30 名零工进行了个案访谈。

研究的基本内容：

第一，老工业基地职业结构变迁研究的理论与方法。第一章集中探讨了职业结构与社会分层研究的学术资源，通过对古典和当代西方社会分层与职业分层研究的梳理，描述了职业分层和社会分层理论研究的发展阶段以及各学派的研究特点；通过对当代西方社会流动与职业流动研究、劳动力市场分割理论的研究以及相关研究技术发展过程的概述，展现了国外相关研究的结构和基本方法。同时，对改革开放以来中国社会分层和职业分层研究的现状和发展阶段也进行了梳理。第二章在国际比较的视角下集中论述了中国老工业基地的特殊性，老工业基地问题是工业化国家的具有普遍意义的问题。但是中国的老工业基地无论是发生背景、劳动组织还是劳动群体都具有自身的特点，这些特点都充分表现了中国式的政体连续性背景下的渐进式改革的特点，是经济转型与社会转型双重力量形塑的结果。因此，对老工业基地职业结构变迁的研究作为对具有世界历史意义的老工业基地的特殊社会结构类型的研究，而具有了较高的理论意义和现实意义。

第二，辽宁职业结构变迁的研究。第三章、第四章和第五章集中探讨了辽宁职业分布结构、职业声望结构和职业性别结构。其一，职业分布结构的文献研究。通过对第三次、第四次及第五次人口普查资料的整理，分析了辽宁人口职业结构变迁与广东、浙江两省以及全国总体变迁趋势的差异，发现辽宁人口职业结构变迁是一个农林牧渔业人员所占比例大幅度上升和工业在业人数比例大幅度下降两种趋势并存的局面，这两种趋势表明辽宁的职业结构变迁具有“工业化”和“后工业化”双重特征，这种职业结构变迁过程是经济转型和体制转型双重作用的结果，也是国家和市场的双向挤压和形塑的结果。其二，职业声望结构的调查研究。以2006年的990个辽宁城镇居民的调查样本数据为基础，通过与相关调查的比较发现：辽宁的职业声望的等级结构表现出较明显的区域特点，对行政权力的尊崇在职业声望评价中发挥着重要作用。这也反映出辽宁市场化的过程中再分配体制力量依旧保持着巨大的影响作用。其三，职业性别结构的研究。这是职业结构研究的一个独特的视角，根据第三次、第四次及第五次人口普查的统计资料，通过与同时期广东和全国的职业性别结构的比较，探讨了辽宁老工业基地不同职业群体性别结构变化的趋势和特点，分析了职业水平隔离和垂直隔离的趋势及其形成原因，描述出辽宁职业性别结构的区域特征。其四，辽宁职业结构变迁过程——职业流动研究。第六章主要探讨了职业结构代际转换过程中，职业资源的内在传递方式、途径和原因。通过对调查数据的汇总和分析，发现辽宁社会尽管存在较高的代际职业流动率和向上流动的趋势，但是优势职业被优势群体所控制的倾向也非常明显，生产工人等职业也表现出了较强的代际继承性，职业流动的结构性制约依然存在，这种制约也是两种体制的力量交互作用的结果。

第三，辽宁社会阶级、阶层意识的研究。第七章和第八章主要探讨了职业结构的主观状态。阶级和阶层意识是处于一定社会阶层地位的个人对社会结构状况及其自身所处社会经济地位的主观认知，这是社会结构研究的重要视角。通过对转型期老工业基地调查资料的分析，发现人们的主观世界存在着内在冲突，这种冲突是两种体制以及传统和现实博弈的结果。不同年龄、不同教育程度和不同职业层级间也存在着阶级和阶层认知上的较大差异。此外，还就老工业基地典型的社会问题——失业群体的转型适应和社会认同进行了研究。

第四，辽宁劳动力市场结构的研究。第九章和第十章集中探讨了老工业基地的劳动力市场结构和处于边界状态的劳动力市场问题。劳动力市场分割是指由于政治、经济等外在制度因素或者经济内生因素的制约，使劳动力市场或分为两个或多个具有不同特征和不同运行规则的领域，不同的领域在工资决定机制、工作稳定性、劳动者获得提升的机会等方面有着明显的区别，而且劳动者很难在不同的市场之间流动。不同劳动力市场的终端是从事不同职业的企业和劳动者，劳动力市场分割结构是职业结构研究的另一个层面，职业分层结构的变迁在一定意义上说是劳动力市场结构变迁的结果。研究发现辽宁具有复杂的劳动力市场结构，不仅存在城乡劳动力市场的分割，而且城市社会也存在着初级和次级以及核心和外围劳动力市场的分割。在城乡劳动力市场的两岸，还存在着城乡混合的处于边界状态的劳动力市场，辽宁劳动力市场结构独具特点的适应、变异和分化也是中国社会结构复杂性的集中表现。此外，还通过问卷调查和个案访谈对边界劳动力市场——马路市场在国家和中介组织缺失情况下，劳动力市场的运行机制，以及对劳动力市场的主体“马路天使”进行了实证研究。

目　录

第一章
职业结构变迁研究的理论与方法

改革开放使中国社会发生了深刻的变化，而其中最根本的变化则是社会阶层结构的改变。原来的“两个阶级一个阶层”(工人阶级、农民阶级和知识分子阶层)的社会结构发生了显著的分化，一些新的社会阶层逐渐形成，各阶层之间的差异日益明晰化，以职业为基础的新的社会阶层分化机制逐渐取代过去的以政治身份、户口身份和行政身份为依据的分化机制。社会分层(Social Stratification)是社会结构中最主要的社会现象，因而被视为现代社会变迁的焦点，因此也成为社会学研究的一个核心领域。自 1978 年中国社会学学科恢复建设以来，社会利益关系及社会结构问题始终为社会学者所关注，并成为社会学研究的热点。

社会结构变迁的核心是社会分层结构的变迁，所谓分层是对于社会的一种特殊的观察角度，也是从人们社会地位结构变化的角度观察社会，人们地位结构变化的本质是人们之间利益或资源占有关系的改变。而在现代社会，由于职业与个人收入、财产、教育水平、生活方式高度相关，职业最基本的规定了个人得到的物质报酬、社会声望和政治权力，因而职业分层成为社会分层的最根本、最主要的指标，职业地位成为社会地位的指示器。因此，通过职业地位结构的变迁来研究社会结构的变化也成为历代社会学家社会分层研究的具有代表性的研究方法。

第一节　社会分层理论与职业分层研究

社会分层是指依据一定的标准，将社会成员划分为高低有序、等级不同的多个社会群体的一种方法。社会分层研究是社会学领域中的一个最重要的研究论题，许多社会学理论大师都曾涉及这一论题并提出相关理论。同时，也有大量的社会学家专门从事社会分层研究，因此，长期以来这方面的研究一直是成果繁多，理论层出不穷，并产生了许多分支研究领域。社会分层研究的主题与理论动向往往与社会变迁及社会思潮的新趋势紧密相关，因而其在不同时期有不同的关注点和理论取向。

一、古典社会分层理论

社会分层研究领域尽管历史悠久、学派众多，但是人们一般认为经典社会分层理论的主要代表人物是马克思和韦伯。他们对资本主义的社会分层及其政治后果做出了完全不同的理论解释，长期以来这两派理论一直是社会分层研究领域的主导理论取向。

(一)马克思主义社会学的阶级理论

在社会学家最初开始讨论社会分化、社会冲突及其与社会变迁之间的关系等问题时，马克思的阶级理论具有极其重要的影响，甚至可以说一度居于主导性的位置。

马克思的阶级理论可以看作是对古典的社会阶层化理论的贡献。马克思的阶级理论是建立在历史唯物主义基础之上的，他认为阶级是一个历史范畴，与一定的历史过程相联系；形成阶级的主要因素是财产关系，在资本主义社会，阶级关系的基础就是生产资料的私有制；而个人社会地位的高低，在资本主义社会里就是由个人在生产关系中的位置所决定的。马克思也发现了阶级结构和职业结构相关性，在他的时代，他从更宏观的视角发现，在一切私有制社会里，脑力劳动的职业基本上都为统治阶级所垄断，体力劳动的职业则归属于劳动者阶级，在资本主义社会无产阶级所从事的主要是体力劳动。而形成这种地位差别的原因是个人在社会生产关系中的位置，这种位置由是否占有生产资料所决定的，所以马克思的阶级分层理论也往往被称为“一元经济论”。

马克思的核心观点是：资本主义社会的阶级结构是两极分化的，资产阶级与无产阶级的利益冲突构成了资本主义社会的主要矛盾以及社会变迁的动力，并最终导致资本主义社会的灭亡。尽管马克思也注意到，当时资本主义社会的阶级结构要比这种简单分类更复杂，因为还存在着一些过渡性质的阶级、类阶级群体和阶级内部的分支(如地主、农民、流氓无产者)等，但是，马克思认为资本主义社会的进一步成熟将不断分化这些复杂成分，他们或者变为资产阶级，或者最终与无产阶级为伍，而社会阶级结构最终简化为两极对立。马克思的阶级分层理论揭示了当时资本主义社会结构和职业结构的典型特征。

(二)马克斯·韦伯的阶层理论

19世纪中叶到20世纪初，工业社会的兴起对马克思的阶级理论形成了极大的挑战，随着资本主义社会的发展，社会阶级分化愈演愈烈，越来越突破两大阶级的社会格局，于是韦伯的社会分层理论应运而生。韦伯分层理论的核心是划分社会层次结构必须依据三重标准：财富经济标准；声望社会标准；权力政治标准。

经济标准即财富，是指社会成员在经济市场中的生活机遇。所谓生活机遇是个人用其经济收入来交换商品或劳务的能力，即满足自己物质需求的能力，其中包括使自己受到良好教育以获得较好经济地位的能力。不同的职业拥有不同的专业技术，也就具有不同的市场状态、生活机遇或经济力量，能获得不同的收入水平，并在消费市场中占据不同的位置。社会标准是指个人在其所处的社会环境中所得到的声誉和尊敬。在多数情况下，声望来自较高的社会地位，而社会地位的高低与职业地位的高低是高度统一的。按照这个标准，可以把社会成员划分成不同的身份群体。所谓身份群体就是由那些有着相同或相似的生活方式，并能从他人那里得到等量的身份尊敬的人所组成的群体。政治标准就是指权力。韦伯认为，权力就是处于社会关系之中的行动者即便在遇到反对的情况下也能实现自己的意志的可能性。在韦伯看来，权力不仅取决于个人或群体对于生产资料的占有关系，而且也取决于个人或群体在科层制中的地位。权力是与相应的职业地位联系在一起的，职位越高权力也越大，因而越有可能在遭遇反对意见时也能实现自己的意志。①

古典社会分层理论中，如果说马克思从生产资料的占有出发来进行阶级划分的阶级理论还具有某种超越职业分层的倾向，或者说在职业分层中仅仅关注到体力和脑力的职业分层的话，那么韦伯的多元分层理论则是以职业分层为基础的，无论是经济标准、政治标准还是社会标准都是建立在职业分层的基础之上的。

二、当代西方社会分层理论与职业分层研究

20世纪中叶，社会分层研究获得了进一步的发展，已经成为社会学研究

---

① 刘艾玉：《劳动社会学教程》，2版，81页，北京，北京大学出版社，2006。

的核心领域之一，受到各大社会学流派的普遍关注。

(一)戴维斯和穆尔的功能论

系统地对职业分层现象进行阐述的是美国社会学家戴维斯和穆尔二人。在现代工业社会，任何关于社会分层方面的理论，都包含着他们二人的一些观点。

戴维斯和穆尔提出社会分层就是指社会具有必要的不同功能的社会位置系统，由于不同的社会位置的功能不同、重要性不同，他们需要与具有不同才能、经过特殊训练、愿意从事该职业的人相匹配，工作者由此得到相应的物质享受的、情感愉悦的和自我发展的报酬。他们用"位置系统"的概念来说明社会阶层化现象的产生原因。他们认为如果把社会看作一个正在运转的体系，则社会必须将其成员安排到各种位置上去，使每一个安排到这种位置上的人都能发挥自己应尽的职能。由于各种社会位置的功能重要性是不同的，有些社会位置在社会生存的功能上比其他位置更重要(这种重要性由地位的独特性、可替代性和依赖性决定)，该位置就处于社会的关键性位置，对社会就更重要；有些社会位置比其他社会位置更需要特殊的训练和才能，社会中只有少数有才能的人能加以训练，以获得这些职位所需要的技能，社会为了要吸引这些人就要在日后他们工作时给予更多的报酬；有些社会位置更让人感到愉快。因而，社会就需要根据每个位置的不同功能，给予不同的报酬作为诱因，即实行一种差别报酬制度。这种差别报酬制度既导致了社会分层，也为社会的存在与运转所需要。在功能论者看来，如果不给那些更重要、更难胜任的职业以更多的报酬和更多的荣誉，人们不会进行更多的教育投资，不愿付出更多的努力，也不愿承担更大的责任。

戴维斯和穆尔是在职业分层的意义上来理解社会分层，把社会地位和职业地位统一起来，这一理论至今仍对学界产生着极大的影响。

(二)图闵的冲突论

戴维斯和穆尔对社会位置和社会分层的功能论解释，引起了学者们的极大兴趣，也招致了不少人的批评，冲突学派认为社会分层并不是社会成员共同的价值趋向或共同的社会需要，资源的稀缺性才是社会不平等产生的最深刻社会根源。

第一，他们认为社会地位的差异是无法避免的。这一观点与结构功能学派相似，不过他们并不认为这种不平等是合理的，应该受到社会的推崇。相反，他们强调社会不平等是利益不一致导致的，是由社会地位决定的社会待遇的不合理性。第二，他们认为社会不平等总是导致剥削。处于重要地位的社会成员往往会利用自己的特权，剥削社会地位较低的成员。他们占有大量的社会资源，从自己的需要出发制定或影响社会政策，为自己提供较高的社会报酬，并保护自己的利益。第三，权力和资源的垄断，强占社会财富，排斥无权力的其他社会成员，而生活在社会底层的劳动者处于被支配的地位，他们被迫遵守由上层社会成员所制定的社会规范。

冲突学派的重要代表人物图闵在1953年提出了关于社会位置的功能重要性命题属于主观价值判断，社会分层具有限制人才的发掘和发展，造成社会敌意等负功能的观点。他认为所谓社会位置是由于功能重要性不同的理解有极强烈的价值判断色彩，因为人们无法真实地证明各职业对工业社会的功能性意义，他认为职位的不可替代性往往并非取决于其功能性质，而常常是双方妥协的结果。有才能的人并非稀少，虽然人数上有限制，但更多的是结构性因素的结果。教育机会的限制是一个很重要的结构性因素，由于接受教育、特别是接受高等教育的费用很高，而每个家庭所能负担的教育费用的能力是不一样的，这样无形中便埋没了很多人才。职位的继承性是另一个结构性因素，它造成了人们就业的非公平竞争性。基于这两个结构性因素，下层人的下一代同样会得不到好位置，并造成恶性循环。更何况那些占有好位置的人为维护自己的利益与地位还经常设置种种进入这些职业的障碍。物质报酬并非是吸引人才的最有效诱因，不同的社会有不同的报酬形态，在有些社会最吸引人的是权力。此外，工作本身的内在价值等也能吸引人，高低不等的社会位置的存在也有负功能。

总之，冲突论者认为，在现代社会分层体系中各种职业是相互依赖的，不同职业功能的大小实际上是无法相互比较的。另外，从事一些体面职业的人并不都是才智出众者，相反，有众多德才兼备的人因为有种种社会制度方面的限制而不能从事那些具有较高声望的职业。社会地位的高低、职业地位的高低是职业垄断和社会冲突的结果，是职业特权的表现。冲突论是从社会结构性因素去解释职业分层乃至社会分层的根源。

(三)辛普森的供需论

美国社会学家辛普森于1956年从劳动力市场的供需规律出发对功能论提出了修正，他认为：位置系统的重要与否是很难加以测量的，而人才的供需状况才决定了报酬，决定了社会位置的重要与否。

他认为人是社会的，而非经济的人，报酬也并不一定指物质报酬，而可以是任何一种社会报酬。功能的重要性是难以测量的，但人才的供给与需求是可以测量的。就总体效应而言，医生、工人、农民都一样重要，但他们个别的边际效用是有差别的。用供需理论还可以解释社会高低不同的报酬的产生。医生的收入比大学教授高，原因是社会上每个人都需要医生，但并非每个人都需要大学教授，他们的社会需求不同，因此导致了他们所得的不同。同样，出名的球星极少，其供给也是远远低于需求的，因此，他们的市场价格，即他们的身份也就相当高了。[①]

总之，从供需论来看，社会分层、职业的地位是由供给与需求决定的，那么，职业结构的变迁也同样是由于供需所确定的。供需论实际上为职业结构的变迁理论提供了另一个层面的解释，为进一步的研究提供了新的视角。

(四)格伦斯基的后涂尔干主义和职业分层研究

格伦斯基和索内森等人发现，涂尔干所强调的职业层次的结构化倾向越来越明显[②]，这使得由于工作不同而导致的差异转换成为有意义的社会群体。他们指出，在当代社会，职业的概念及其分类已经被制度化，不同分类的差异体现在国家政策层面和个人行为层面。基于职业的分类，或者说基于生产领域的劳动分工，发展起来大量的同业联合体，如工会、行会等，这些联合体代表了职业群体的共同利益。职业群体转化为具有共同利益的社会政治群体，这些群体在当前的社会政治生活中发挥越来越重要的作用。因此，他们认为：阶级应该根据职业的分类来划分。

格伦斯基还做了一系列经验研究。他们分析了1975～2000年美国社会是否出现了阶级解构的现象[③]。数据分析结果表明，从阶级对生活机会、政治行为、社会态度和消费实践等方面的影响来看，以往研究者划分的大分类阶级(big-class)的确出现了结构化程度降低，但根据职业分类划分的微观层次的阶级(micro-class)的结构化却持续存在，因此，他们得出结论，阶级结构的解构主要表现在传统的大分类阶级而不是微观阶级层面。格伦斯基把社会分层和职业分层十分明确地统一起来，认为在职业分层的意义上来理解社会分层是更有意义和更贴近实际的。

---

① 袁方、姚裕群主编：《劳动社会学》，105页，北京，中国劳动和社会保障出版社，2003。

② [美]戴维·格伦斯基编：《社会分层》，165页，北京，华夏出版社，2005。

③ [美]戴维·格伦斯基编：《社会分层》，171页，北京，华夏出版社，2005。

三、当代西方社会流动与职业流动研究

社会流动包含两层含义，宏观上是指社会结构的变迁过程，微观上是指人们在社会地位结构中从一个位置向另一个位置的移动。社会结构不仅表现为静态的社会地位结构，而且同时表现为动态的个人或群体的社会流动过程。由于职业地位是人们社会地位的指示器，因而职业地位的变迁过程——职业流动也成为社会流动的主要内容。

(一)索罗金和李普塞特的社会流动研究

社会流动作为社会分层研究中的一个重要学术范畴，最早是由索罗金提出的。早在1921年，索罗金就在《社会流动论》中对社会的垂直与水平流动、职业流动、经济阶层流动以及政治阶层流动进行了经验的描述与研究。索罗金首先从一般的社会流动中根据流动的方向区分出了两种流动类型：水平流动和垂直流动。水平流动是在同一个层次上由一种社会地位转向另一种社会地位的流动；而垂直流动则是在不同的社会层次间，由一个社会层次向更高的或更低的社会层次的流动，向更高的层次流动形成向上流动，向更低层级的流动则为向下流动。他还区分了个体流动和群体流动。

索罗金格外关注代际流动，并且对父亲的职业地位对于儿子职业流动的影响进行了经验研究，指出近代社会职业世袭情况减少，同一个家庭出身的孩子可能分散于不同的职业群体中。尽管如此，父亲的职业地位仍然对孩子的职业地位有很大的影响。索罗金使职业流动的研究更加具体和规范，甚至成为以后人们研究社会结构变迁的一个独特的视角。

第二次世界大战以后，社会变迁的速度加快，社会流动率提高，引起许多社会学家的兴趣，出现了一支专门从事社会流动研究的学术队伍，发表了一大批高质量的社会流动研究成果，形成了社会流动研究中的美国传统和欧洲大陆传统。李普塞特和本迪克斯合著了《工业社会的社会流动》(1959)。他们的理论特色是，运用大量通过调查获得的经验资料进行统计分析和比较研究，探讨现代工业社会流动的特点和规律，试图说明社会结构变迁与社会流动之间的关系。在家庭背景对职业经历类型的影响问题上，他们除了分析父亲的主要职业影响外，还对父亲职业对于孩子教育的影响进行了研究。他们认为，除了职业位置的直接世袭外，教育构成了现代产业社会最重要的资产，他们的主要发现是：群体的职业地位与儿子的职业经历中大部分职业地位都有相当强的相关关系，他们以非体力劳动、体力劳动、农业劳动者的分类来分析职业的继承，发

现父亲职业与孩子职业有相当密切的联系。他们的研究为职业流动理论奠定了基础，使职业流动理论进一步丰富和具体。

(二)布劳和邓肯的社会地位等级测量

美国社会学家布劳与邓肯于 1967 年出版了《美国职业结构》一书，与以前的各种社会流动研究成果相比，该书在概念的定义上更为合理、清晰，分析更为系统全面，尤其是在定量分析的方法上更为精细高深，在社会流动研究领域中具有划时代的意义。

他们的贡献主要集中在：第一，说明了现代工业社会中遗传并非地位获得的主要途径，而更多依赖个人自身人力资本和努力。他们认为，社会阶层现象包括了先赋性和自致性两种因素，先赋性因素指的是与个人出身背景相关的各种因素，主要是父亲的职业和教育水平；自致性因素则是后天靠个人的努力和经历所获得的一些个人特征，主要是个人的教育水平。个人的社会地位一方面取决于个人的能力和努力；一方面也要受家庭出身的影响，上一代中的不平等会在下一代中不同程度地再现。在美国，对个人职业地位影响最大的，首推受教育程度，其次为参加工作后的第一个职业地位，父亲职业对子女职业的直接影响比前面二者小。他们认为在当代工业社会根本就不存在阶级，在当代社会，身份群体可能更有意义，或者说，他们认为，所谓阶级就是社会地位相同的一群人。因此，他们采取了等级测量的方法来分类社会地位相同的人群。他们根据个人的收入水平、身份地位或声望高低等可以量化的指标，划分出一些等级性的界线，把个人归类为高低不同的等级群体。这类研究被称之为社会地位等级测量。

布劳和邓肯认为：职业地位是一种成就地位，但作为成就地位的职业本身也受到继承因素的影响，布劳和邓肯讨论了一系列反映社会出身背景的要素的影响，他们将不同职业在职业等级序列上的差异称为职业距离，认为职业距离对于职业流动是有影响的。在职业流动问题上，布劳与邓肯发现：代际的职业流动中大致处于相同的职业等级间流动要多于等级差异大的职业间的流动，短距离流动要多于长距离流动；父亲的职业，对于本人职业的成功机会有影响，但是其个人的训练和就业或初职的经验有更重要的影响力。社会背景、教育和初职并不是相互独立的，他们对于职业成功的影响也不能累加，父亲教育对儿子职业地位的影响是以父亲的职业和儿子的职业为媒介的；父亲职业上的地位不仅通过儿子的教育和初职对儿子的职业成功产生影响，对儿子以后的职业经历也会发生延时的影响。他们向人们展示了一套研究社会流动独特的分析框架、专门化的分析技术和系统严谨的分析模型。

由布劳和邓肯提出的社会经济地位指数测量作为一种标准的阶级背景测量工具也在美国流行了近40年，这种测量方法是以职业声望为基础发展起来的，它通过个人收入和教育水平对职业声望的回归得出收入与教育的权数，再依据收入和教育的权数来测量每个人的社会地位高低。他们还采用路径分析方法对个人的社会经济地位获得过程进行分析，这给社会分层研究领域带来了革命性的变革。①

(三)劳动力市场分割理论

职业流动研究大多注重职业自身的特性及个人因素对于流动的影响，而新结构论者则认为，社会经济的结构性因素以及作为连接结构与个人的桥梁的"工作结构"应当是职业流动研究的重点。他们对于经济、产业部门、工作单位及劳动力市场的结构进行了研究，并且着重分析了这些结构间相互隔离的现象对职业流动的影响。

新结构论的研究重视流动中的职务、职业、产业方面的特征，而不是个人的特征，他们强调：经济过程并不是单一的社会过程，而是由性质不同的多层次的过程构成的。他们从制度经济学中借用了"二元劳动力市场"、"市场分割"及"内部劳动力市场"等概念，并加以重新构造用于社会分层的结构分析。他们认为，社会分层系统是由不同的、作用大小不一的分层过程所组成，而不是一个适用于全社会范围的单一过程，因为市场不是统一的而是被各种制度规则所分割的。在不同的工业部门和企业机构中"存在着不同的就业类型、不平等的收入和福利待遇及不同的职业提升阶梯"，有着同样特征的个人——如同样的教育水平、训练资历、心理素质、工作努力程度等，在不同的部门和机构中往往获得不同程度的奖酬回报。这类研究特别注重对劳动力市场和企业组织的分析，通过这种分析来考查各种制度安排对职业流动、个人地位获得的影响。这类研究证实，妇女和少数民族的劣势地位不仅仅是由于他们缺乏人力资本投资，而且也是由于他们进入的是次级劳动力市场(secondary labor markets)，在二级劳动力市场就业的人工资收入较低而且也没有职位晋升机会。②

与二元劳动力市场有着密切联系的是内部劳动力市场的理论。佩尔等人在

① [美]戴维·格伦斯基编：《社会分层》，344页，北京，华夏出版社，2005。

② A . L. Kalleberg and A. B. Sorensen："The Sociology of Labor Markets"，*Annual Review of Sociology*，1999，vol. 5，pp. 351-379.

论述初级劳动力市场与次级劳动力市场的问题时进一步指出，在初级劳动力市场内部存在着一系列的内部劳动力市场，即有一系列工作阶梯，个人可以循着这些阶梯逐步提高自己的职业地位，而在次级劳动力市场中则不存在这种内部劳动力市场。内部劳动力市场理论认为，内部劳动力市场主要形成于大企业或技术性的职业群体内部，通过组织管理制度来决定企业或职业群体内部的工资和劳动力配置。而外部劳动力市场处于上述市场之外，在这里，工资和劳动力的配置是由经济上的供需关系决定的，进入内部劳动力市场的从业者在资源的分配上享有种种保障，如较高的就业连续性、任职优先权以及晋升的职务阶梯，因而，往往有可能形成高工资和稳定的职业履历。同时，由于内部劳动力市场的入口处的种种限制，外部劳动力市场的从业者很难自由地进入到内部劳动力市场，因此就职业流动来说，内部劳动力市场中可以看到稳定的、有较高一致性的流动过程和途径，而在外部劳动力市场个人的职业经历则没有这种稳定性和一致性。同时，由于这两类劳动力市场间存在着上述明显的差异，人们在这两类劳动力市场间的流动则受到某种限制。①

无论是二元劳动力市场理论还是内部劳动力市场理论，他们都将职业流动研究的重点放在劳动力市场的结构及劳动力市场分割上，通过关注劳动力结构、劳动力市场分割的形成原因，从而揭示结构性要素对于个人职业流动及职业经历的影响和制约。

（四）研究技术的日臻成熟和完善

早在1897年，海特就提出了职业地位量表。1925年，美国社会学者康滋用自己设计的职业声望量表进行了职业声望调查，1947年，诺斯和哈特在完善职业声望调查的基础上提出了得到社会广泛承认的具有权威性的职业声望量表。1940年，美国社会学家沃纳在决定职业地位的各种因素中选择了教育、收入和职业级别三项指标制成了职业地位量表。1961年，邓肯根据诺斯和哈特的量表的每一职业的职业声望，配合每一职业的平均受教育程度与平均收入水平，将三个变量放在一个简单的回归方程中，从而确定需要受多少教育和有多少收入才能达到诺斯与哈特职业声望量表中的每一种职业的声望分数，他求出了职业声望等级与教育、收入三者之间的回归方程系数，实际上，这是将教育水平和收入作为评定声望等级的指数，这个指数因而也被称为社会经济地位指数。

后来特莱曼在1974年研究了各国职业声望异同的状况，提出了标准的国

① 许嘉猷：《社会阶层化与社会流动》，240～241页，中国台北，三民书局，1986。

际职业声望量表，该量表将各国在不同计算方法下得到的职业声望分数进行标准化，从而得到了一个标准的国际职业声望量表。经过了这样的发展过程，职业地位与声望的研究形成了一系列成熟的研究方法，至今仍是该领域研究的基本方法。

在一个预设的结构框架中定量地研究社会流动，必须从经验上对职业地位进行认定。在社会流动研究中，无论是阶级结构还是阶层结构都以职业结构为依据来认定的。所以在职业地位和声望的研究方法形成以后，职业流动的研究方法也日趋成熟。

最早利用职业声望得分，从阶层的角度来探讨个人职业流动的是美国社会学家布劳和邓肯，他们提出的统计分析模型一般被称为地位获得(status attainment)模型。布劳和邓肯在研究中首先从理论上假定在现代工业化社会中，个人在获得社会地位(职业地位)时，要受到在个人生命周期中顺序出现的诸多因素的影响，包括父亲的职业地位和教育程度等先赋性因素、本人的初职和教育程度等获致性因素。通过比较两种因素影响程度上的差异，便可以对社会开放程度的大小作出判断。接着采用路径分析方法，建立个人地位获得的统计模型。然后再将美国 1962 年实施的“代内的职业变迁”的调查数据代入模型，对理论假设进行统计检验。作为一种成功的研究模式，地位获得模型具有十分重要的方法论意义。直到今天该书中采用的基于社会经济地位指标而建立的职业声望量表和路径分析，仍然是社会流动研究者们经常使用的方法。

后来豪泽等人在职业流动研究中引入了对数线性(Log－linear)分析。对数线性分析采用建立理论假设进行检验的模型分析方法。直接利用职业分类来构成职业变量，这可以简化职业地位的测定工作。对数线性分析可以直接处理属性变量的特点，也使得从阶级框架来分析流动现象成为可能。后来又发展出 Logit 回归分析方法，这种方法综合了以上两种分析方法的优点，使得多变量与属性变量分析同时进行。以后事件史分析方法也出现了，事件史分析视角与离散选择模型类似，也是从“发生概率”的角度来分析流动，探讨各种解释因素如何对不同持续期的出现概率产生影响。①

总而言之，当代西方在不到一百年间形成了系统的社会分层理论和研究方法，这些理论和方法基本上是以职业结构、职业地位和职业流动为基本内容的，而通过职业结构、职业地位和职业流动的变迁过程，所展示的就是整个社

① ［美］戴维·格伦斯基编：《社会分层》，297～317 页，北京，华夏出版社，2005。

会结构的变迁过程。

第二节　中国社会分层与职业分层研究

自改革开放以来，中国社会发生了举世震惊的变化，其中最为显著的就是人们之间收入差距的拉大以及各类人群社会地位升降的变化，而自中国社会学学科 1978 年恢复建设以来，在回应中国社会变迁的热点讨论中，社会分层问题的研究就一直成为社会学研究的一个重点，我国最为著名的社会学家都活跃其中，发表了大量的社会分层研究的成果，大批的中青年学者也追随其后，投入到这个研究领域。

初期的国内社会分层研究的理论视点和研究方法，主要沿袭海外学者的先期的同类型或者同课题的研究成果，主要理论重心放在宏观的社会制度环境对社会分层影响的理论推演上。近期的研究重点放在对改革开放以来特别是 20 世纪 90 年代以后，由计划经济向市场经济转型过程中出现的社会结构分化和社会流动问题。特别是关于中国国有企业改革，农民工进城造成的劳动力市场分割，私有经济依赖政府参与经济等本土问题，提出了一些具有中国特色的理论。对我国社会分层研究的总体概括，不同的学者见智见仁从不同的视角出发进行过不同解读。

一、职业地位与声望研究

国内对于职业声望的研究主要可以分为以下三个阶段。第一阶段，主要为 20 世纪 80 年代的研究，这个时期由于整个社会学刚起步，因而研究内容和方法也主要是采用国外已有的职业声望量表对国内不同地区城市或乡村的社会群体进行职业声望的测量和排序。1983 年华裔社会学教授林楠和中国社会科学院社会学所、北京大学哲学系共同在北京重点城区抽样，对 1774 名居民进行了 50 种职业的声望调查。1990 年 7 月北京大学社会学系“职业声望课题组”在北京和广州对 1141 名居民就 80 种职业进行了职业声望调查。

第二阶段，主要为 20 世纪 90 年代。在职业声望研究的简单统计描述和排序中出现了较为深入的职业声望相关因素和群体分析，以及对不同社会群体职业评价的比较分析，1993 年 11 月至 1994 年 3 月中山大学社会学系等单位在广州对 1195 名居民进行了 102 种职业的声望调查；1993 年 4 月至 7 月中国社会科学院社会学所与美国芝加哥大学社会学系等机构共同在全国十个县(市)对

3012 名农村居民进行了 100 种职业的声望调查，后来 1997 年和 1998 年李强在北京、1999 年仇立平在上海也进行了职业声望调查。

第三个阶段，进入 21 世纪以后，职业声望研究中出现了对职业声望相关内部因素的理论研究，对评价群体的价值标准的比较研究以及对于职业声望评价的因素分析。2000 年游正林对国有企业内部职业声望的研究，探讨了中国单位制对社会成员的社会地位的影响作用，李强在自己调查的基础之上也提出了转型期冲突性的职业评价。后来出现了几次大规模的全国性的职业声望调查，如 2001 年陆学艺的《当代中国社会流动》课题组的全国职业声望调查；2002 年许欣欣也进行了全国职业声望调查等，并进行了职业评价与择业取向的相关研究，这些研究奠定了中国职业地位和声望研究的基础。

如果说这些研究还存在什么不足的话，那么由于中国经济社会发展的非均衡性，这些研究除了大规模的全国调查外，区域性的研究主要关注发达地区的职业地位和职业声望，尽管由于中国经济发展的梯度发展格局，不仅率先发展起来的地方也容易率先进入学者们的视野，而且发达地区也容易集结学术力量形成研究的近水楼台，结果从研究的整体分布上看，对中西部和东北部的研究则相对薄弱。

二、职业流动研究

国内职业流动研究的起步也较晚，较早的研究始于 20 世纪 80 年代末 90 年代初，一些社会学家开始尝试着对中国的代际流动现象做出描述、解释与说明。

1988 年由中国社会科学院社会学所主持的《中国社会各阶级阶层研究》，首先对我国的职业评价指标、代际流动水平和社会地位的实现机制有了一个初步的把握。2000 年许欣欣第一次在全国范围内进行抽样调查，并在此基础上对转型期中国社会结构的变化和社会流动状况进行了研究。此后，2005 年李春玲在《社会阶层的代际流动和代内流动》中，对全国的代际流动做出了更为翔实的解释。李春玲认为，在社会结构中处于不同位置的社会阶层有不同的社会流动路径，并因而体现出不同的阶层特性。处于优势地位的阶层往往具有或多或少的代继承性。并且通过设置多种资格认证和选拔规则来限制较低地位的社会成员进入，从而保持其优势地位的垄断性。处于中间位置的社会阶层在社会流动链条中起到承上启下作用。这些全国范围的大型调查为国内的职业流动研究奠定了基础。

对特殊群体职业代际流动的探讨。1995 年中国社会科学院社会学所组织实施了“青年职业流动与人力资源开发”调查，对代内和代际流动作了实证分析，得到了一些有价值的新发现，并对社会流动现象进行了新的解释。彭希哲与任远二人利用回顾性调查资料分析了知青一代的职业流动特征，以及与其前后两代人的差别，论证了宏观经济背景对个人职业流动的决定性影响，以及个人文化程度在这一过程中的作用，提出应对知青这个特殊群体的人口作深入的研究。[①] 李汉林对农民工社会流动的研究认为，农民工在积极地和城里人打交道，在异质性的弱关系中寻求资源、发展和机会；曹子纬认为农民工主要是通过社会网中的强关系来寻找工作的；外来工中社会网中的支持网主要是初级关系。[②]

对经济发达地区的职业流动研究。广州、上海和天津等发展较早并且发展速度较快的地区的职业流动现象引起了学者的极大关注，他们纷纷对该现象做出解释与说明，力图抓住中国市场经济发展较快地区的职业流动特点。林南所做的天津居民社会流动研究就是这方面早期的研究结论。另外，郭凡在 1995 年对广州社会的代际流动所做的研究中指出，当前广州社会经济方面的开放程度要大于政治方面，结构性职业流动要大于个人因素所引发的流动，并且这种结构性上向流动更主要地表现在经济地位方面。[③] 此外，2001 年仇立平对上海市民职业流动也作了系统的研究[④]。

总体上说，短短 20 年国内的社会流动研究在对市场经济较为发达的城市以及社会中具有特殊经历的群体所做的调查研究和对国内职业流动的总体性把握上取得了可喜的成果，在对沿海发达地区的职业流动和职业代际流动的研究上也取得了长足的进步。

三、地位获得机制研究

关于地位获得与社会流动的中国研究大致可以分为三大类：一是从时间上对中国计划经济体制下和社会转型时期对地位获得和社会流动造成的影响的研究；二是从地位获得和社会流动的影响因素——制度因素和非制度性因素出发

① 彭希哲、任远：《从“知青一代”的职业流动看社会变迁》，载《社会学研究》，1998(1)。

② 汪开国：《深圳九大阶层调查》，31 页，北京，社会科学文献出版社，2005。

③ 郭凡：《当前广州社会的代际职业流动》，载《社会学研究》，1995(6)。

④ 仇立平：《职业地位：社会分层的指示器》，载《社会学研究》，2001(3)。

来解释地位获得；三是关于一些特殊职业群体的地位获得的研究。

(一)对中国不同历史时期的地位获得和社会流动的研究

中国在不同历史时期的地位获得和社会流动差异的研究，主要表现为对计划经济体制下和社会转型时期地位获得和社会流动不同特征的研究。改革开放前人们社会地位是通过加强执行分配资源而获得的，是一种权力分配机制。李路路认为，计划经济时代社会成员的地位差异是由三种最基本的次级制度化结构所分割的结果，即身份制、单位制、行政制；它们之间相互交叉，共生共存，具有一定的系统性，这种地位规则界限明确，一般不能由个人根据个人意愿自由更改，甚至有的是与生俱来的，在人的一生中若无特殊情况不会变化。① 城乡分割即城镇居民的社会地位普遍高于农村居民，并产生城乡二元分化，城镇居民和农村居民在社会地位上具有明显的差异。改革开放以后现阶段社会资源的配置方式日趋多元化，市场机制逐步成为资源配置的主要渠道，国家权力仍然发挥重要作用，社会资源配置关系主要有三种，即权力授予关系、市场交换关系、社会关系网络。

(二)对影响地位获得和社会流动的因素研究

影响地位获得和社会流动的因素研究，大多是从制度因素和非制度性因素两方面出发来解释地位获得的。张宛丽认为，自 1949 年新中国成立至今，中国的政治经济制度和政策安排，一直深刻地影响着个人甚至阶级阶层的社会位置和社会流动机会。② 改革开放以后原由国家直接控制和支配的某些社会资源开始分散与转移，这影响了社会群体的社会流动及其地位变化，王汉生、张新祥以 1987 年改革开放前后的权力特征为分层标准，对比分析了市场化过程出现的新社会阶层和分化趋势③，孙立平着重分析了在权力授予关系、市场交换关系以及社会关系网络方面出现的“体制外”交换与再分配④；李路路分析了“非制度因素”的社会资本对新兴私营企业主的地位获得与资源再分配的作

① 李路路、王奋宇：《当代中国现代化进程中的社会结构及其变革》，84 页，杭州，浙江人民出版社，1992。

② 张宛丽：《非制度因素与地位获得——兼论现阶段中国社会分层结构》，载《社会学研究》，1996(1)。

③ 王汉生、张新祥：《解放以来中国的社会层次分化》，载《社会学研究》，1993 (5)。

④ 孙立平：《“自由流动资源”与“自由活动空间”——论改革过程中中国社会结构的变迁》，载《探索》，1993(1)。

用[①]；李强探讨了教育对中国人的生命历程的影响[②]；郑杭生的中国城市社会结构研究课题组根据实证资料分析将城市社会阶层分为7个职业构成，特别关注对中间阶层的研究。[③]

（三）特殊群体地位获得和流动机制的研究

对改革开放以来社会利益关系中焦点群体的研究已经成为研究的新的热点，主要集中对中产阶级、私营企业主、下岗失业工人和农民工等特殊阶层的研究，这是分层研究主题上的又一拓展。特别是近年来有关"中产阶级"的话题，正成为中国社会学研究的一个焦点和亮点。中国学者对中国中产阶层进行了界定，认为中产阶层是我们建设小康社会的"小康大众"，并在中产阶层社会整合功能之上对社会结构整合新机制进行了探索。陆学艺认为中国社会的中间阶层正在迅速扩张，中国社会阶层结构开始由原先的"金字塔型"向"橄榄型"转化。对私营企业主，下岗失业工人的向下流动，以及农民工社会流动问题的研究也都取得了长足的进步。

总而言之，30多年来，学者们从不同角度解读中国社会分层的现状，分析影响中国社会分层的各种要素。使社会分层成为社会学研究的一个最为活跃的领域。李路路在1999年就提出的中国学者对社会分层的理论研究的不足，至今仍值得人们思考：第一，研究主题虽然很丰富，但是仍然有一些基本主题未被涉及或没有进行深入的实证研究。第二，相当一部分研究"问题"意识不强。研究者常常没有将自己的特定研究置于理论发展的线索中去，或者将一个具体的研究与一个普遍的理论问题联系起来。第三，理论逻辑不太清晰。在理论视角上，研究者更多地去分析没有被研究过的现象，较少考虑在理论上能够提供什么新的解释，同时由于理论视角上的模糊，导致研究中理论概念使用上的随意性和逻辑上的混乱。第四，独立的理论模型尚未建立。对于同一个研究对象，应该允许存在多种理论模型的解释，对于中国的研究者来说，建立独立的理论模型还有很长的路要走。第五，研究和分析方法上，大多数中国学者的研究在统计分析方法上存在着严重的不足。[④] 毕竟，中国的社会学还很年轻，

---

① 李路路、李汉林：《单位组织中的资源获得》，载《中国社会科学》，1999(6)。

② 李强等：《生命的历程——重大社会事件与中国人的生命轨迹》，125～136页，杭州，浙江人民出版社，1999。

③ 郑杭生、刘精明：《转型加速期城市社会分层结构的划分》，载《社会科学研究》，2004(2)。

④ 李路路：《论社会分层研究》，载《社会学研究》，1999(1)。

中国社会也处在剧烈转型的过程中，然而从不同的角度把握当今中国社会分层结构的变迁不仅是对世界社会学理论研究的贡献，也是社会学者的历史使命。

第二章

辽宁老工业基地的社会结构性特征

老工业基地主要是指新中国成立后，在20世纪五六十年代国家进行了大量投资开发和建设的、以战略产业、骨干企业和以工业城市为代表的，生产规模大，在当时已经形成比较发达的现代工业体系、对全国经济起到较大作用、做出较大贡献的工业地区。中国老工业基地主要集中在东北、沿海以及中西部。东北老工业基地具有丰富的资源，工业基础雄厚、技术人才和知识人才集中。

地处东北的辽宁老工业基地具有近百年的工业历史。新中国成立后，在国民经济第一个五年计划时期，辽宁开发和建设了全国156个重点项目中的24项，与此相配套，安排了省市重点项目625个。到“一五”结束时，辽宁固定资产产值占全国的27.5%，居全国第一位；全国17%的原煤产量、27%的发电量、30%的金属切割机床、50%的烧碱、60%的钢产量均产自辽宁；辽宁省军工产品也占有很高比重，成为新中国成立以后最早建成的全国重化工业和军事工业基地。经过几个五年计划，辽宁形成了具有相当规模的以能源、原材料、装备制造为主的战略产业和骨干企业，建成了沈阳、大连、鞍山、抚顺、本溪、营口等一批重要工业城市，也为我国建成独立完整的工业体系和国民经济体系，为国家的现代化建设做出过历史性的重大贡献，赢得了“共和国长子”的赞誉。

根据2000年第五次人口普查资料，辽宁的非农业人口数已达45.9%，和黑龙江、吉林一起成为除京津沪以外城市化水平最高的地区，而同年的广东为25.66%、江苏为28.92%、浙江为21.37%。改革开放前由于国有企业的单位制特征，国有企业职工曾拥有优越的社会地位。改革开放以后，在我国的经济转型和社会转型过程中，辽宁老工业基地随着“传统产业、夕阳工业的衰落而失去往日的辉煌”。对于在东南沿海地区快速城市化和工业化过程中，带有自我职业选择特征的农民工问题在这里并不明显，取而代之的却是“后工业化”社会的带有制度安排特征的下岗失业问题。① 根据 2004 年中国劳动统计年鉴，辽宁的登记失业率已达 6.5%，高居全国各地区第一位。在改革开放之初，辽宁省的 GDP 是广东省的 2 倍，到 2002 年，在中国的 GDP(102398 亿元)构成中，辽宁仅为 5458 亿元，而广东已达 11674 亿元。辽宁所面临的问题是具有世界意义的老工业基地转型问题，但是在中国社会转型的过程中，辽宁老工业基地问题也具有了鲜明的中国特征。

第一节　后工业化与西方老工业基地问题

老工业基地问题是后工业化过程所面对的主要问题。美国未来学家丹尼尔·贝尔在 1973 年出版的《后工业社会的来临》中把社会分为前工业社会、工业社会和后工业社会。前工业社会是同自然界竞争，工业社会是同经过加工的自然界的竞争，后工业社会则是以服务行业为基础的，是人与人之间的竞争。工业化阶段是走向工业社会的阶段，也就是一个国家或地区矿产资源消费增长的飞跃时期，这一时期化石能源和金属矿产资源消费增速快、强度大、人均量高，经济增长依赖于能源与重要矿产资源消费同步增长是工业化过程经济发展的基本特征。工业化也是城市化和现代化的基础，以大规模的城市化和经济快速发展为标志的。而后工业化阶段的金属矿产资源消费呈现下降态势，国家经济结构、产业结构和经济增长方式发生深刻的变革，由制造业经济转向服务业经济，传统的产业由于市场的萎缩和产业结构的升级大大压缩规模，失业问题不可避免地出现，“后工业化过程意味着依靠工业扩张实现高速增长，高就业时期的结束”，“也意味着劳动力市场供大于求可能是一种长期的局面”。② 在几个主要工业国家的后工业化过程中都出现过老工业基地的衰落与复兴问题。

---

① 李培林：《另一只看不见的手——社会结构转型》，180、188 页，北京，社会科学文献出版社，2005。

② 李培林：《另一只看不见的手——社会结构转型》，189 页，北京，社会科学文献出版社，2005。

一、几个主要工业国家的老工业基地衰退问题

英国的英格兰老工业基地、德国的鲁尔工业区、美国的“锈带”及法国的北加来地区都曾是蜚声全球的著名老工业基地，但是在20世纪五六十年代，在中国开始走上现代化道路的时候，这些国家已经开始了后工业化过程，新技术革命浪潮、新能源的兴起给这些地区的传统工业造成了巨大的冲击。

(一)英国英格兰老工业基地

历史上，英国曾经是世界工业的样板和头号经济强国。从两次工业革命到20世纪末以生物和电子为代表的高科技企业发展，英国走过了几个重要的产业调整阶段。在这个发展过程中，传统工业同样受到新技术革命的强烈冲击，经济发展和市场力量的作用对产业结构调整也产生了内在要求。

从18世纪中叶，英国在煤铁资源优势基础上形成了煤铁采掘及钢铁、机械、化工、纺织等传统工业部门，工业布局集中于煤铁产地及水利资源丰富的地区，先后形成了伯明翰、利物浦、曼彻斯特、设菲尔德、纽卡斯尔、加的夫、伦敦等老工业基地；从20世纪50年代开始，这些老工业基地逐步衰退。煤炭开采业的衰退程度最高，从60年代到80年代，纽卡斯尔地区关闭了93.4%的煤矿，威尔士地区煤矿就业人数由1921年的27.1万减少至2.5万人。19世纪70年代英国的钢铁工业产量约占世界总产量的50%，而到20世纪70年代设菲尔德、斯肯索普等老钢铁工业基地的产量比20世纪50年代下降了90%。在西方发达工业化国家中英国老工业基地发展衰退程度最高。

(二)德国鲁尔工业区

鲁尔是德国最重要的老工业区，长期被称为“德国工业之引擎”。鲁尔区有丰富的煤炭资源，其地质储量约2000亿吨，占联邦德国煤炭总储量的75%，煤炭质量好，品种齐全。鲁尔区水陆交通条件优越，拥有杜伊斯堡等大小港口74个，铁路网密度极高。这些独特的地理优势形成了以煤炭、钢铁、重型机械、基础化工为主体的工业生产结构体系。当时鲁尔区生产了联邦德国全国90%的焦炭、30%的化工产品、集中了80%的钢铁生产能力，鲁尔区的工业产值曾占全国的40%以上。但是从20世纪50年代末期以来，鲁尔工业基地开始步入艰难，集中表现为主导产业衰落、经济增长缓慢、失业率高涨；到20世纪六七十年代，这里先后遭遇“煤炭危机”和“钢铁危机”。由于世界煤炭产量大增，加上石油和天然气的广泛使用，鲁尔区被迫缩小煤矿开采规模、关

闭了40%的矿井、煤炭产量减少45.8%、企业大量倒闭。20世纪50年代，这里有140个煤矿基地，后来只剩下7个；1955年，这里有81座炼钢炉，后来只剩7座；从事采煤、钢铁业的工人也由当年的77万减少到不足9万人。人才、资金大量外流，环境污染严重，工业生产投资环境日益恶化，经济效益锐减，鲁尔工业基地在联邦德国的经济地位明显下降，鲁尔地区也被迫面临产业结构的转型。①

（三）美国"锈带"老工业区

所谓"锈带"通常是指美国中西部的几个州，底特律、匹兹堡、克利夫兰和芝加哥等大工业城市均在这一地区。20世纪中前期"锈带"有过兴旺发达的辉煌历史，这里具有丰富的煤铁资源，是美国最大的煤炭及焦煤产区；从20世纪初开始，这里就形成了以匹兹堡为核心，包括底特律在内的美国钢铁工业基地，集中了全美国约80%的钢铁产量；钢铁工业的发展带动了东北部以汽车机械制造为主的机械工业的发展；底特律成为美国最大的汽车制造工业基地。但是到了20世纪七八十年代，随着经济发展格局的变化，制造业在经济中所占比例急剧下降，这些地区经济也开始下滑，遗弃的工厂设备锈迹斑斑，衰落导致该地区经济萧条，"锈带"之称由此而来。匹兹堡地区钢铁工业产品在全国市场占有率由50年代的25%下降到80年代的12.4%；波士顿地区90%的纺织企业倒闭或迁往其他地区；底特律汽车工业受到日本汽车工业的强烈冲击，出现较高的失业率。作为重工业基地，人口、产业、企业的高度密集带来严重的"城市病"，使老工业基地的生产成本过高，经济效益明显下降。"锈带"成为美国老工业基地的代名词。

（四）法国的北加来海峡地区

北加来海峡地区到阿尔萨斯——洛林地区是法国传统的工业带。几个世纪以来一直走在法国工业化的前列。北加来海峡地区的采煤业始于19世纪40年代，第二次世界大战结束后，百废待兴，战后重建需要大量能源，该地区的煤炭工业进入了发展的黄金时期。1944年法国煤矿实行了国有化，组建了法国煤炭公司，北加来海峡地区煤矿一线采掘工人人数上升到了14.4万人，1946年又增加到22万人，与此同时，纺织业和冶金业也得到了长足发展，采矿业、纺织业和冶金业三者构成了北加来海峡地区经济的三大支柱。然而，也是从

---

① 张启元：《从国外老工业区的转型看辽宁老工业基地的振兴》，载《理论界》，2004(4)。

20世纪60年代兴起的能源革命向煤炭业发起了挑战。面对新能源的兴起和无情竞争，包括北加来海峡地区在内的法国煤炭采掘业逐步降低煤炭采掘量，1960年年初法国政府内阁会议通过了第一个跨年度“适应计划”，北加来海峡地区的煤田于1990年停止了采煤。①

上述各国老工业地区的共同特点是这些国家在工业化发展的过程中，先后建立起以煤炭、钢铁等制造业为基础的传统工业区，这些工业生产基地对国家经济发展曾起着重要的推动作用，具有辉煌的历史。然而进入20世纪50年代以后，新能源的出现、新技术革命的兴起使这些地区的区域资源优势减少，相继出现了发展迟缓、增长乏力、失业率大幅度上升等严重问题。

二、西方老工业基地衰退的主要原因

这些国家的老工业基地虽然分布在世界的不同地区，但是其经济衰退的形成原因主要是市场消费结构的变化而形成产品市场竞争能力下降，以及由新能源工业的出现引起消费结构、产业结构、产业布局等多方面因素的变化，这是后工业化过程的具有普遍意义的问题。

(一)新能源工业的出现引起的社会经济结构的变化

从20世纪50年代开始，随着石油、天然气资源的大规模开发利用，煤炭在西方国家能源、原材料消费中所占比重逐渐降低。在联邦德国，煤炭在一次性能源消耗中的比重从1950年的88%逐渐降到1972年的32.3%，化学工业原料也由煤炭转向以石油、天然气为主，从而使煤炭生产出现市场销售危机，导致煤炭工业的严重萧条。煤炭工业又是西方老工业基地的主导产业部门，煤炭工业萎缩必然导致老工业基地经济增长的衰退。

(二)资源枯竭和技术落后无法应对新技术的挑战

这些国家的老工业基地的产业结构主要是以资源产业部门为主，经过长期的开采，资源储量大幅度减少，资源质量下降。美国“锈带”的铁矿资源储量明显减少，富铁矿储量已近枯竭。同时，钢铁工业技术进步缓慢，老工业基地设备陈旧，工艺落后，生产效率低，产品生产成本较高。产品技术含量低、质量差，老工业基地产品市场竞争能力下降。老工业基地生产成本是新兴钢铁工业的2～3倍，美国新兴的钢铁工业基地不仅具有较好的资源条件，并且技术先

---

① 张启元：《从国外老工业区的转型看辽宁老工业基地的振兴》，载《理论界》，2004(4)。

进，能耗低，生产效率高，导致老工业基地钢铁产品的市场竞争能力不断下降。另一方面，老工业基地的发展往往导致企业布局过于密集，从而出现人口过剩、失业率升高、用地紧张、地价昂贵、环境污染严重等一系列问题，从而使老工业基地投资环境恶化，投资吸引力下降，资金、人才外流，导致老工业基地的发展衰退。

(三)产业结构单一无法立即实现产业结构调整

老工业基地的产业结构都比较单一，高度集中于采掘工业、制造业及原材料工业，单一的产业结构呈现出明显的"刚性"，使产业结构脆弱，当主导产业部门受到市场冲击时，比如煤炭业、钢铁业受到冲击时，老工业基地很快陷入整体困境。20 世纪 50～70 年代联邦德国工业基地生产高度集中于煤炭工业和钢铁等原材料工业，煤炭的销售危机和钢铁制品市场竞争能力的下降，使鲁尔工业基地迅速陷入困境，导致经济萧条。[①]

老工业基地衰退是世界各国后工业化过程中的普遍现象。在走向以服务行业为基础的后工业社会的过程中，传统的以制造业为基础的老工业基地率先受到冲击。产业衰退是指部门的增长呈现出有规则的减速，老工业基地作为产业部门的空间聚合体，随着主导产业部门的衰退，与主导产业部门前、后相联系的产业部门也随之衰退，使老工业基地陷入衰退的困境。西方老工业基地衰退的实质是后工业化过程的产业转型问题。当然，这些国家经过积极的努力，重新确立了新的主导产业部门，拓展产业领域，改变单一的产业结构，加强对传统工业部门的技术改造，逐步调整工业布局，最终大都实现了老工业基地的振兴。

第二节　中国老工业基地的基本社会特征

老工业基地衰退问题是世界范围内具有普遍性的问题，但是西欧老工业基地及其转型是发生在完全市场化的国家，他们所面临的主要是产业结构的调整问题，而中国的老工业基地衰退及其原因不仅仅是资源枯竭、技术落后和市场需求的萎缩，甚至还有更为复杂的体制、文化和观念等多种因素的交织。

---

① 李俊江、史本叶：《国外老工业基地改造的措施与启示》，载《经济纵横》，2006(5)。

一、发生的背景不同

中国的现代化过程是新中国成立以后中国基本的体制和国情，在特定的历史条件下进行的。在计划经济体制下，不仅老工业基地的建立主要是制度安排的结果，而且经济运行规则、劳动力资源配置都是被计划的，同时也是在城乡分割的背景下实现的。而中国老工业基地衰退问题的出现也是在经济转型和体制转型的双重过程中发生的，这种社会背景的不同使中国老工业基地问题具有了与西欧不同的特点。

(一)工业化与后工业化问题交织

西欧走上现代化道路是从市场化开始的，即先有市场革命，才有工业革命。西欧国家的现代化过程一般是一系列内部演变的结果，整个社会具有普遍性的制度结构和统一的劳动力市场。中国的现代化是在落后的农业国，在集中资源重点推进的发展战略中被优先发展了工业化和城市化的区域，这种发展道路的直接后果就是城乡的二元分割，传统农业与现代工业并存，落后农村与发达城市同在。相当长的时期内严格的户籍制度使中国农民被束缚在土地上，城市和乡村存在着完全分裂的不同的经济活动方式，存在完全不同的经济发展水平和消费结构。尽管这种发展道路保证了工业化初期资金积累的需求，形成了工业经济的快速发展，在较短的时间内建立起较完整的工业体系。但是，随着时间的推移，城乡差别的扩大，出现了资源浪费、城市化与工业化脱节、社会整合程度低等问题。在中国社会转型过程中，当老工业基地衰退问题凸显，人们在应对经济萎缩、传统产业萧条、失业率上升的严峻形势面前，还必须面对曾经被隔离在现代化过程之外的农民城市化问题，面临“前有来者，后有追兵”的异常严峻的就业压力、流动人口、社会保障、城乡一体化等社会问题，这是西欧老工业基地所不曾遇到的。

西欧的老工业基地问题发生在后工业化的阶段，是经过了经济高速增长期后出现的传统产业的萎缩。1960 年，美国职业结构中农业劳动者所占比重为 8.1%；1970 年，联邦德国的农业劳动者所占比例为 8.5%；1971 年，英国农业劳动者所占比例为 1.9%。[①] 这些国家的老工业基地衰退问题发生的时候已经完成了农村劳动力向工业的转移，在后工业化阶段不存在城市化问题。而中

---

① 李培林等：《中国社会分层》，430、499、449 页，北京，社会科学文献出版社，2004。

国由于城乡二元结构的存在，改革开放以后中国老工业基地所面临的是完全不同的职业结构。根据第四次和第五次人口普查资料，1990 年中国农业劳动者所占比例为 70.58%，即使到了 2000 年仍达到 64.46%。如果说老工业基地传统产业的萎缩以及大规模的下岗失业问题带有后工业化的特征，那么同时一亿多的流动农民、则具有工业化和城市化的特征。在西欧两个不同时期内遇到的两个主要问题，在中国的老工业基地则集中在同一个时空，当带有后工业化过程的社会问题与工业化过程的社会问题交织在一起，使中国老工业基地面临着更为复杂的社会背景和社会问题。

(二)经济转型和社会转型并存

西欧老工业基地从产生到发展都是在完全市场化经济体系中，在成熟、稳定的社会制度条件下，他们所面对的是相对单纯的产业转型；而中国老工业基地转型发生时正处在中国社会转型过程中，这是整个社会经济运行机制由计划到市场的转变，因而中国老工业基地不仅面对着产业转型，同时还要应对自身体制和整个社会体制的转型。

在传统的再分配体制中，政治权力是构成资源占有的重要基础，政治机制成为资源分配的主要机制。中国的社会转型不是“自下而上的静悄悄的革命”，而是自上而下的由国家作为主导在推动变革、塑造着中国式的市场体制。这种在原有体制上的由国家主导的渐进式变革，是经济体制也是政治体制的变革。因此，当中国老工业基地问题凸显的时候，所面对的不仅是传统产业和夕阳产业所造成的经济萎缩、市场萎缩和产业结构的调整，同时更是经济转型和社会转型交织的过程中，在传统产业结构调整的同时还要面临由计划到市场的自身体制的转型过程，还要应对由计划到市场的社会经济环境的变迁，在产业调整、体制变迁、计划经济习惯和市场竞争的多重压力下，面临着比西欧老工业基地转型时期更为复杂的制度环境。

二、劳动组织的差异

中国经济体制的改革是沿着两条线进行的，一是经济运行机制的改革，确立以市场作为资源配置基础，国家运用经济、法律手段调控宏观经济稳定运行；二是所有制改革，构造适应中国市场经济发展的所有制基础，实行国有企业改革和发展非公有制经济。在这一过程中，中国劳动组织不仅要应对前所未有的经济运行机制改革带来的市场竞争，同时还要面对所有制改革过程中企业自身结构和机能的调整。

(一)产业转型和体制转型的双重压力

计划经济时代国有企业不仅是经济组织同时还具有行政组织的功能，不仅与国家的某一行政部门具有隶属关系，而且国有企业的内部组织结构也与行政组织同构，社会活动被限制在行政化的“单位制”组织结构中，企业的整个“经营活动”都由政府机构直接管理。由于国家同时具有社会的正式代表和生产资料主要所有者的双重职能，行政权力向经济领域的扩展就成为必然结果。国家依赖这些单位来进行社会控制与整合，单位也同样依赖于国家，依照国家的意愿而建立。

改革开放以后，企业作为单位的行政职能在不断弱化，企业也不同程度地成为功能性整体，但是，国家对单位组织以及通过单位组织对社会成员的控制依然存在，以单位制为主要要素的社会结构没有改变。在国有大中型企业高度密集的老工业基地，国家权力对企业的控制以及企业对国家权力的依赖都成为一道独特的风景线。企业要适应市场竞争，必须成为独立经营、自负盈亏的经济实体，成为能够独立承担民事法律责任的企业法人，而长期深广的计划经济体制的习惯，使老工业基地企业在应对经济转型的同时还必须应对更为艰巨的体制转型。同时由于“渐进式改革”存在的诸多制度真空，在计划和市场的“磨合期”，原本产权不明晰、所有者缺位的国有企业更容易衍生出诸多“非牛非马”的怪胎，如“负盈不负亏”、“内部人合谋”等，造成国有资产的大规模流失，国有企业存在的深层次矛盾更为突出地表现出来。在激烈的市场竞争中，国有企业面临更为严峻的局面，“天灾人祸”使大批国有企业破产、停产、半停产或陷入严重困难，加大了老工业基地转型的成本，这种复杂的局面也是西欧老工业基地的企业所不曾遇到的。

(二)企业内部劳动关系转变的复杂性

西欧老工业基地的劳动群体是在市场经济条件下具有主体自由选择特征的资本要素人和社会契约人(苏东社会在全方位的私有化和迅速市场化的同时，还伴随着传统的政治、经济和意识形态体系的中断，在以往的国有经济主体消失以后，新的公共权力体系也中断了与原有国企社会的责任关系)。在计划经济时代，中国国有企业组织不仅领导人是由上级行政机构任命的国家干部，而且劳动者是由政府的劳动部门按国家计划分配的，他们是与企业紧密联系的政治人、历史人、制度人，他们为新中国的现代化建设做出过重要的贡献，国家不仅在政治上，而且在经济上和福利保障上对他们有着相应的制度承诺。这和西欧的老工业基地面对的市场经济条件下的自由人和契约人不同。

改革开放以后，随着企业逐渐成为相对独立的利益主体，企业在改革产权等制度的同时还必须对企业内部劳动关系进行调整，解除对员工承担的无限责任，使员工从“企业人”变为“社会人”，这种劳动关系的变更过程对双方主体都是前所未有的挑战，都会带来诸多新的社会问题。老工业基地大量的亏损破产企业在退出市场的同时留下众多的失业工人，他们的拖欠工资、再就业、经济补偿金、医疗保险、养老保险制度过渡等问题；国有企业市场化的过程中，在岗劳动者需要与企业重新确立劳动关系；由于市场竞争，以及历史形成的“国有企业人员过密化”①，老工业基地出现了大量的下岗、内部退养或停薪留职等职工，此外也存在农民工的身份平等问题，统一企业内部多种用工形式和劳动关系并存的问题等，使中国老工业基地面临十分复杂的劳动关系。

三、劳动者的特殊性

计划经济条件下国家全面占有和控制各种社会资源，进而形成对单位的绝对领导和支配。单位全面占有和控制单位成员发展的机会以及社会政治、文化生活中所必需的资源，国家对其成员按照主体意识形态所倡导的行为规范和价值取向进行整合，这种控制是通过单位来实现的，体现的是国家的意志，因而劳动者为企业的工作是以“为国家”、“为社会主义”、“为革命”为形式的，自己的命运是委托给国家和企业，是为了国家和企业在低工资的条件下“艰苦奋斗”的，那么，国家和企业也应该为自己的命运负责。特别是在老工业基地这样的国有大中型企业高度集中的区域，是被主流意识形态和价值观所高度控制的社会，企业和国家对劳动者的历史责任，改革开放以后劳动者对企业和国家的利益诉求都是西欧老工业基地的相关社会群体所不曾遇到的。而在大规模失业的背景下，集体上访成为老工业基地劳动者的一种特殊的利益诉求的渠道，甚至在这样的区域社会背景下，劳动者与私营企业的利益冲突也会演变成群体上访，“逼迫”政府为私营企业的过失或罪过买单。这是中国式老工业基地社会的一个特殊景观。

在单位制的条件下，个人的一切资源都是来源于单位的，单位负责个人的住房、医疗等各项事务，因此，单位与个人是一种控制与依附的关系。单位制以拥有控制权和分配资源为特征，造成了个人对单位和单位领导的严重的政治

---

① 李培林：《另一只看不见的手——社会结构转型》，196页，北京，社会科学文献出版社，2005。

经济依附，在这样的制度中，通过组织中的个人行动发展出了一种独特的上下间的“庇护依赖关系”(patron-client relations)。单位成员对单位的依赖尽管随着改革开放已经在不断地弱化，但是由于长期在单位制环境中生活，思想观念和行为习惯已深深打上单位制的烙印。这种对单位的依附使得大型国有企业形成了内部劳动力市场的强大需求，在就业形势严峻的背景下企业对职工的庇护不仅惠及职工个人，而且惠及职工的子女，大企业的不成文的“接班制”、子弟技术学校(包括职工学院)等，形成了老工业基地代际流动的封闭性倾向。

一系列有关单位制研究的成果表明，“单位作为一种规范、一种观念，一种规范化的制度深刻地影响和制约着人们的行为……单位意识就会不可避免地内化为人们的行为，成为人们的行为取向和规范”①。习惯于个人命运被外在力量的单位所决定，长期处于“我是革命一块砖，哪里需要哪里搬”的被安排的制度环境中，单位成员的适应市场的能力也受到影响。辽宁老工业基地既是大规模的劳动力过剩市场，存在着全国最大规模的下岗失业工人群体，同时又出现一个扭曲现象，存在着大量的劳动力需求的市场，活跃着大批的外来务工人员，同时还有一个迅速扩大的接受最低社会保障群体的存在。对单位的依赖作为一种社会生活的组织方式，即使在不断市场化的环境中，还仍然具有持续的影响。它不仅助长着对单位的“等、靠、要”，而且也成为个人或群体适应市场环境的障碍。

国有企业职工曾经以地位高、收入高，还有一系列住房、公费医疗等福利，而被学者们誉为“类中产阶级”。在辽宁老工业基地，由于国有大中型企业的高度集中，1990 年辽宁国有单位的职工比例占 66.2%②，到 2002 年仍占 60.4%③，国有单位的高比例不仅使区域社会生活呈现出相对富裕的状态，同时也因国有企业的较高的社会地位而形成一种身份优越感。国企职工习惯了一个无处不在的“组织”对他们进行政治和社会动员，为他们排忧解难，集体主义和献身精神等意识形态的灌输也在他们的价值观上打上了深深的烙印。因此，在单位制的变迁甚至遭遇下岗等市场化的过程中，社会地位急剧变化的心理落差、价值观的迷茫、相对剥夺感的产生等都会形成较高强度的个人心理危机以及社会信任的危机，这与西欧老工业基地劳动者的“失业”是不能同日而语的。

---

① 李汉林：《中国单位组织变迁过程中的失范效应》，35 页，上海，上海人民出版社，2005。

② 辽宁省统计局编《辽宁统计年鉴 1996》，45 页，北京，中国统计出版社，1996。

③ 辽宁省统计局编《辽宁统计年鉴 2003》，58 页，北京，中国统计出版社，2003。

此外，由于20世纪七八十年代国企“接班制”的就业政策，造成家庭社会网络的高度相似性，使下岗失业的结构性危机具有了家族聚集的特性。更由于社会转型期社会保障制度尚不健全，使下岗失业群体遭受的生存危机和发展危机都异常严峻，这种危机的大规模聚集以及对他们生命周期、生活信心的影响都是西欧老工业基地相关社会群体所不曾遭遇的。

总而言之，中国老工业基地和完全市场化条件下实现经济转型的西欧老工业基地相比具有极为不同的特点，它不仅是单纯的经济转型，同时还伴随着体制转型，伴随着政体连续性背景下的渐进式改革的整个社会的变迁，因而不仅面临着不同的制度环境，面临着制度变迁的环境，而且劳动组织以及相关社会群体的特殊性和西欧老工业基地比起来也更加复杂。

第三节　研究的意义

在宏观层面上对老工业基地的理论研究大多是基于区域经济、产业经济和国企改革理论，但是中国老工业基地面临的转型过程不仅是经济和技术结构的调整，更是基于对社会结构特征及其对相关社会群体的认识，这正是研究中国老工业基地的社会学意义。

如前所述，中国老工业基地不同于西欧的早发型工业化国家的老工业基地，它们具有不同的社会历史过程和制度背景；中国的老工业基地也不同于曾经有过计划经济历史的俄罗斯和东欧国家的老工业基地。苏东的改革是全方位的私有化和迅速的市场化，在以往的国有经济主体消失以后，新的公共权力体系也中断了与原有国企社会的责任关系。中国的改革化是政体连续性背景下的渐进式过程，中国老工业基地的转型是经济转型和社会转型双重作用下发生的过程，因此从老工业基地的类型学上来看，对中国老工业基地的社会结构、职业结构、劳动力市场结构的研究都具有探索特殊的社会结构类型的意义。

中国改革的发展道路也是由表及里、由外到内的过程。从社会群体的层面上看，有学者形象地把中国社会结构比作同心圆，外围为表，内部为里，中国的改革是从外围的农民和城市原有体制的边缘群体开始不断向以国有大中型企业为代表的核心群体推进的。从区域特征来看，东南沿海为外、东北等内陆为内，改革的步伐也是从外向内的“梯度发展格局”。根据1982年的人口统计资料，辽宁的职业结构中，农林牧渔业人员占42.96%、生产工人占35.24%，而当时广东的农林牧渔业人员占70.96%、生产工人仅占16.68%，因此在计划经济的浅水区所发生的市场化过程是和现代化过程交织在一起的，农民工问题、外资企业的劳资关系问题等是城市化以及工业化阶段的普遍问题。然而当改革推进到东北地区，在东北老工业基地具有城市化特征的农民工问题并不明显，取而代之的是带有“后工业化”特征的“下岗失业”问题，在东南沿海地区迅速推进的市场化过程在这里遇到了全新的问题。在东北，“2000年国有及国有控股企业的总产值占全部国有及规模以上非国有企业总产值的比例平均为77.6%”[①]。改革初期的此消彼长的市场化过程的预期在这里未能像东南沿海地区那样迅速呈现。相反，政体连续性背景下的渐进式改革，在国有大中型企业高度集中的区域还以行业为依托形成了相对稳定的两种体制的并存、渗透、互动甚至共生的局面，而这正是中国现实社会结构最显著的特征，因此对辽宁老工业基地的研究正是在相对具体化的层面去诠释这个最显著的特征。

改革开放以后，在中国经济和社会转型加速发展的条件下，社会分层与社会分化的研究几乎成为社会学研究的最大兴奋点。在社会分层的研究中还有一个容易被人们忽略的因素，这就是计划经济体制作为一种制度、作为一种观念对社会结构和社会流动过程以及整个社会变迁所发生的影响。老工业基地在计划经济时期集中了一大批超大型的国企单位组织，形成了独具特点的社会结构特征，而这种社会结构特征集中表现了中国“渐进式改革”的由计划到市场的过程，换句话说，具有超强的再分配体制的力量的老工业基地在市场化过程中所发生的社会结构的变迁，比东南沿海地区的计划经济的浅水区更能代表中国式的改革道路。而通过职业结构的变迁探讨老工业基地社会结构的变迁过程，就具有了解构中国式发展道路的意义；探讨老工业基地相关群体在社会转型过程中的自我认同、社会态度和行为选择，也具有了认识中国社会结构变迁的特殊意义。

根据《中共中央国务院关于实施东北地区等老工业基地振兴战略的若干意见》，振兴老工业基地已经成为国家的战略决策。在这样的社会背景下，关注老工业基地的社会结构的变迁，关注老工业基地的相关社会群体的历史命运，不仅是社会学本土化的历史机遇，更是社会学服务社会的需求。通过对社会结构的把握，对社会群体包括社会弱势群体的研究，探讨建立完善的劳动力市场、完善的社会保障体系，对构建和谐社会具有重大的实践意义！

① 刘平：《新二元社会与中国社会转型研究》，载《中国社会科学》，2007(1)。

第三章 辽宁的职业分布结构

辽宁是由多个工业城市组成的大规模城市群，其城市群的产生可以追溯到19世纪，是我国历史最悠久、国有大中型企业高度集中的老工业基地。改革开放前作为除京、津、沪三个直辖市外城镇化水平最高的区域，辽宁不仅在全国拥有较高的经济发展水平，而且由于国有企业的单位制特征，作为“公有制体制的受益者”、典型的“类中间阶层”的国企职工在经济地位和社会地位上也都具有明显的优势。但是，改革开放以后，在我国的经济转型和社会转型过程中，以辽宁为代表的老工业基地却随着“传统产业、夕阳工业的衰落而失去往日的辉煌”，从20世纪90年代开始形成的“东北现象”已经引起学者们的极大关注。对于在东南沿海地区快速城市化和工业化过程中，带有自我职业选择特征的农民工问题在这里并不明显，取而代之的却是“后工业社会”的带有制度安排特征的下岗失业问题，以辽宁为代表的东北老工业基地已经表现出与东南沿海地区极为不同的经济结构和社会结构特征。

第一节 研究背景

通过职业结构和产业结构来透视社会结构的变迁是社会学研究的一个重要视角。职业结构的研究又可以分为职业类别结构和职业等级结构的研究，关于职业等级结构的研究在国内已经成为社会分层研究的一个重要内容，通过职业结构的变迁探讨中国职业流动和社会流动的特点。[①] 李强等通过对职业地位、职业声望的调查，分析中国社会结构的变迁。[②] 李若建从人口职业结构出发对职业流动进行宏观探讨[③]，以及在相对具体的层次上对区域职业流动与社会结构变迁的研究[④]。关于职业类别结构的社会学研究在国内较有代表性的是通过职业结构和产业结构对美国、英国、德国和中国社会结构变迁的研究[⑤]，以及对国内发达地区如广东的职业结构与社会结构变迁的研究等。

总体上，国内关于职业等级结构的研究在社会分层研究的推动下进入到比较成熟的阶段。但是，对职业类别结构的研究，无论从研究内容还是分析框架还都比较单一，现有的研究成果基本上是与完全市场化条件下西欧职业结构变迁的分析视角"接轨"的，即把职业类型结构的变迁作为一个相对单纯的经济过程来理解的，这种研究取向的形成一方面表现出以布劳和邓肯开创的职业结构研究范式的影响；另一方面也表现出中国前改革时期在原有计划经济体制的边缘区域迅速形成的以城市化和工业化为主要特征的经济转型过程。但是随着中国梯度发展格局由南向北地推进，改革的重心转移到再分配体制的核心区域——国有大中型企业高度密集、城市化、工业化基础相对较高的辽宁，人们发现了东北职业结构和社会结构的变迁表现出诸多区域特点和非常规性。

那么辽宁的职业结构、产业结构乃至社会结构的变迁过程是否与东南沿海地区具有相同的变迁轨迹，中国社会转型是在政体连续性背景下的渐进式过程，这种转型过程在再分配体制的浅水区和深水区是否具有同样的表现？作为深水区的辽宁职业结构和社会结构变迁具有何种特点？超强的再分配体制的力量形成了特定的职业结构的基础，对职业结构的变迁过程是否形成了特殊的制度力量的牵拉？回答这些问题不仅对于我们深刻而具体地理解后改革时期中国社会转型的复杂性具有重要的理论意义，对于我们理解中国社会转型这种与西

---

① 陆学艺：《当代中国社会流动》，102页，北京，中国社会科学文献出版社，2004。

② 李培林等：《中国社会分层》，105、178、127、425页，北京，社会科学文献出版社，2004。

③ 李若建：《当代中国职业流动研究》，载《人口研究》，1995(2)。

④ 钟逢干、袁政：《强开放型经济区——珠江三角洲人口行业职业结构变化评析》，载《广东社会科学》，1995(5)。

⑤ 于蜀、徐桂琼：《经济转型与中国人口职业结构的变动》，载《中国人口科学》，1999(5)。

欧的经济转型和苏东"突变式"的社会转型迥然不同的具有类型学意义的特殊发展道路也具有重要的理论意义，同时在具体地把握辽宁的社会转型过程的基础上对振兴老工业基地也具有现实意义。

本文的研究方法是通过与广东省、浙江省以及全国职业结构变迁趋势的比较来发现辽宁职业结构和社会结构变迁的区域特点，并且在改革发展的不同阶段和计划经济的浅水区和深水区时空上来理解这些特点。本文所用数据均来自全国第三次、第四次和第五次人口普查资料。这三次人口普查资料不仅反映了改革初期、中期和后改革时期三个时点静态的职业结构，通过对这三个时点的静态结构的比较则能够概括出职业结构变迁的动态过程。

第二节　辽宁职业结构及与广东、浙江之比较

在业人口职业结构是指不同职业类型的劳动者在劳动者总体中的比例。职业结构是一个国家和地区经济发展水平的反映，也是劳动者社会地位与社会境遇的反映。广东和浙江作为我国经济体制改革的先头部队，30 多年来经济结构和社会结构都发生了极大的变化，这种变化突出表现在职业结构的变迁过程中。根据我国的第三次、第四次和第五次人口统计资料，研究广东、浙江和辽宁人口职业结构的变迁，可以使我们清楚地认识和理解中国改革开放 30 多年来南北区域社会结构的差异。

一、辽宁职业结构变迁及与广东、浙江的比较

改革初期，辽宁和广东就是两种不同结构的区域社会。计划经济时代，辽宁作为老工业基地是以单位制国有大中型企业高度密集，以采掘工业和原材料工业为主体，以机械制造、军工、能源和煤炭等主要产业为主导的产业群。1982 年辽宁的在业人口职业分布表现出了与广东和浙江不同的职业结构，特别是农业人口比例和生产工人比例(见表 3.1)。改革开放以后，中国东南沿海地区率先发展起来，这种强开放性和快速发展的态势，迅速改变了中国原有的地区经济和社会发展格局，形成了"一个国家四个世界"[①]的局面。这种发展态势在职业结构变迁上，也表现出了较大的南北差异。

① 胡鞍钢：《阐述我国国情基本特征：一个中国"四个世界"》，载《税务》，2001(5)。

表 3.1 辽宁职业结构变迁及广东、浙江的比较 单位：%

职业分类	辽宁省				广东省				浙江省			
	1982年	1990年	2000年	增长	1982年	1990年	2000年	增长	1982年	1990年	2000年	增长
专业人员	8.26	8.67	8.07	−0.19	4.78	5.4	5.86	1.08	4.57	5.23	5.83	1.26
机关企事业单位负责人	3.13	3.64	2.79	−0.34	1.36	1.7	1.98	0.62	1.49	1.64	1.74	0.25
机关企事业单位办事员	2.27	2.72	4.34	2.07	1.37	2.1	4.71	3.34	0.87	1.54	3.75	2.88
商服人员	7.91	8.99	12.38	4.47	4.8	8.5	14.82	10.02	4.57	8.39	15.8	11.23
农林牧渔业人员	42.96	48.15	51.84	8.88	70.96	60.2	37.55	−33.4	60.52	52.86	34.45	−26.07
生产工人	35.24	27.68	20.56	−14.7	16.68	22.1	35.08	18.4	27.91	30.3	38.39	10.48
其他	0.23	0.15	0.02	−0.21	0.06	0	0.01	−0.05	0.08	0.04	0.04	−0.04
合计/万人	1779	2238	2223		3067	3366	45346		2098	2458	26571	

注："增长"为末期 2000 年和基期 1982 年之差。

(一)广东、浙江快速城市化与辽宁农业在业人口的大幅度上升

农林牧渔业作为第一产业是从事初级产品的生产，它在整个国民经济中居于基础的地位，产业结构变迁的一般规律是劳动者首先由第一产业流向第二产业和第三产业。第一产业由于科技进步和生产管理水平的提高，使农业劳动生产率不断提高，农业就业劳动者的相对比例不断下降，绝对人数也不断减少，从发达国家走过的历程看，劳动者在第一产业就业的比例一般是以每年 0.5% 的速度减少。①

广东、浙江两省作为我国改革开放的先驱，根据表 3.1 所示的浙江省的农林牧渔业劳动者所占比例从 1982 年的 60.52%下降到 2000 年的 34.45%，18 年间下降了 26.07 个百分点，平均每年下降 1.45 个百分点。广东省的农林牧渔业从业人员从 1982 年的 70.96%下降到 2000 年的 37.55%，18 年间下降了 33.41 个百分点，平均每年下降 1.86 个百分点。这两个省份的农林牧渔业就业人口均由 1982 年的约占劳动人口的 2/3 下降到约占 1/3。但是与此相比较，1982 年辽宁的农林牧渔业在业人口所占比例，比当时的广东低 28 个百分点，但是到了 2000 年，辽宁的农林牧渔业在业人口所占比例不仅没有下降，相反

① 袁方、姚裕群主编：《劳动社会学》，47 页，北京，中国劳动社会保障出版社，2003。

比例持续上升，18年间共计增加了8.88个百分点，平均每年增加0.49个百分点，形成了与城市化趋势相悖的变迁过程，与广东和浙江两省的下降趋势形成了强烈的反差。

辽宁的农林牧渔业产业在业人口上升的原因我们可以从两方面来理解：一方面是绝对的上升，20世纪60年代的生育高峰使得1982年以后劳动人口极大增长，农林牧渔业在业人口由1982年的764.4万人增加到2000年的1152.5万人，净增388.1万人。另一方面是相对的上升，尽管农村和城市是无差别地迎来了生育高峰期的新增劳动就业人口，但是由于城市人口的就业要受到生产资料和就业岗位的限制，而辽宁的工业在体制转型和经济转型的过程中降低了对劳动力的需求，同期的全省劳动就业人口的增长由1982年的1779.2万人增加到2000年的2223.4万人，仅仅增加了444.2万人，在全省净增的劳动人口中87.4%为农林牧渔业劳动人口。

(二)广东、浙江的快速工业化与辽宁生产工人数量的剧减

产业工人主要是在国民经济中居于核心和骨干地位的制造业、采掘业、建筑业等生产领域，作为第二产业，其发展水平是一个国家或地区经济实力的反映。第二产业劳动者所占比例的变化一般表现为上升和下降两种趋势，一般在产业革命中在业人口比例不断上升、工业迅速发展，表现为工业化过程，它能带来高速的经济发展，能提高城市的生活水平，但是经过相当长时间的增长，一般达到40%～50%的高水平后又会开始第二个过程，这就是下降过程。随着工业有机构成的提高、先进技术的应用和传统工业部门的淘汰、新兴工业的兴起等，工业劳动生产率大幅度提高，工业物质产品数量极大，在工业部门就业的人数逐渐减少，工业就业的比重由提高到逐步下降，形成第二产业劳动者向第三产业转移的趋势。

从1982年的统计数据来看，广东省的工业基础还相当薄弱，其在业人口的比例仅占在业总人口的16.68%，但是经过18年的经济发展，到2000年已达到了占35.08%，上升了18.4个百分点；浙江省生产工人就业人数18年间也上升了10.48个百分点，这两个省份的工业在业劳动者的比例比2000年全国平均比例的15.83%高出一倍多，显示出了这两个地区工业化过程的勃勃生机。

与此相反，辽宁第二产业在业人口所占比例却是逐渐下降的过程，从1982年的占35.24%下降到2000年的占20.56%，18年间共计下降了14.7个百分点，平均每年下降0.82个百分点(1919年美国第二产业所占比例为

31.7%，至1990年下降到25.8%，71年间下降了5.9个百分点，平均每年下降0.083个百分点)。

(三)辽宁商业服务业人员所占比例增长缓慢

辽宁商业服务业人员所占的比例，18年间由占7.91%上升到占12.38%，仅仅上升了4.47个百分点，同期浙江省上升了11.23个百分点，广东省上升了10.02个百分点，这两个省份由原来的落后于辽宁3个百分点，变成了领先3个百分点左右。

在业人口职业结构的分布是在一个确定的范围内比例的增大和缩小，这种变化受到各种相对因素的制约，为了更清晰地发现辽宁职业结构变化的实质性内容，我们需要进一步考察各职业在业人数的增长速度及变化趋势。

二、辽宁各职业在业人口增长速度及与广东、浙江的比较

在业人口增长速度的不同形成了不同职业结构分布，通过对这种增长速度的描述可以使我们更清晰地发现辽宁与广东、浙江两省职业结构变迁过程的极大差异(见表3.2)。

(一)辽宁第三产业增长速度缓慢

辽宁在1982年具有与广东比较接近的专业技术人员规模，在1982—1990年的第一增长周期，辽宁的专业技术人员从业人数的增长速度高于广东，增长了31.99%。但是在第二个增长周期，辽宁的专业技术人员在业人数进入了负增长，因此在整个18年的发展过程中，辽宁专业技术人员增长速度为22.02%，而同期的广东增长速度为81.26%，浙江为61.61%。于是辽宁的专业技术人员在业人数从略高于广东，经过18年的发展变为仅仅相当于广东人数的67.5%。管理人员的增长速度同样落后于广东和浙江，辽宁的管理人员人数在第一个周期增长了46.18%，但是在第二个周期下降了23.73%，总周期的增长速度为11.49%，而同期的广东是持续的增长，末期的2000年比基期的1982年增长了115.63%。到2000年，辽宁的管理人员的规模由1982年的多于广东14.1万人到2000年比广东少27.6万人，仅仅相当于广东的69.23%。

办事员和商服人员的增长速度更是远低于广东和浙江。1982年辽宁的办事员和商业服务业人员略低于广东，分别是广东人数的95%左右。但是经过两个发展周期，辽宁办事员规模增长了138.91%，商服人员增长了95.59%，而广东办事员增长了407.79%，商服人员的在业人数增长了355.35%，浙江

表 3.2　辽宁在业人口增长速度及与广东、浙江的比较

		辽宁				广东				浙江			
时期		1982 年	1990 年	2000 年	定基/%	1982 年	1990 年	2000 年	定基/%	1982 年	1990 年	2000 年	定基/%
专业人员	总数/千人	1470	1940	1794		1466	1817	2657		958	1285	1548	
	环比/%		31.99	−7.55	22.02		23.98	46.19	81.26		34.13	20.49	61.61
机关企事业单位负责人	总数/千人	557	814	621		416	578	897		312	403	462	
	环比/%		46.18	−23.73	11.49		38.98	55.15	115.63		29.03	14.79	48.11
机关企事业单位负责人办事员	总数/千人	404	609	965		421	697	2138		181	378	996	
	环比/%		50.73	58.50	138.91		65.57	206.69	407.79		108.57	163.33	449.23
商服人员	总数/千人	1407	2012	2752		1473	2866	6718		959	2062	4198	
	环比/%		42.97	36.81	95.59		94.56	134.35	355.95		115.09	103.53	337.77
农林牧渔业人员	总数/千人	7644	10776	11525		21765	20255	17026		12695	12990	9155	
	环比/%		40.97	6.95	50.78		−6.94	−15.94	−21.77		2.33	−29.53	−27.89
生产工人	总数/千人	6270	6196	4572		5115	7442	15906		5855	7446	10200	
	环比/%		−1.18	−26.21	−27.08		45.47	113.74	210.93		27.18	36.98	74.22
不便分类人员	总数/千人	40	34	5		17	2	5		16	10	11	
	环比/%		−15.22	−86.25	−88.35		−89.61	153.96	−73.62		−34.72	6.66	−30.37

注：定基和环比增长速度均是根据原始数据计算。

也具有同样的增长速度。到了 2000 年，辽宁的办事人员人数仅仅是广东的 45%，商服人员也仅仅是广东的 41%，甚至也仅仅是浙江的 66%。辽宁第三产业的发展缓慢从这里可以清楚地发现。

(二)农林牧渔业人员与广东、浙江相反的增长趋势

辽宁农林牧渔业在整个 18 年的发展周期中定基增长速度为 50.78%，而广东和浙江分别为−21.77%和−27.98%。从就业人数来看，辽宁在 18 年间，农林牧渔业的从业人员增长了 388.1 万人，而广东和浙江分别减少了 473.9 万人和 354 万人，更加具体地体现了辽宁的农林牧渔业人员增长与城市化过程相悖的趋势。

(三)辽宁产业工人的数量的萎缩

辽宁的生产工人就业人数 18 年间增长速度为－27.8％，但是同期的广东生产工人人数增长了 210.93％，浙江增长了 74.22％。从纯在业人数来看，辽宁在 18 年间不仅没有吸纳劳动人口，相反却减少了 169.8 万人，而同期的广东则增加了 1079.1 万人，浙江增加了 434.5 万人。

第三节　辽宁职业结构与全国总趋势的比较

广东省和浙江省是我国改革开放的先驱，与发达省份的比较中所发现辽宁职业结构的特点，在全国职业变迁总趋势中处于何种位置呢?

一、辽宁在业人口职业结构增长幅度与全国的比较

改革开放以来辽宁省在业人口职业结构的变迁和全国总体变化趋势相比较也表现出较大的差异(见表 3.3)。

表 3.3　辽宁在业人口职业结构变迁及与全国的比较　单位:％

职业分类	辽宁				全国			
	1982 年	1990 年	2000 年	增长	1982 年	1990 年	2000 年	增长
专业人员	8.26	8.67	8.07	－0.19	5.07	5.31	5.7	0.63
机关企事业单位负责人	3.13	3.64	2.79	－0.34	1.56	1.75	1.67	0.11
机关企事业单位办事员	2.27	2.72	4.34	2.07	1.3	1.74	3.1	1.8
商服人员	7.91	8.99	12.38	4.47	4.01	5.41	9.18	5.17
农林牧渔业人员	42.96	48.15	51.84	8.88	71.98	70.58	64.46	－7.52
生产人员	35.24	27.68	20.56	－14.68	15.99	15.16	15.83	－0.16
合计/万人	1779	2238	2223		52151	64724	68240	

数据来源：第三次、第四次、第五次人口普查资料；“增长”指 2000 年比 1982 年。

(一)全国农林牧渔业人员比例下降与辽宁的上升趋势

中国经济体制改革的最大成绩就是 30 多年来通过体制改革实现了劳动者不断地从第一产业向第二产业和第三产业的转移，使农林牧渔业劳动者从 1982 年的占 71.98％降至 2000 年的占 64.46％，下降了 7.52 个百分点。尽管

中国在业人口的职业结构总体上还是农业社会的特征，但是这种快速发展态势是举世瞩目的。但是，在全国这种现代化趋向的职业结构变迁的过程中，辽宁却呈现出极不和谐的比例逐渐上升的趋势。由于辽宁的城市化水平比较高，在1982年在业人口中农林牧渔业劳动者所占比例就比全国平均比例(71.98%)低29.02个百分点，但是到了2000年，在全国平均下降7.52个百分点的城市化的浪潮中，辽宁的农林牧渔业劳动者所占比例竟相反上升了8.88个百分点，尽管辽宁的农林牧渔业人员比例是不断下降的趋势，依旧在2000年保持高于全国平均比例12.62个百分点的较高的城市化水平，但是辽宁的城市化过程的停滞甚至后退确实是一个值得关注的严峻问题。

(二)辽宁生产工人比例的大幅度下降趋势及与全国的比较

与农林牧渔业劳动者所占比例上升的趋势相反，辽宁生产工人的所占比例呈大幅度下降趋势。全国平均数字显示，生产运输工人18年间基本持平略有下降，但是辽宁在业人口中生产工人的比例却异常突出地从1982年的占35.24%，经过1990年的占27.68%，达到2000年的占20.56%，共计下降了14.68个百分点。尽管由于城市化水平的相对较高，到2000年，辽宁的生产工人所占比例依旧高于全国平均水平4.73个百分点，但是已经由1982年的相差19.25个百分点被大大地拉近了距离，辽宁工业在全国的优势地位正在逐渐地消失。

(三)辽宁专业技术人员的比例也呈下降趋势

全国的专业技术人员的比例由1982年的5.07%上升至2000年的5.7%，与此相比较，作为单位制国有大中型企业高度集中的辽宁，专业技术人员的比例在1982年为8.26%，高于全国平均水平3.19个百分点，但是，辽宁的专业技术人员的比例不仅没有向全国平均数字那样呈现微弱的上升，相反在1990年的占8.67%以后呈下降趋势，到2000年的占8.07%。尽管由于辽宁较高的城市化水平，专业技术人员的比例依旧高于全国的平均数字2.37个百分点，但是和1982年的数字比较起来却下降了0.19个百分点。辽宁的商业服务业人员所占比例从1982年到2000年增长了4.47个百分点，但是比全国平均(5.17个百分)的增长速度低0.7个百分点。

二、辽宁在业人口增长速度及全国的比较

由表3.4可见，辽宁各职业在业人口在基期和末期的18年间，发生了与全国变迁趋势存在较大差异的变迁过程。辽宁的第三产业的增长速度低于全国

平均。从专业人员的增长速度来看，辽宁的定基增长速度(22.02%)不到全国增长速度(47.1%)的一半，辽宁企事业单位负责人的增长速度(11.49%)还不到全国平均增长速度(40.02%)的1/3，第二个周期甚至是负增长23.73%。办事员的增长速度(138.91%)仅为全国总增长速度(211.32%)的65.7%，而商业服务业人员的增长速度(95.59%)仅仅是全国增长速度(199.33%)的48%。辽宁的农林牧渔业人员的增长速度(50.78%)大大高于全国总的定基增长速度(17.18%)，其中第二个周期已经为负增长，但是辽宁的增长速度高达50.78%，是全国增长速度的2.96倍，生产人员的增长速度也与全国总趋势形成较大的反差。全国生产人员在业人数18年间增长了29.56%，但是辽宁的两个周期均为负增长，定基增长速度为－27.08%。

表3.4　辽宁各职业在业人数增长速度及与全国的比较

		全国				辽宁			
		1982年	1990年	2000年	定基/%	1982年	1990年	2000年	定基/%
专业人员	总数/千人	26458	34394	38920		1470	1940	1794	
	环比/%		30.00	13.16	47.1		31.99	－7.55	22.02
机关企事业单位负责人	总数/千人	8131	11328	11385		557	814	621	
	环比/%		39.33	0.5	40.02		46.18	－23.73	11.49
机关企事业单位办事员	总数/千人	6788	11276	21133		404	609	965	
	环比/%		66.11	87.42	211.32		50.73	58.50	138.91
商服人员	总数/千人	20921	34984	62622		1407	2012	2752	
	环比/%		67.22	79	199.33		42.97	36.81	95.59
农林牧渔业人员	总数/千人	375380	456820	439874		7644	10776	11525	
	环比/%		21.70	－3.71	17.18		40.97	6.95	50.78
生产人员	总数/千人	83369	98125	108010		6270	6196	4572	
	环比/%		17.70	10.07	29.56		－1.18	－26.21	－27.08
不便分类人员	总数/千人	458	318	452		40	34	5	
	环比/%		－30.69	42.21	－1.43		－15.22	－86.25	－88.35

第四节　中国式发展道路的集中表现

丹尼尔·贝尔是用职业结构来说明社会结构变迁的著名学者，他在《美国社会结构》一书中根据职业结构的不同把人类社会划分为三个阶段，即前工业社会(即农业社会阶段)、工业社会和后工业社会。前工业社会是同自然界竞争，工业社会是同经过加工的自然界的竞争，后工业社会则是以服务行业为基础的，是人与人之间的竞争。① 通过上述比较，我们发现辽宁的职业结构变迁过程与东南沿海地区乃至与全国总体变迁趋势的较大差异，如果说农业人口下降代表着城市化和现代化的过程，工业就业人口的下降表现着后工业化的特征，那么辽宁的农业就业人口上升，工业人口下降，服务业的上升代表着什么样的社会发展阶段？辽宁的这种变迁过程不仅与全国总体发展趋势与东南沿海地区的变迁趋势发生大幅度的偏离，而且也脱离了我们作为基本参照系的欧美职业结构变迁模式。确实是一个特殊而复杂的过程，这种怪异的职业结构变迁过程只能放在"转型理论"②的背景下来理解。

一、中国式社会转型过程中两种体制的交互作用

辽宁农业人口的绝对上升，表现出计划经济时代的遗产——户籍制度和城乡的二元分割的制度性的力量，制度性地形成了农业劳动人口的绝对和相对的上升，农民被制度性隔绝在现代化过程之外，这是中国特色的；工业在业人口的大幅度下降也是这种表现，辽宁的生产工人在业人口的萎缩不仅仅是一般意义上传统产业凋敝的经济因素，更大量地存在着在体制转型中由于制度环境和经营机制的不利条件而形成的竞争失败、破产倒闭，甚至某些职业和产业几乎区域性地全军覆没。从全国总体状况来看，可能会出现如辽宁国企纺织业破产的同时江浙纺织业繁荣的可能性，但是对于辽宁的区域社会，这种变迁原因是两种体制相持和互动的结果。超强的再分配体制力量形成的重化工业高度集中的职业结构，在渐进式改革的市场化过程中不可避免地背负着原有体制的极大惯性，使辽宁的职业结构变迁面临着产业调整和体制转型双重挤压。这正是中国渐进式发展道路表现出的结构性特征。作为原有体制的延续所形成的城乡二

① 刘艾玉：《劳动社会学教程》，北京，北京大学出版社，1999。

② 孙立平：《社会转型：发展社会学的新议题》，载《社会学研究》，2005(1)。

元劳动力市场，作为原有体制的延续对下岗失业工人的各种保障和再就业优惠制度等，也都制度性地促成了辽宁职业结构变迁的独特的过程。这不仅仅是转型理论所体现的前社会主义国家的发展道路，由于市场经济因素和原有制度因素的双重作用，形成了独具区域特点的职业结构类型，这在职业结构的研究中也应该是具有世界历史意义的、与西欧和苏东都不同的职业结构变迁类型。是凝练了中国式发展道路精髓的变迁过程，辽宁职业结构的变迁轨迹与“中国职业结构的趋向高级化”[①]趋势相偏离，也与发达国家的“恒量高级化”变迁趋势相反，是一种“增量低级化”的变迁过程，这一复杂过程还需要我们作进一步研究。

二、传统体制对辽宁职业结构变迁趋势的形塑

对美国职业结构的研究，不论是索罗金还是布劳和邓肯，他们的基本假设都是把职业流动和职业结构的变迁主要地作为一个经济驱动的过程，李普塞特和本迪克斯更是通过经济发展和工业化水平与社会流动的关系详尽地探讨了产业社会的结构；这种“一元经济决定论”的研究框架是符合完全市场经济条件下职业结构变迁的客观过程。同样，中国改革初期关于职业结构的研究，也主要是“分析经济发展与人口职业结构调整二者之间潜在的互动关系”[②]，这也是由于中国的改革是一个从计划经济的外围向核心的推进过程。在东南沿海地区的城市化和工业化的过程中，市场经济迅速燎原，体制转型对职业结构变迁所发生的作用退居到次要的地位，这一阶段的研究始终是“一元经济决定论”的一统天下。但是当我们研究辽宁职业结构的变迁轨迹，发现在计划经济的深水区，远远不像在浅水区——一个渔村变成一座城市所体现的职业结构变迁过程那样简单。在这里，“转型理论”代表的对前社会主义国家社会转型的特殊道路的理解成为我们理解这种所谓怪异的职业结构变迁的新视角，辽宁的职业结构变迁所表现的不仅仅是经济力量的推动，更表现出再分配体制对职业结构变迁的极大制约作用。

从第二产业衰退的角度来看，辽宁同世界上其他国家的老工业基地如德国的鲁尔、英国的曼彻斯特、美国的冷冻地带、日本的北九州等地区面临着同样的传统工业改造和产业结构调整以及产业现代化为标志的经济转型；但是由于

---

① 陆学艺：《当代中国社会流动》，102页，北京，中国社会科学文献出版社，2004。

② 于蜀、徐桂琼：《经济转型与中国人口职业结构的变动》，载《中国人口科学》，1999(5)。

中国经济转和制度转型交织，所以辽宁的产业衰退和竞争失败共存，此外长期的城乡二元社会，使辽宁第二产业衰退的同时又伴随着农业在业人口的绝对上升，使辽宁职业结构变迁表现出经济力量和制度力量的双重驱动，这不仅表现出一种职业结构变迁的新类型，同时也是对习惯理解的“一元经济决定论”的突破，至少代表了一种“二元驱动”的职业结构变迁类型，值得我们去进一步研究。

三、辽宁具有更为复杂的社会结构

辽宁在业人口职业结构的变迁趋势比我们所模糊理解的再分配体制向市场体制的过渡及其转型过程中出现的混合期更为复杂、更为具体，“中国的社会转型不仅计划经济向市场经济转型表现为一个过程，而且同时交织着由劳动密集型经济到技术密集型的后工业化过程，以及现代化过程中的农村人口的城市化过程”①，这一过程在辽宁的职业结构变迁中集中地体现出来，表现出辽宁正面临和将要面临着的复杂的社会结构。

由于辽宁第二产业的凋敝所累积下大批的下岗失业工人作为劳动力的蓄水池，也由于中国城乡二元社会的惯性，城市又设置了重重壁垒，所以辽宁农业劳动者的城市化过程障碍重重。辽宁第一产业在业人员的“逆向现代化”趋势，潜伏辽宁农村劳动人口城市化的巨大压力，辽宁农业劳动人口的继续积聚将会带来更大的迸发力，这是辽宁将面临的一个紧迫而严峻的社会问题。

辽宁的第二产业尽管存在国家垄断的行业如电力、铁路、石油等，但是绝大多数的制造业、煤炭、钢铁等企业，或由于技术落后、竞争失败，或由于其他诸如腐败、经营管理不善等原因而陷于亏损倒闭的境遇，辽宁第二产业结构萎缩的背后是巨大的失业问题。如果按照孙立平教授“断裂社会”的理论，那么在中国改革的“构建和谐社会”的新阶段，在以辽宁为代表的东北老工业基地，更迫切需要我们去探讨的不仅是社会地位下滑带来的社会心理失衡、心理崩溃等安全预警问题，更需要我们去研究在社会分化的背景下，社会保障制度如何来保护这些利益群体，如何使他们的子女不再沦为“新失业群体”。

在西欧老工业基地的职业结构变迁体现出的是单一的后工业化过程，而在中国改革初期所体现的又主要是工业化和城市化的现代化过程，但是在辽宁，这些过程交织在一起，在社会结构上农民利益、失业群体的利益，甚至由于计

① 李培林等：《中国社会分层》，47页，北京，社会科学文献出版社，2004。

划经济时代，短时期集中建立起来的工业基地所形成的庞大的退休群体利益以及新兴产业群体的利益纵横交错，成为辽宁老工业基地所面临的极为复杂的、隐藏着各种危机的社会结构环境。

第四章 辽宁的职业声望结构

职业声望是指人们对客观职业地位的主观评价。不同的职业拥有不同的社会地位资源，具有不同的社会功能，在社会上也占据不同的客观社会位置形成职业地位，处于不同地位的职业分布结构构成整个社会的职业分层结构。职业声望是人们对不同职业的价值判断，是对各种职业地位的主观评价的综合。职业声望不仅体现了相对的职业地位的等级层次，而且还影响着人们对职业的选择，影响着社会的职业流动，也影响着社会的职业结构。

第一节　研究背景及其意义

马克思的阶级分层理论提出以后，最早提出多元分层理论的是德国的社会学家马克斯·韦伯，其理论的核心是划分社会层次结构必须依据三重标准：财富—经济标准、声望—社会标准、权力—政治标准。由于现代社会职业地位是人们社会地位的指示器，因而职业声望研究就成为社会分层研究的一个重要维度。职业声望作为人们对客观职业地位的主评价，其等级排序所体现的职业分层结构的不平等性也成为人们关注的一个重要问题。

在我国由于长期以来再分配体制的高度计划性，在社会形成了“革命工作只有分工不同没有高低贵贱之分”的主题意识形态，因而中国的职业声望研究起步较晚。国内对于职业声望的研究主要可以分为以下三个阶段。第一阶段主要为 20 世纪 80 年代的研究，这时期由于整个社会学刚刚起步，因而研究内容和方法也主要是采用国外已有的职业声望量表对国内不同地区城市或乡村的社会群体进行职业声望的测量和排序。1983 年，华裔社会学教授林楠和中国社会科学院社会学所、北京大学哲学系共同在北京重点城区抽样，对 1774 名居民进行了 50 种职业的声望调查。① 1990 年 7 月，北京大学社会学系“职业声望课题组”在北京和广州对 1141 名居民就 80 种职业进行职业声望调查。② 第二阶段，主要为 20 世纪 90 年代。在职业声望研究的简单的统计描述和排序中出现了较为深入的职业声望相关因素和群体分析，以及对不同社会群体职业评价的比较分析，1993 年 11 月至 1994 年 3 月，中山大学社会学系等单位在广州对 1195 名居民进行了 102 种职业的声望调查。③ 1993 年 4 月至 7 月，中国社会科学院社会学所与美国芝加哥大学社会学系等机构共同在全国 10 个县(市)对 3012 名农村居民进行了 100 种职业的声望调查。1997 年和 1998 年李强在北京④、1999 年仇立平在上海也进行了职业声望调查⑤，李强在自己调查的基础之上也提出了转型期冲突性的职业评价。第三个阶段，进入 21 世纪以后，职业声望研究中出现了对职业声望相关内部因素的理论研究、对评价群体的价值标准的比较研究以及对于职业声望评价的因素分析。2000 年，游正林对国有企业内部职业声望的研究，探讨了中国单位制对社会成员的社会地位的影响作用。⑥ 后来出现了几次大规模的全国性的职业声望调查，2001 年陆学艺的《当代中国社会流动》课题组的全国职业声望调查；2002 年许欣欣也进行了全国调查等，并进行了职业评价与择业取向的相关研究，这些研究奠定了中国职业地位和声望研究的基础。

但是从研究范围的区域分布上看，除了以陆学艺为代表的全国大规模的调查以外，对国内区域社会的职业声望研究主要集中在北京、上海、广东等发达地区。随着中国改革的梯度发展格局由南向北地推进，当振兴东北老工业基地成为国家发展战略的时候，单位制国有大中型企业高度密集的东北区域社会结构也开始引起人们的关注，在中国经济社会发展不平衡的背景下，辽宁与发达

① Nan Lin and Wen Xie, Occupational Prestige in Urban China, *American Journal of Sociology*, Vol. 93, No. 4, 1988, pp. 798-832.

② 蒋来文等：《北京、广州两市职业声望研究》，载《社会学与社会调查》，1991 (4)。

③ 蔡禾、赵钊卿：《社会分层研究：职业声望评价与职业价值》，载《管理世界》，1995(4)。

④ 李强：《转型期冲突性的职业评价》，载《中国社会科学》，2000(4)。

⑤ 仇立平：《职业地位：社会分层的指示器》，载《社会学研究》，2001(3)。

⑥ 游正林：《国有企业内部的职业声望研究——对北京某机械厂的调查》，载《管理世界》，2000(4)。

地区比较起来职业声望是否会存在一定的差异？以及存在何种差异？这成为我们研究的出发点。

美国社会学家特莱曼的国际标准职业声望量表揭示了所有的社会都面临着相似的“功能迫力”(functional imperatives)，它导致所有社会的职业角色的相似性；但是同时他也看到由于工业化发达程度、文化传统、社会结构、社会意识形态和社会制度等方面的差异，对一些职业的评价也表现较大的差异，而导致职业声望差异的主要原因是农业人口占总人口的比例、人口中受过中等和高等正规教育者的比例以及社会富裕的程度①。

辽宁是由多个工业城市组成的大规模城市群，是我国历史最悠久的、国有大中型企业高度集中的老工业基地。改革开放前作为除京、津、沪三个直辖市外城镇化水平最高的区域，辽宁不仅在全国拥有较高的经济发展水平，而且由于国有企业的单位制特征，作为“公有制体制的受益者”、典型的“类中间阶层”的国企职工在经济地位和社会地位上也都具有明显的优势，但是改革开放以后，以辽宁为代表的老工业基地却随着“传统产业、夕阳工业的衰落而失去往日的辉煌”，对于在东南沿海地区快速城市化和工业化过程中，带有自我职业选择特征的农民工问题在这里并不明显，取而代之的却是“后工业社会”的带有制度安排特征的下岗失业问题，以辽宁为代表的“东北老工业基地社会”已经表现出与东南沿海地区极为不同的经济结构和社会结构特征(见表 4.1)。

表 4.1　2000 年几项主要指标的区域差异

区　域	6 岁以上人口受教育的比例/%					城市人口比例/%	国内生产总值/亿元
	小学	初中	高中	中专	大专以上		
全　国	38.18	36.52	8.57	3.39	3.81	24.73	97209.37
辽宁省	31.5	42.28	10.09	3.83	6.52	45.94	4669.06
浙江省	39.04	35.53	8.93	2.56	3.4	21.27	6036.34
广东省	36.09	39.98	10.46	3.63	3.88	25.66	9662.23

数据来源：除国内生产总值来自国家统计局网站外，其余数据均来自 2000 年人口普查资料。

鉴于上述几项指标存在的较大差异，本文试图探讨以下两个问题：第一，作为“老工业基地社会”的辽宁在职业声望的评价上是否具有自己的区域特点？第二，如果按费兹曼的观点，在再分配体制中工作的社会组织被按照经济功能

① 刘艾玉：《劳动社会学教程》，97 页，北京，北京大学出版社，1999。

的单位间关系进行安排，这样职业地位中最核心、最重要的维度就成为权力，那么作为国有大中型企业高度集中的、再分配体制的核心区域辽宁，权力在职业地位评价中是否是最重要的维度？

第二节 辽宁职业声望排序及其特点

调查一共设计了40种职业，并将40种职业随机分为A、B卷，以中学教师为参照对象，采用声望尺度法将每一职业分为从1到5共5个等级，请被访者根据自己的主观判断打分。采用美国社会学家诺斯一哈特的标准赋予每个分数以20、40、60、80、100共5个分值，最后求出所有职业的平均分值(见表4.2)。

一、辽宁职业声望排序及其特点

我们将所有职业按得分高低进行排序，为了便于比较，我们将40种职业按排序分成10个层级(见表4.2)。

根据表4.2，我们发现辽宁职业声望一方面体现着与标准国际职业声望的高度相似性，“专业技术人员和经理阶层居于上层，底层白领和熟练的蓝领工人居于中间，而未受特殊训练的服务性、体力型工作最不受重视”①。但是另一方面也表现出较明显的区域特点：

第一，党政机关领导干部排在第一位，也是所有职业中唯一得分在90分以上的职业。

第二，在第五层和第六层的作为熟练工人的机关小车司机和私人医院医生以及小学教师一直紧紧相随。私人医院医生职业上的优势地位被体制上的劣势所拖累和机关小车司机这种职业上的熟练工人、却具有靠近权力阶层的体制优势地位的职业相依相伴。

第三，第九层主要是熟练和半熟练工人，公共汽车司机由于承包制已经被脱离了原有的计划经济体制，邮递员成为合同制，由于大批量的下岗工人，国有企业的工人这些计划经济时代的类中间阶层已经失去了往日的辉煌和农民前后相随。第十层完全是体制外的缺乏社会保障的，处于外围劳动力市场的职业。

---

① 刘艾玉：《劳动社会学教程》，110～112页，北京，北京大学出版社，1999。

表 4.2　辽宁职业声望排序表

层级	排序	职业	分值/分	层级	排序	职业	分值/分
第一层	1	党政机关领导干部	90.99	第六层	21	商店经理	59.72
	2	法官	89.31		22	机关小车司机	57.56
	3	银行行长	88.84		23	小学教师	56.69
	4	大学教授	86.22		24	居委会主任	56.12
第二层	5	检察官	84.11	第七层	25	采购员	55.84
	6	国有企业的厂长	81.45		26	导游	53.89
	7	音乐家	80.15		27	护士	52.37
	8	工商税务干部	78.91		28	幼儿园老师	51.39
第三层	9	律师	78.39	第八层	29	个体工商户	49.88
	10	军官	77.4		30	美容美发师	49.81
	11	大医院医生	77.02		31	出租汽车司机	47.4
	12	工程师	73.95		32	士兵	47.18
第四层	13	记者	72.67	第九层	33	公共汽车司机	45.27
	14	流行歌星	71.21		34	邮递员	43.93
	15	外资医院医生	70.83		35	国有企业的工人	42.56
	16	电台播音员	67.86		36	农民	31.54
第五层	17	党政机关办事员	66.45	第十层	37	保姆	31.07
	18	中学教师	65.97		38	饭店服务员	30.87
	19	会计	63.83		39	人力车夫	28.82
	20	私人医院医生	62.17		40	农民工	25.88

总体上说，本次调查在体制上选取两个比较系统：一是医生系列：大医院医生、外资医院医生和私人医院医生依次排列，声望排序的结果显示体制内的医生职业具有明显的优势；另一个比较系统是司机：机关小车司机、出租汽车司机和公共汽车司机依次排列，体制内的机关小车司机具有绝对的优势位置位居第六层，而公共汽车司机由于承包制已经完全失去了体制内的优势，居于出租汽车司机之下，远远落后于机关小车司机，而主要集中于第八层的底部和第九层的上部，出租汽车司机集中在第八层。

二、部分职业声望评价的构成

辽宁职业声望评价的排序中，部分职业的位置引起我们很大的兴趣。

(一)党政机关领导干部

这是得分超过90分的超级高评价职业，在对这一职业评价主体的进一步研究中我们发现教育程度与对党政机关领导干部的评价高度相关，在“很高”的打分上与教育程度呈负相关，在“较高”的打分上，与教育程度呈正相关(见表4.3)。

表4.3 党政机关领导干部的评价构成　　单位：%

分类		很高	较高	中等	较低	很低	Total
教育程度	小学	91.7		8.3			12
	中学	79.6	12.4	4.3	3.1	0.6	162
	高中	66.9	19.7	9.6	2.2	1.5	135
	大专以上	66	22.8	6.5	3.3	1.4	215
职业类别	无业半失业人员	88.6	8.6	2.9			35
	机关企事业办事人员	78.5	16.9	1.5	3.1		65
	生产工人	76.9	11.9	8.4	2.1	0.7	143
	党政机关负责人	70	22.5	5	2.5		40
	专业技术人员	65.9	20.6	7.9	3.2	2.4	126
	商业服务业人员	59.1	27	7.8	4.3	1.7	115
Total	N	371	97	35	15	6	524
	%	70.8	18.5	6.7	2.9	1.2	100

对评价者的所属职业进行分类发现，无业半失业人员打满分比例最高，机关企事业单位办事人员居第二位，是否是因为科层制和对自身职业发展的期望决定了他们对领导干部评价中打满分的比例偏高？生产工人打满分的比例也比较高，党政机关负责人对自己打满分的比例占70%，专业技术人员对党政机关领导干部打满分的比例相对较低(65.9%)，而商业服务业人员的打满分的比例最低，是否是因为商业服务业人员是在城市社区中被率先市场化的部分，在他们的经济活动中，市场竞争和等价交换多于对权力的接近和崇拜，于是我们

进一步研究了商业服务业人员的所有制性质和行业类别，我们发现：商业服务业人员的所有制性质中私营个体占51%、混合所有制和三资企业占10.5%，从行业性质上看，企业和个体经营占82.4%。尽管对此的解释需要进一步的研究，但是这种高比例也许能够部分地验证我们的想法。

(二)大学教授

大学教授这个职业的声望评价也是本次调查的一个相对特殊的问题，对大学教授评价的“很高”得分也与教育程度呈负相关(排除因数量少而不具有代表性的小学教育程度样本)，受教育程度越高为打满分的比例越低，在“较高”的打分比例上与教育程度正相关，教育程度越高打分比例越高(见表4.4)。

表4.4 大学教授的评价构成 单位：%

分类		很高	较高	中等	较低	很低	Total
教育程度	小　学	16.7	75		8.3		12
	中　学	54.9	38.3	4.9	1.2	0.6	162
	高　中	44.5	42.2	10.4	1.5	1.5	135
	大专以上	40.5	48.4	7.9	2.3	0.9	215
职业类别	党政机关负责人	52.5	42.5	12.5	2.5	2.5	40
	生产工人	49	37.8	9.8	2.8	0.7	143
	无业半失业人员	48.6	45.7	5.7			35
	商业服务业人员	47.8	42.6	7.8	0.9	0.9	115
	机关企事业办事人员	46.2	46.2	6.2		1.5	65
	专业技术人员	35.7	52.4	7.1	3.2	1.6	126
Total	N	238	232	39	10	5	524
	%	45.4	44.3	7.4	1.9	1	100

总体上认为大学教授职业较高和很高的基本持平，但是在职业类别上，党政机关负责人认为很高的比例最高(52.5%)，生产工人居其次(49%)，而专业技术人员打满分的比例最低；认为大学教授职业较高的比例中，专业技术人员的比例最高(52.4%)；总体上看，认为大学教授职业很高的平均比例为45.4%，而认为党政机关领导干部职业很高的比例高达70.8%，相差25.4个百分点。这里是否表现了辽宁的职业地位评价中更注重权力因素，大学教授作

为知识分子的代表则相对位置不高的特点呢？

第三节 辽宁职业声望与国内其他研究之比较

最近十几年国内职业声望的研究取得了较丰富的研究成果，我们选择了1998年李强的北京调查①、2001年汪开国的深圳调查②和徐欣欣2002年的全国调查③作为比较对象，为了具有可比性，我们把这三次职业声望排序都分成十段，以本次辽宁的调查为基准，在每一段中剔除难以进行横向比较的职业，均保留4个职业。从总体上看，辽宁职业声望与其他的几次调查高度相似，比如大学教授、法院院长，几乎均排在第一层；工程师、音乐家、国有企业厂长、医生、领导干部等均排在前三层；会计、导游、护士等职业的位置也比较接近，相差不到一层；特别是人力车夫、农民、保姆、农民工等职也均排在下层。但是同时我们也发现辽宁调查与这几次调查存在较大差异(见表4.5)。

一、权力职业群

辽宁的突出特点是没有行政级别区分的党政机关领导干部位居第一层的第一位，而在李强的北京调查中"国家机关局长"排第三层，在汪开国的深圳调查中排在第二层，在许欣欣的全国调查中排在第三层。同样情况在工商税务干部的比较中也可以发现，北京的工商税务干部排在第六层，深圳排在第三层，这两次调查的结果都是工商税务干部远远低于中学教师；但是在辽宁的调查中，工商税务干部排在第二层，在三次调查中辽宁的工商税务干部评价不仅绝对位置高，而且比中学教师的相对位置也高，在三次调查中以最远的距离高于中学教师。这两个干部职业排序上的优势是否说明了辽宁职业声望评价中重权力的特点呢？

二、技术职业群

辽宁对专业技术人员的评价与其他三次调查也存在较大的差异。对大学教授的声望评价排在第一层的最低端，而在北京和深圳则是排在第一层的顶端，在许欣欣的全国调查中，由于前三位实际内容上的相互包含也具有同样的意义。

---

① 李强：《转型时期中国社会分层》，沈阳，辽宁教育出版社，2004。

② 汪开国：《深圳九大阶层调查》，北京，社会科学文献出版社，2005。

③ 许欣欣：《社会、市场、价值观：整体变迁的征兆》，载《社会学研究》，2005(4)。

表 4.5　国内不同区域职业声望调查的比较

排	序	2006 年辽宁	分值/分	1998 年北京	分值/分	2001 年深圳	分值/分	2002 年全国	分值/分
第一层	1	党政机关领导干部	90.99	大学教授	86.37	大学教授	89.73	科学家	94.7
	2	法官	89.31	工程师	82.97	国有企业厂长	87.18	社会科学家	94.0
	3	银行行长	88.84	医生	79.98	法院院长	84.43	大学教授	93.9
	4	大学教授	86.22	法官	78.25	工程师	83.83	大城市市长	91.7
第二层	5	检察官	84.11	检察官	76.82	政府机关局长	83.22	电视主持人	88.6
	6	国有企业厂长	81.45	律师	76.58	律师	80.83	电脑软件设计师	88.2
	7	音乐家	80.15	高级军官	74.95	政府办事员	79.09	电脑工程师	87.7
	8	工商税务干部	78.91	银行行长	74.47	中学教师	79.07	律师	87.5
第三层	9	律师	78.39	音乐家	72.74	外资企业经理	78.81	大型国企厂长	86.4
	10	军官	77.4	记者	71.22	政府机关科长	78.78	党政机关领导干部	86.1
	11	大医院医生	77.02	电台播音员	70.39	工商税务干部	74.81	法官	85.3
	12	工程师	73.95	国家机关局长	69.19	报社记者	72.63	医生	85.1
第四层	13	记者	72.67	中小学教师	68.31	医生	72.22	机械工程师	83.9
	14	流行歌星	71.21	中级军官	68.03	警察	71.27	作家	83.9
	15	外资医院医生	70.83	公司经理	64.04	电影明星	69.26	房地产开发商	83.3
	16	电台播音员	67.86	幼儿园教师	64.03	小学教师	69.07	外企高级雇员	83.1
第五层	17	党政机关办事员	66.45	护士	63.93	电视台主持人	69.07	记者	82.6
	18	中学教师	65.97	会计	63.10	居委会主任	68	公立中小学教师	80.4
	19	会计	63.83	公安人员	62.13	军人	67.71	工商税务人员	79.7
	20	私人医院医生	62.17	演员	58.48	幼儿园老师	66.47	警察	79.4
第六层	21	商店经理	59.72	工商税务人员	57.50	会计	59.27	广告设计师	78.0
	22	机关小车司机	57.56	邮递员	57.03	服装模特	58.24	乡长	77.7
	23	小学教师	56.69	士兵	56.97	护士	57.12	国企中层管理人员	77.3
	24	居委会主任	56.12	导游	56.07	企业采购员	53.31	乡镇企业厂长	76.6
第七层	25	采购员	55.84	美容美发师	55.47	饭店厨师	52.93	外资企业职员	75.7
	26	导游	53.89	公共汽车司机	52.05	国有企业电工	50.91	导游	75.4
	27	护士	52.37	种田农民	51.57	机关轿车司机	50.41	私立学校教师	72.0
	28	私人幼儿园老师	51.39	汽车修理工	51.11	个体小商店店主	50.06	文化个体户	71.8

续表

排	序	2006年辽宁	分值/分	1998年北京	分值/分	2001年深圳	分值/分	2002年全国	分值/分
第八层	29	个体工商户	49.88	电工	50.34	出租汽车司机	46.23	村干部	70.9
	30	美容美发师	49.81	炼钢工人	49.85	公共汽车售票员	44.03	机关小车司机	70.8
	31	出租汽车司机	47.4	出租汽车司机	49.04	理发师	42.8	护士	69.9
	32	士兵	47.18	居委会主任	48.91	建筑工人	42.41	街道办主任	69.5
第九层	33	公共汽车司机	45.27	采购员	48.57	邮递员	42.25	工商业个体户	66.1
	34	邮递员	43.93	售票员	47.93	宾馆服务员	42.16	商店售货员	62.9
	35	国有企业工人	42.56	个体户	47.15	矿工	38.71	出租汽车司机	62.2
	36	农民	32.9	流行歌星	47.06	种田农民	37.46	大中型国企工人	60.9
第十层	37	保姆	31.54	进城农民工	41.71	商店营业员	37.44	公共汽车售票员	59.4
	38	饭店服务员	31.07	保姆	38.80	农民工	29.42	保姆	52.2
	39	人力车夫	30.87	人力车夫	36.51	三轮车夫	26.18	农民	49.8
	40	农民工	28.82	传达室人员	36.37	保姆	10.02	建筑业农民工	48.4

工程师的职业声望，辽宁排在第三层的底部而在北京和深圳的调查中都排在第一层的位置；中学教师的职业声望，辽宁排在第五层，北京排在第四层，深圳排在第二层；幼儿园老师的职业声望，辽宁排在第七层，北京排在第四层，深圳排在第五层；护士的职业声望，辽宁排在第七层，北京排在第五层，深圳排在第六层。

从排序上我们似乎可以发现辽宁的专业技术人员的职业声望比北京和深圳所处的位置相对较低，这是否可以理解为，在国有大中型企业高度密集的辽宁，传统的计划经济时代对权力的尊崇事实上又通过对专业技术人员较低的职业声望评价方式表现出来了呢？

三、非熟练职业群

对保姆的职业声望评价引起了我们的兴趣，保姆的职业声望虽然在辽宁也居于第十层的位置，但是在层内的位置却比较高，在北京和深圳则都居于较低和最低的位置上，从相对位置来看辽宁保姆的职业声望不仅高于饭店服务员也高于进城农民工，而在北京和深圳的调查中保姆的职业均低于农民工。这是否反映出辽宁在第三产业发展中保姆业被作为主要的再就业工程、下岗职工从事保姆人数不断增多，因而取得了大家的认同得到了相对较高的声望，而不像北京、深圳主要以外地打工妹为主体的职业特点呢？更令人思索的是在辽宁农民工被排在最后的位置上，但是在北京和深圳都相对高于辽宁，这是否也说明了由于大量的下岗失业工人做劳动力的蓄水池，农民工在辽宁“并不明显”，因而人们还习惯于以旧体制的城乡身份制来评价职业呢？

当然，由于四次职业声望的调查研究，不仅调查的时间不同，而且抽样方式和所列职业也不同，因而这种比较只具有相对的意义。

第四节　职业地位的自我评价

职业地位的自我评价是职业分层研究的一个重要视角，也是反映职业心理和职业满足度的一个重要指标。

本次调查职业地位的自我评价中(见表4.6)，专业技术人员的87.8%、机关企事业单位负责人的86.8%、机关企事业单位办事人员的85.4%认为自己属于较高和中等；而商业服务业人员的85.7%，生产工人的86.4%，甚至无业半失业人员的86%都认为自己属于中等和较低。从分布上来看呈阶梯形状，除了无业半失业人员中的12.3%认为自己地位很低以外其他职业认为自己地位很低的不到10%，这一特点和李春玲的研究①比较接近。

表4.6　职业地位的自我评价　　单位：%

	很高	较高	中等	较低	很低	其他	Total
专业技术人员	5.2	28.8	59	5.2	1.4	0.5	212
机关企事业单位负责人	7.9	26.3	60.5	4	1.3		76
机关企事业单位办事人员	1.8	22.7	62.7	5.45	6.4	0.9	110
商业服务业人员	2	4	66.5	19.2	8.4		203
生产工人	2.2	3.7	66.5	19.9	7.7		272
无业半失业人员		1.8	61.4	24.6	12.3		57
不便分类人员	16.7		66.7	16.7			6
总计	3.2	13.3	63.5	13.8	6	0.2	937

① 李春玲：《断裂与碎片：当代中国社会阶层分化实证分析》，214页，北京，社会科学文献出版社，2005。

在李春玲的调查中，认为自己职业中等的人只占40.2%，而认为自己较低(24.3%)和很低(21.7%)的占46%；本研究中关于职业地位的自我评价，平均63.5%的人认为自己的职业地位是中等，认为自己的职业地位较高和较低的人各占13%左右，就是说三项合计90.6%的人认为自己属于中间等级；这个比例比日本总理府的1985年的调查还要高(见表4.7)。日本学者把日本中间阶层比例的增加不看作是“归因于某一人群人数的增加”，而是“归因于某个人群中将自己认同为‘中间’阶层的人的比例增加”①，即主观认同意义上的中间阶层的增加，那么辽宁的职业地位的自我认同说明了什么？

表4.7 职业地位自我评价的比较 单位：%

	很高	较高	中等	较低	很低	其他	Total
辽　宁2006	3.2	13.3	63.5	13.8	6	0.2	937
李春玲2001	1.3	7.5	40.2	24.3	21.7	5.0	6193
日　本1985	1.9	24.0	47.3	17.5	5.9	3.4	2474

数据来源：李春玲数据：李春玲：《断裂与碎片：当代中国社会阶层分化实证分析》，215页，北京，社会科学文献出版社，2005。

日本数据：[日]高坂健次全编：《当代日本社会分层》，张弦等译，88页，北京，中国人民大学出版社，2004年。

按照美国心理学家亚当斯1956年提出来的公平理论：人们对工作的满意与否一方面要同自己过去的情况进行比较；另一方面也与别人进行横向比较。那么辽宁调查是否反映出改革开放以来，尽管辽宁社会存在诸多的问题，但是人们对于社会的发展、社会生活的变迁以及自己生活改善的积极认同呢？另一方面在与别人进行横向比较的时候，由于辽宁存在大量的下岗失业群体，个人只是群体中的一员，这反而分散了个人的心理压力，表4.6的数据似乎也证明了这一点，无业半失业人员也只有12.3%的人认为自己的职业地位是很低的，还有61.4%的人认为自己的职业地位是中等。

此外，在辽宁城市职工的身后还存在着被边缘化的农民工和外来人口群体，他们经常活动于同一个劳动力市场，而随着社会保障制度的不断健全，因而在农民工的比较框架下，包括无业半失业人员在内的城市居民获得了相对较高的满足感，这种现象同农民工把故乡的农民作为比较性标准极为相似。这也

① [日]高坂健次主编：《当代日本社会分层》，张弦等译，北京，中国人民大学出版社，2004。

许可以解释为什么本次调查中的主观评价高于其他两次调查，从这里我们也可以理解为什么在辽宁的社会转型这样一个极为阵痛的过程还始终保持着社会的相对稳定。当然从意识形态的角度是否还可以认为计划经济时代“听党的话跟党走”的主流意识形态和价值观念仍然延续呢?

第五节　转世研究的尝试

在对辽宁职业地位自我认同的调查中，我们引入了性别研究中的一个范式，即转世研究，希望通过这种研究进一步验证人们对职业地位的自我评价。转世研究是一道开放题，允许人们自由填答，在人们自由选择的基础上我们进行了分类汇总，结果如表 4.8 所示。

表 4.8　本人职业与转世职业期望的交互分类

转世职业 / 本人现职		问题：如果有来生，能够从头再来，您希望从事何种职业?							
		专业技术	公务员	商业服务	熟练工人	自由职业	警察军人	不知道	N
专业技术人员		62.6	20.7	7.4	3	2.5	3	1	203
机关企事业单位负责人		39.5	40.8	9.2	1.3	4	5.3		76
机关企事业单位办事人员		33.7	47.3	4.6	4.6	3.6	6.4		110
商业服务业人员		39.9	24.1	22.7	4.9	1	6.4	1	203
生产工人		32.4	30.9	11.4	18	2.2	4.8	0.4	272
无业半失业人员		21.1	35.1	15.8	21.1	1.75	5.3		57
军人武警		33.3	22.2				44.4		9
不便分类人员		66.7	33.3						6
总计	N	382	282	114	83	21	50	5	937
	%	40.8	30.1	12.2	8.9	2.2	5.3	0.5	100

表 4.8 显示，本次调查的 40.8%的人把专业技术人员(主要是医生和教师)作为职业期望。而在职业声望排序中位居第一位的党政机关领导干部，在这里被排在第二位(占 30.1%)，相差 10.7 个百分点，而且人们还普遍比较含蓄地定为公务员，公务员其实就是中国式领导干部的始发站，也是领导干部和

党政机关办事员共同的一个代名词，当然我们也不能排除那种由于高处不胜寒而形成的难于企及的心理。12.2%的人希望来生能够从事商业服务业工作，希望当熟练工人的为8.9%。从具体的职业分类上看，专业技术人员中的62.6%在转世研究中还想做专业技术人员，负责人中有39.5%的职业期望是专业人员，办事员的职业期望是公务员的比例最高达到47.3%，就是说每两个办事员中有接近一个人希望继续从事公务员职业，商业服务业人员的转世职业期望中，成为商服人员的比例达到22.7%，生产工人的转世职业期望也同样为18%，无业半失业人员的转世职业期望中成为熟练工人的比例最高，反映出人们转世职业期望的职业差异，人们的职业期望是建立在自己职业地位的基础之上。

第六节　结论与思考

辽宁职业声望的调查研究表明，作为国有大中型企业高度集中、计划经济遗产异常丰厚的辽宁，职业声望的主观评价确实呈现出较强的区域特征。

一、权力在辽宁职业声望评价中具有重要的作用

按照费兹曼的观点，在辽宁这一再分配体制的核心区域，行政权力确实成为职业地位的更加重要的维度，辽宁对党政机关领导干部格外青睐，排在第一层的首位。对工商税务干部评价的较高的绝对位置和相对位置也说明了权力维度的重要作用，体制内熟练工人的小车司机可以和体制外的专业医生职业相提并论的事实进一步说明了，体制作为一种权力的延续依旧在辽宁社会发挥着重要的作用。此外，以教授为代表的专业技术人员的职业声望在区域比较中位置的相对低下，从反方向也回答了这个问题。权力具有充分空间的地方，也正是市场发育不充分的地方，辽宁与东南沿海地区职业声望评价的这一明显差异进一步说明了中国社会经历30多年市场化发展之后，不同地区的人们并不是面对同样的事实。

二、自我认同为中等地位的比例很高

在辽宁职业声望的自我评价中，认同中等地位、较高和较低的比例合计高达90.6%。这一数字比众所周知的“一亿总中流”的日本的1985年统计数字还要高。这一现象值得我们进一步地思考：一方面可能是由于如前所述的公平理

论的两种比较模式，改革开放带来的生活世界的巨大变化和过去比较的满足，以及和外来务工人员比较起来相对稳定的社会保障体系带来的心理平衡；另一方面我们还可以解释为计划经济体制的“统治是一种社会承认了的权力”，是一种“依赖性结构”①，人们对权力的依赖作为一种规范、一种观念，甚至一种制度，深深地影响着人们的思想和行动，因此对于一些无业半失业人员职业自我评价的相对满足感是否是这种依赖的特殊的表现？辽宁老工业基地的区域特点不仅仅表现为社会结构同时也是一种社会意识形态，是以计划经济时期形成的单位制生活方式和价值体系为相关社会群体主体认同的习惯社会。

三、转世研究中人们具有较高的职业理想

在转世研究的尝试中我们发现，除了专业技术人员以外，都存在着“围城现象”，即一半以上的人们希望能够从事现职以外的职业，其中70.9%的人希望从事专业技术人员和公务员，反映出权力和技术这样高声望职业的备受青睐，而成为生产工人的期望比例很低(仅占8.9%)，成为商业服务业人员的期望比例也比较低(占12.2%)。在辽宁，“革命工作只有分工不同没有高低贵贱之分”的平等观已经彻底地被打破，但是人们对高声望的职业给予较高期望的现实还值得我们从多方面入手做进一步研究。

① 李汉林：《中国单位社会：议论、思考与研究》，9～12页，上海，上海人民出版社，2004。

第五章

辽宁的职业性别结构[①]

计划经济时代以计划安置和统一的工资福利为特征的国家再分配体制，对于消除旧中国的职业性别歧视发挥了巨大的作用。中国的城市女性劳动者与男性一样，被纳入统一的就业和福利保障体系之中，并通过社会动员方式迅速促成了社会生活中的男女平等。尽管当时国家实行重工业导向的发展战略，这应该是不利于妇女就业的产业结构，还是依靠国家的制度安排，城市女性的就业率达到了相当高的水平，国家还为每个劳动者提供了就业保障，“消灭”了失业，使中国成为当时世界上劳动力两性差距最小的国家之一。在当时的辽宁，由于它是除京、津、沪三个直辖市外城镇化水平最高的区域，具有由多个大工业城市组成的巨型城市群，国有大中型企业高度集中，因此当时辽宁女职工的就业率和就业层次均居国内高水平。

但是从 20 世纪 90 年代中期开始，城市下岗失业工人的数量不断增长，据劳动和社会保障部（今人力资源和社会保障部）统计，1998～2003 年 5 年间国有企业下岗职工累计为 2714.7 万人，其中女性为 1336 万人，占全部下岗失业人员的 49.2%，比城镇单位女职工比例最高的年份还高出 11.5 个百分点。同样的问题在辽宁更为严峻，根据《中国劳动统计年鉴》数据，2003 年辽宁城镇单位就业人数年末数为 844.9 万人，其中女性为 191.3 万人，女性所占比例为 22.6%，但是在年末实有登记失业人数的 72 万人中，女性为 45.98 万人，所

① 本章吴凤玉参与执笔。

占比例为 63.8%。[①] 于是当下岗失业问题成为以辽宁为代表的老工业基地问题受到普遍关注的同时，职业性别不平等也成为人们研究的新关注点。

有人认为女性受到冲击主要是受传统文化和市场竞争两大因素影响[②]，也有人提出：主要是作为女性保护者的国家退出微观经济领域，于是对女性的歧视就会复归[③]。社会转型过程中女性受到的冲击是确定的，然而女性总体上存在年龄、教育程度和职业类别的不同，笼统地论及性别不平等显然存在着某种程度的模糊和不确定。本书就是循着这样的思路，试图通过对辽宁职业性别结构变迁的研究，在更具体的层面上探讨劳动力市场受到冲击的是哪些职业的女性？

本书的研究方法是通过与广东、浙江职业性别结构变迁的比较来发现辽宁的区域特点，并且在改革发展的不同阶段上来理解这些特点。本书所用数据均来自全国第三次、第四次和第五次人口普查资料和部分辽宁省统计局的统计资料。

第一节　研究的相关概念

社会地位指的是在社会背景中一个人的相对等级和社会位置[④]，它反映了社会成员之间基于社会属性的差别，社会地位构成了社会分层的标准。对当代西方的一些社会学家来说，社会地位不仅是多因素共同作用的结果，而且是一个具有某种内在机制的过程。韦伯理论中的社会地位一词指社会群体被赋予的荣誉或社会声望的差异。关于社会地位的指标体系，通常具有多重维度，但是，在实践中通常是职业地位或声望或社会经济地位指标成为决定社会成员的社会地位的主要因素。

由于社会地位的差异，人们所能获取的利益和具有的特权也不同，这就是社会不平等的基本内涵，它指的是各阶级、阶层对相对稀缺的社会价值物在占

---

① 国家统计局人口和社会科技统计司、劳动和社会保障部规划财务司编：《中国劳动统计年鉴 2004》，11、15、147 页，北京，中国统计出版社，2004。

② 张展新：《市场化转型中的城市女性失业》，载《市场与人口分析》，2004(10)。

③ Lee C. K, "Engendering the World of Labor: Women Workers, Labor Markets, and Production Politics in the South China Economic Miracle", *American Sociological Review*, Vol. 60, No. 3, 1995, pp. 378-397.

④ 郑杭生主编：《社会学概论新修》，284 页，北京，中国人民大学出版社，1999。

有量、获取机会和满足需求的程度上存在着差异性。社会不平等本身通常不包含价值取向，不具有主观评价性，但是很显然，其内涵势必涉及特定社会价值。当代西方社会学存在着这样一种认识倾向：社会不平等不是由一个因素，而是由许多因素的综合作用而形成的。因此，韦伯的社会分层理论就为社会学家所青睐。在当代西方社会分层中，社会分层理论不仅仅研究其客观维度，如个人的社会地位和经济角色，而且还研究其主观维度，也就是客观经济角色或职业地位与其主观意识、行为方式之间的联系。

相对稳定的、制度化了的社会不平等体系就是社会分层。社会分层反映了社会资源不平等分配中层级的差别，同时也反映了个人取得不同的社会地位或不同社会群体成员资格的方式或规则。功能主义理论家认为，为了社会正常运行，一定程度的社会不平等是必要的；冲突论理论家认为，这样的不平等没有作用也不公正，它是上层人对下层人剥削的结果。“功能主义和冲突论理论家都非常重视职业，把它看成是社会地位最重要的标志”。卡尔·马克思的阶级理论被作为古典的社会阶层化理论，马克思·韦伯的阶层理论开创了多元分层研究的历史，性别分层也成为研究者们重要的分层标准之一，在现代社会“决定人们社会地位的最重要因素是职业”①，因此职业的性别分层也成为社会分层研究的重要视角。

社会分层不是凝固不变的，个人或群体社会地位的变化，也就是在社会空间中的位置移动就是社会流动。社会流动是社会资源在个人或群体间分配和再分配的结果。索罗金认为，“社会流动意味着个人或社会的无机价值，即有人类活动所创造的或改变的一切事物从一个社会位置向其他的社会位置的移动”②。李普塞特和本迪克斯认为，“社会流动是指个人在社会中从一个社会位置向其他的社会位置移动的过程中这些社会位置被赋予普遍承认的特殊的等级的价值”③。社会流动是一个动态的概念，它反映了社会阶层结构分化的过程，社会流动的表现形式可以是职业的改变、财富的增减、政治权力的改变、威望的升降等。由于“决定人们社会地位的最重要因素是职业”，因此职业的改变成为社会流动的最重要的指标。

---

① ［美］戴维·波普诺：《社会学》，刘云德、王戈泽，256、262页，沈阳，辽宁人民出版社，1987。

② ［日］安田三郎：《社会流动研究》，37页，东京，东京大学出版会，1971。

③ ［美］李普塞特、本迪克斯：《产业社会的结构》，日译本，2页，日本，サィマル出版会，1968。

职业性别隔离是社会分层研究的重要视角之一。"职业性别隔离是指根据对合适的'男性'和'女性'工作的普遍理解，男性和女性汇集在不同的工作类型上"[①]。这种性别隔离一方面表现为不同职业的劳动者性别结构上存在明显的差异；另一方面也表现为某些特定职业的性别垄断和对异性的封闭，这就是垂直分离和水平分离两个方面。垂直分离(vertical segregation)是指女性集中在权力与提升机会较少、社会地位较低的职业层级上，而男性在拥有更高的权力、地位和声望的职业上具有绝对优势的趋势；水平分离(horizontal segregation)是指男性和女性从事不同类型职业的趋势。

第二节　职业性别结构研究综述

职业性别结构研究由来已久，传统的马克思主义者在进行分析时使用最多的范畴是阶级，但女权主义者对此提出了批评，指出这一范畴无助于分析女性在社会结构中的地位。阶级的概念在马克思主义社会关系理论中没有性别上的区分，因此它没有为分析性别和性别等级提供机会。韦伯的多元分层开辟了对社会分层的多视角的研究，除了将教育程度、收入、财产、宗教信仰、职业等作为分层标准以外，社会学家逐渐把性别作为一个研究视角引入分层研究中。

一、社会分层与职业性别隔离研究

马克思的阶级理论对社会学家讨论社会分层的问题具有极其重要的影响。

(一)马克思的二元阶级论

马克思阶级理论的核心包括资本主义社会的阶级结构是两极分化的(资产阶级与无产阶级)，资本家与工人之间的利益冲突构成了资本主义社会的主要矛盾以及社会变迁的动力，并最终导致资本主义社会的灭亡。马克思认为，划分两个阶级的简单分类模式是捕捉资本主义社会发展趋势的理想类型。尽管马克思也注意到，当时资本主义社会的阶级结构要比这种简单分类更复杂，因为还存在着一些过渡性的阶级(如地主)、类阶级群体(如农民)和阶级内部的分支(如流氓无产者)等，但是，马克思期望资本主义社会的进一步成熟将消除这些复杂成分，而最终简化为两极分化的阶级结构。

---

① ［英］安东尼·吉登斯：《社会学》，赵旭东等译，496页，北京，北京大学出版社，2003。

(二)韦伯的多元分层理论

然而，当代资本主义社会的发展趋势并非如此，两极分化的结构并没有出现，中间阶级没有消除反而日益增长。正如达伦道夫所指出的，老中产阶级(手工业者和小店主)的确像马克思所预言的那样在衰落，但由经理人员、专业人员和非体力工人所组成的新中产阶级则在发展壮大。① 韦伯注意到工业化社会的许多新特征，他在《阶级、身份和政党》一文中提出了三种分层秩序：法律秩序、经济秩序和社会秩序。法律秩序指的是权力分层，韦伯重点分析的是政党；经济秩序指的是经济分层，也就是阶级的区分；社会秩序指的是声望分层，即身份的区分。韦伯是根据"市场状态"来划分阶级的，所谓"市场状态"是指人们获取就业机会和有价物品的能力。根据这种划分原则，拥有专业技术的工人就具有优势的市场状态或经济力量，能获得较高的收入并在消费市场中占据较高位置，这种分析很适合对当代中产阶级状况的描述。韦伯提出的另一个社会分层的维度是身份群体，他认为身份是根据受社会价值评估所影响的生活方式来划分的，因此，身份群体是由那些分享着共同的生活方式和行为模式而且具有类似声望地位的人所组成。②

韦伯的这种分层理论取向在美国社会学界受到极大的欢迎。在第二次世界大战后的几十年里，美国社会分层研究者基本上忽视马克思主义的一元阶级划分模式，而采用韦伯的多元分层模式对社会的各个维度进行分层，比如收入分层、教育分层、种族分层等，性别分层也成为社会分层研究的重要维度之一。

(三)布劳和邓肯的社会地位获得理论

当代社会分层研究者除了对社会分层系统或结构性不平等提出宏观性的理论解释以外，他们也试图解释社会分层或结构性不平等是如何产生的以及社会分层可能会导致什么后果，人们是如何被分配到社会分层系统的某个位置上的？有哪些因素影响到这一过程？是先赋性因素还是自致性因素在发挥决定作用？是社会结构性因素、社会制度因素还是个体特征在起决定作用？根据对这些问题的回答，产生了分层研究中的两个最重要的专题研究领域：社会流动分析和地位获得研究。

---

① Rolf，Dahrendorf *Class and Class Conflict in Industrial Society*，Stanford University Press，1959.

② ［德］马克斯·韦伯：《经济与社会》2卷，阎克文译，1057页，上海，上海人民出版社，2010。

传统的社会流动分析通常是采用流动交互表来进行，它把个人的阶级出身(用父亲的职业来代表)与最终地位(用个人职业地位来代表)进行交互分类，比较不同出身的人进入不同的阶级或职业类别的机会比率(如结构流动率、相对流动率、上升流动率和下降流动率等)。这类分析的主要目的是估计阶级地位的继承程度、阶级之间的距离(差距有多大)以及阶级是由哪些职业构成的，并由此判断一个社会的机会分配模式和结构的开放程度。这类研究持续了很长时间，并产生了大量的成果。

地位获得理论主要是由彼特·布劳和奥蒂斯·达德利·邓肯及其同事所开创，他们采用路径分析方法对个人的社会经济地位获得过程进行分析，这给社会分层研究领域带来了革命性的变革。[①] 地位获得的路径分析模式的一个最重要的发现是，出身背景的优势可以通过某些中介变量(mediating variables)——如学校教育、成就欲望或父母的鼓励等，来影响社会经济地位的获得。在这种模式的研究中，研究者主要是想展现这样一个事实：社会经济分层不仅仅是由个人能力和家庭背景所决定，它同时也受到一些干预性的中介因素的影响(尤其是教育)，而这些中介变量又是由家庭出身和其他的一些先赋性因素所决定。

(四)劳动力市场分割理论

最近20年来，这些传统的分析方式受到诸多批评，学者们意识到这些分析方式存在着许多局限性。一些新的分析方法和理论思路被发展出来，以改进传统的分析思路，这其中最主要的就是新结构主义理论，目前它在这一领域已经成为主流性的理论取向。新结构主义分层理论最初源于20世纪80年代对布劳和邓肯等人的地位获得模型的批评。新结构主义理论家认为，地位获得模型只考虑了个人层次的特征因素的作用，忽视了社会结构因素对分层过程的影响，他们的看法是，只有充分认识社会结构因素的作用才能真正理解当代社会分层的主要机制。

新结构主义者从制度经济学家那里吸收了“二元经济”(dual economy)、“市场分割”(market segmentation)和“内部劳动力市场”(intenal labor market)等概念并加以重新构造，用于社会分层的结构分析。[②] 他们认为，社会分层系统是由不同的、作用大小不一的分层过程所组成，而不是由一个适用于全社会

---

① [美]戴维·格伦斯基编：《社会分层》，241页，北京，华夏出版社，2005。

② Kalleberg and Sorensen “The Sociology of Labor Markets” *Annual Review of Sociology*, Vol. 5, 1979, pp. 351-379.

范围的单一过程来进行分层，因为市场不是统一的而是被各种制度规则所分割。在不同的工业部门和企业机构中“存在着不同的就业类型、不平等的收入和福利待遇以及不同的职业提升阶梯”，有着同样特征的个人——如同样的教育水平、训练资历、心理素质、工作努力程度等，在不同的部门和机构中往往获得不同程度的奖酬回报，这就是由于结构分割因素所造成的。这类研究中把性别分层与职业结合起来的职业性别区分研究成为一个闪光的新亮点。这类研究证实，职业的性别区分不仅仅是由于女性缺乏人力资本投资，而且也是由于她们进入的是二级劳动力市场。二级劳动力市场与一级劳动力市场或内部劳动力市场的流动规则不同，在二级劳动力市场就业的人工资收入较低而且也没有职位晋升机会。因此职业的性别区分是由结构化、制度化的因素造成的。

同时由于一级劳动力市场与二级劳动力市场之间存在流动障碍，二级劳动力市场中的劳动力向上流动比较困难。于是进一步产生了关注职业性别区分形成原因的统计性歧视理论。

（五）统计性歧视理论与内部劳动力市场理论

统计性歧视理论是由美国菲尔普斯等在20世纪70年代提出的，该理论认为，在市场上追求利润最大化的雇主总是愿意雇用有较高预期生产率的求职者，在一批求职者中，有可能其中有部分或许多女性比男性求职者的平均工作退出率低，而工作认同感更强，但雇主得不到确切的每个申请者的有关信息（即使通过雇用测试，某些高才能的女性申请者可能由于某种原因，导致测试成绩反而会低于某些男性求职者，使雇主仍然得不到准确信息），即使有其他个人资料，如教育水平、经验等为其提供参考。于是，雇主会利用妇女群体的资料，如职业生涯期短等作为决定录用的依据。这样具有相同可测量生产指标特征的男女求职者，由于归属不同的性别群体会受到不同的对待。[①]

此外，内部劳动力市场理论进一步解释了职业流动过程中性别隔离形成的制度根源。内部劳动力市场具有高度的组织性，是正规的劳动力市场。它通常有自己独特的工资决定机制，借助一套正式的内部政策及非正式的规范和传统等手段来实现企业内部员工的晋升。在内部劳动力市场中，劳动力资源的配置并不完全受竞争机制的支配，内部晋升、层级制度、企业规则甚至企业文化也对其有很重要的影响。在内部劳动力市场中，不仅是个人能力的差异，更是一

---

① E. S. Phelps, “The Statistical Theory of Racism and Sexism”, The *American Economic Review*, Vol. 62, No. 4, 1972, pp. 659-661.

个累积的模式。

在内部劳动力市场，个人要想晋升到较高位置必须首先占有那个接近这一位置的较低位置。某一位置的空缺(如退休)对于那些不在这个等级链中的外部劳动力市场的人来说，其升迁机会是完全“封闭”的。因而，人们进入某一种职业位置的可能性是不同的，机会链条是结构性的。因此对于女性来说，她们处于双重缺失发展机会的境地：其一，在分割的劳动力市场中多数女性根本无法进入具有内部劳动力市场的单位，只能在中小企业寻求工作，这一结构决定了女性不具有内部升迁的机会。其二，女性即使进入了内部劳动力市场，她们依然缺少发展链条，在职业升迁的等级链中许多位置对女性是封闭的。职业性别隔离的形成原因是结构性和制度性的。

(六)吉登斯的职业性别隔离理论

在吉登斯的时代，随着时间的推移和工业化的进程，女性参与有酬工作的比例越来越高，男性和女性在经济活动中的比例方面的差距越来越小。然而尽管拥有了正式的与男性相同的就业机会，英国社会学家吉登斯发现，在社会生活的某些方面，所有社会的男性都比女性拥有更多的财富、社会地位和权力，女性在劳动力市场中仍然要面对许多不平等的待遇。然而学界对此却异常冷漠，“多年来，有关分层的研究一直存在着‘性别盲点’——仿佛女性是不存在的。在研究对权力、财富以及影响力的区分时，女性好像是不重要的或是没有分析的必要”。[①] 作为对此的回应，他提出了职业的性别隔离理论，并进行了系统的阐述和大量的经验研究。

吉登斯认为职业性别隔离主要是指根据对合适的“男性”和“女性”工作的普遍理解，男性和女性集中在不同的工作类型中。这种性别隔离一方面表现为不同职业的劳动者性别结构上存在明显的差异；另一方面也表现为某些特定职业的性别垄断和对异性的封闭，这就是垂直分离和水平分离两个方面。垂直分离是指女性集中在没有多少权力与提升机会的社会地位较低的职业层级上，而男性在拥有更高的权力、地位和声望的职业上具有绝对优势的趋势；水平分离是指男性和女性从事不同类型职业的趋势。

尽管随着女性受教育程度的增加，越来越多的女性开始进入专业和管理岗位。但是，在她们的整个职业生涯中，她们需要花费很长的时间才能达到成就的顶峰。对女性来说，进入权力高层要比进入到中等层次的专业职位更为困

① [英]安东尼·吉登斯：《社会学》，赵旭东等译，377页，北京，北京大学出版社，2003。

难。“英国公司董事中只有5%是女性。5家公司中有4家完全没有女性董事”。吉登斯的贡献是明确地把职业性别隔离的研究从社会分层、职业流动的研究中剥离出来，并且用水平隔离和垂直隔离概括，为已经浮出水面的职业性别隔离的研究扬起了一道风帆。

二、女性主义与职业性别隔离研究

女性主义理论所关注的是非劳动力市场因素另一分层视角，即社会性别对职业性别差异的影响。它与经济分层的交集包括了下面的假设：经济资源按性别的不平等分布，女性这一类属群体在经济资源占有上处于劣势地位。格伦斯基认为，社会分配系统存在着性别分层。社会分层就是人类社会中的分配过程——稀有价值的分配过程。人类社会自有剩余产品出现以来，日益趋多地基于权力的而非需要的基础来控制并分配商品、服务，而权力控制上性别不平等造成了社会分配系统中性别的阶级系统。

20世纪70年代以后，女性主义理论系统地形成，为从不同角度研究性别差异或者更准确地说性别的不平等问题提供了新的研究框架。首先是关于社会性别差异的研究。兰德尔·柯林斯首先把性别引入分层理论，较为系统与全面地对性别分层理论作了系统的分析。社会性别是在社会文化中形成的术语，是指女性或男性的气质和性别角色及与此相关的男女在经济、社会文化中作用和机会的差异。几个世纪以来，妇女的从属地位被归结为她们有异于男人的生理结构。女性主义作此区分恰恰阐明社会性别，如女柔男刚，女主内男主外的社会性别角色，并不是直接由生理决定的，而是由社会造成的。因此，女性的从属地位并不是天经地义的，而是社会文化歧视的结果。

其次是关于社会性别歧视的研究。女性主义理论家珍妮特·查夫茨的性别分层理论也成为具有代表性的理论之一。她认为不平等的社会性别关系不是指所有的男人压迫所有的女人，而是指男女处于相对不平等的社会关系之中。这种压迫是基于性别产生的，形成了一种以男性为中心的社会性别压迫体制：人们因性别决定劳动分工、工作待遇及行为方式，男性总是比女性得到更多的机会和资源、掌握更多的权力。由社会性别的不平等产生了社会性别鸿沟，即在社会、经济各个方面的男女的不平等，造成了社会性别歧视。这种社会性别歧视可以说是跨越历史和地域的，虽然有各种不同形式，但却存在于社会生活的各个领域，表现为各种形式，可以是个体的或群体的行为，也可以是社会性的、体制性的国家行为，如在收入分配、资源获取及参政方面的系统的、结构性的歧视。

三、国内职业性别隔离研究

最近十几年，职业分层研究一直是国内社会学界的热点。性别分层研究也吸引了人们的普遍关注。学者们对于职业性别隔离的研究主要是沿着两条路径交叉进行的：一是社会分层研究中对职业性别不平等的关注；一是在中国同样进行得轰轰烈烈的女性主义研究。

(一)职业性别隔离与社会分层研究

社会学对职业性别隔离的研究在宏观视角上主要是社会分化与性别分层的研究。张宛丽关于两性经济地位差距不断扩大的实证研究。她在《现阶段中国社会分化与性别分层》的论文中明确界定了性别分层的两方面含义：一是指男女两性经济地位的不平等，“女性群体边缘化、弱势化的地位排斥现象”；二是以社会分化为视角，研究女性群体内部的阶层分化。她在经验研究的基础上提出当代中国社会“在女性地位机会增加的同时，两性社会经济地位差距在不断扩大”，“不仅存在女性地位分布的边缘化问题，同时出现了女性整体地位的弱势化问题”。①

关于职业收入变化和职业流动性别差异的实证研究。沈崇麟职业收入变化的性别差异进行了调查研究，发现在中国职业收入变化中，男性从第一个职业到现在的职业收入下降的占 24.95％，不变的占 34.28％，上升的占 40.77％；但是女性收入的变化中下降的却占 35.41％，不变的占 30.69％，而提高的仅占 33.91％；收入上升的男性比例比女性高近 7 个百分点，而收入下降的比例比女性低 10.46 个百分点。此外在对职业流动的性别差异的研究中发现，“女性的流动面较窄，更多的是在较低职业层进行”，这对职业的性别隔离进行了具有解释力的实证研究。②

李春玲的关于教育程度对职业收入影响的性别差异的研究，在《断裂与碎片：当代中国社会阶层分化实证分析》中，她进一步关注了不同学历对职业收入影响中的性别差异，并且运用大量的数据分析证明了性别因素对职业地位获得的极大影响。③

---

① 张宛丽：《现阶段中国社会分化与性别分层》，载《浙江学刊》，2004(5)。

② 沈崇麟：《中国沿海发达地区社会变迁的调查》，46、221 页，北京，社会科学文献出版社，2005。

③ 李春玲：《断裂与碎片：当代中国社会阶层分化实证分析》，456 页，北京，社会科学文献出版社，2005。

在相对具体的层面上对失业和就业相关问题的性别差异的研究。佟新对职业性别隔离和女性职业发展问题的研究，探讨了城市职业女性如何通过各种职业活动获取各种社会资源(政治资源、经济资源和关系资源)。她的研究框架力求把城市妇女的职业发展置于结构的静态方面(就业状况和职业结构)和行动者的动态方面(职业进入、转岗、调动、提升、退休、下岗等)进行分析。一方面把女性作为一个集体或者群体来考察其如何利用各种资源来发展职业女性自身的利益，并且改善其职业发展机遇；另一方面把女性视为一个社会行动者，如何对各种与职业相关的社会资源进行投资，进而动员这些社会资源来实现自己特定的职业目标。从职业性别隔离的角度，她发现阶级出身和教育程度使女性的最初职业出现结构化的特征。劳动力市场的性别分割和个人的职业关系网络限制着女性获得资源的可能性，从而成为女性职业发展中的障碍。另外，工作组织结构和法律制度结构也制约着女性的职业发展。从行动者或者个体层面来说，生命周期与女性的职业发展之间也具有密切的关系。妇女的婚姻和生育作为妇女生命周期中无法逃避的生活，直接影响着妇女的职业发展。①

石彤对国企下岗失业女工的职业不平等问题的研究，她从社会排斥理论出发，把身处社会结构和利益格局巨大变迁中的国有企业下岗失业女工的职业不平等问题作为研究对象，提出性别排斥现象，认为性别排斥是在中国社会转型的大背景之下，由于社会保障体制的缺失、社会网络的断裂和劳动力市场的失效，女性弱势群体被边缘化的机制和过程。对下岗失业女工的排斥展现为一个动态过程，在这一过程中，产生了国企下岗失业女工及其下一代在物质(经济)资本、符号资本和社会资本上的降低和社会排挤的再生产。②

(二)职业性别隔离与女性主义研究

国内的学者从具体的层面上对女性的职业流动与职业分层进行了具体的研究。高小贤认为，当今全国出现了不同程度的女性化的趋势，女性从农业中转移出去的人数远远少于男性，就业层次较低，逆向转移的比例较大。蒋永萍根据20世纪80年代以来的全国妇女地位调查分析，大陆妇女代内职业结构有了较大的变化，出现了脑力劳动者增多，体力劳动者减少，复杂劳动者增多，简单劳动者减少的趋势。

---

① 佟新：《研究城市妇女职业发展的理论框架》，载《妇女研究论丛》，2001(3)。

② 石彤：《中国社会转型时期的社会排挤：以国企下岗失业女工为视角》，38页，北京，北京大学出版社，2004。

总体上说，职业性别隔离的研究已经通过对性别分层和女性主义的研究而积累了大量的研究成果，并引起了国内学界的极大关注，为进一步的研究提供了丰富的资料和坚实的基础。

第三节 职业性别结构及职业性别隔离趋势

随着辽宁社会结构的变迁，辽宁的职业结构发生了极大的变化，根据孙立平的观点，改革大体经历侵蚀、转型和重建三个阶段。“就社会主义计划经济体制国家的改革过程，特别就中国的改革过程而言，这三个阶段大致表现为：在意识形态目标约束下的自下而上的局部性的改革，这个阶段大体可以成为侵蚀阶段；明确市场经济取向的改革目标，以大规模的政策和法律推进市场经济建设，这个阶段可以被称为转型阶段；最后的重建阶段，则是全面的社会重建，其中最重要的是结构重建、制度重建和组织重建”。[①]

本章从两个阶段来考察辽宁的职业结构变迁，把侵蚀阶段作为前改革时期，主要为 20 世纪 80 年代至 90 年代中期；把转型阶段和重建阶段作为后改革时期，主要为 20 世纪 90 年代中期至今以来的阶段，对这两个阶段内的辽宁职业结构变迁以及变迁中的职业的性别隔离趋势进行分析。

一、改革开放初期辽宁的职业性别结构

(一)改革开放初期辽宁的社会结构

辽宁老工业基地是以采掘工业和原材料工业为主体的老工业基地，在新中国成立后，为了发展独立的工业体系，我国采取了非均衡发展战略。这种非均衡发展战略加速了我国经济的发展，并初步建立了比较完整的工业体系。我国当时的企业体制是与高度集中的计划经济体制相适应的，在这种体制下，国家集宏观决策和微观决策于一身，通过行政指令直接管理企业的经济活动。长期以来，辽宁老工业基地形成了以机械制造、军工、能源和煤炭等主要产业为主导，并高度依赖煤炭这些支柱产业的主导产业群。这种计划经济体制下形成的产业结构曾为辽宁老工业基地乃至全国的经济发展做出了巨大的贡献，这种产业结构显示出计划经济色彩浓厚、资源型产业结构明显、重型结构特征突出的特点。

计划经济时期，我国的劳动就业制度以国家的统包统配为主要特征，在再

---

① 李培林等：《中国社会分层》，47 页，北京，社会科学文献出版社，2004。

就业政策的价值取向上，有较强的政治目的性。一方面国家把女性就业看作是追求妇女解放、男女平等价值信念的体现；另一方面为了保证国家的工业建设，国家制定统一的指令性计划对劳动力进行调节，以行政手段配置人力资源，企事业单位没有用人自主权，就业者没有择业自主权，这一时期的就业都是服从国家的分配的。女性的就业问题在这一时期得到了极大的保障，就业率迅速提升，职业地位也得到了提高，妇女被安置到各种工作岗位上成为劳动力市场中不可缺少的力量。

在这种背景下，单位制度就成为当时普遍存在的一种组织制度、政治制度和社会制度。在当时的情况下，这种制度的实施一方面满足了新中国社会整合、政治整合的需要；另一方面也满足了在社会资源缺乏的情况下建设社会主义国家的经济需要。总之，在新中国成立以后到改革开放后的很长一段时间内，我国城市社会中实行的是近乎清一色的单位体制，“单位”成为国家统治序列中的一个重要环节。在单位体制下，单位组织所执行的是一种管理职能，而不是纯粹的经济职能。单位组织在一定程度上成为责任主体。单位组织服从于国家，个人服从于单位组织，国家以此实现对整个社会的管理。单位组织作为国家的代理人在保证全民就业、公平就业方面发挥了积极的作用，城市中的女性在就业和其他的待遇方面享受到了历史上前所未有的公平待遇。由于国家的这种统一分配政策，单位的人员招聘完全是由国家统包统配，工资发放标准也是按照国家的统一规定安排的。因此，单位制度借助于国家权力对城市妇女的就业给予了稳固的保障，它极大地拓展了城市女性生存与发展的空间。

(二)改革初期(1982)辽宁的职业性别结构

根据1982年的人口普查资料，国有大中型企业高度集中的辽宁其职业结构的性别分布表现出明显的区域特点：女性劳动者所占比例低于全国水平(见表5.1)。

1982年辽宁女性在业人口为39.38%，而当时全国女性在业总人口比例已经达到了43.69%，辽宁低于全国4.31个百分点，略高于浙江0.57个百分点。而广东1982年女性在业总人口比例已经达到了45.44%，高于同期的辽宁6.06个百分点。这与广东是改革开放的先驱是分不开的。女性在职业结构中的总体层次相对较高。女性在负责人一类与专业技术人员类所占比例高于全国平均水平。1982年辽宁专业技术人员中的女性比例为47.35%，显著高于浙江7.24个百分点，高于广东14.42个百分点。而在负责人中，辽宁的女性在业人口也是高于全国以及浙江、广东两地，分别高3.81个百分点、3.84个百

表 5.1　辽宁、广东及全国职业结构中女性所占比例的比较　单位：%

职业分类	全国			辽宁			广东		
	1982 年	1990 年	2000 年	1982 年	1990 年	2000 年	1982 年	1990 年	2000 年
在业总人数	43.69	44.96	45.34	39.38	42.89	43.19	45.44	45.38	46.67
专业技术人员	38.27	45.25	51.73	47.35	54.81	58.65	32.93	42.54	52.31
党政企事业负责人	10.38	11.51	16.75	14.19	16.11	21.23	9.84	10.57	18.61
机关企事业办事人员	24.47	25.66	30.26	31.46	33.47	31.21	21.04	25.37	32.66
生产运输工人	35.42	35.68	33.43	35.45	35.89	27.79	42.56	44.44	46.98
商业服务人员	47.00	48.87	49.99	54.00	52.13	52.31	44.82	44.36	48.83
农林牧渔业人员	46.79	47.94	48.52	40.59	45.07	46.91	48.16	47.81	47.88

数据来源：第三次、第四次、第五次人口普查资料统计。

分点和 4.35 个百分点。生产工人中的女性比例低于浙江、广东两省及全国水平。由于辽宁为重工业基地，国有大中型企业多以采掘工业和原材料工业为主，因此造成女性从业者在产业工人中的总体比例相对较低。根据表 5.1 数据显示，1982 年辽宁生产工人中的女性从业者为 35.45%，与全国保持持平，而浙江、广东远远高于辽宁，分别高了 9.50 个百分点和 7.11 个百分点。商业服务业人员中女性比例较高。由于改革开放之初，辽宁的城市化水平已经相当高，1982 年辽宁的商业服务业中的女性所占比例已经达到了 54.00%，已经超过了男性在商业服务业人员中所占的比例，分别高于浙江和广东 10.45 个百分点和 9.18 个百分点。

二、20 世纪 90 年代以来辽宁职业性别结构的变迁

辽宁作为东北老工业基地的一个重镇，在东北的振兴这一问题上占据了主要的地位。辽宁老工业基地的社会转型具有更为复杂的内容，一方面它是一次技术革命、技术更新和传统产业被朝阳产业所替代的经济转型过程；另一方面，它又具有社会转型体制转型的意义，20 世纪 90 年代中期以来，户籍制度的改革使辽宁的社会流动速度加快，城乡二元分割现象日益削弱，在辽宁的市场化与城市化的进程中，农民工的出现与涌动成为社会转型中一种独特的现象。而伴随着体制转型、国有企业的利益重组，下岗职工的出现也同时成为辽宁社会转型中另外一种典型的社会问题。

(一)改革开放以来辽宁社会结构的变迁

辽宁老工业基地在经济转型过程中，最先面对的就是产业结构的大幅度调整，以及由此带来的劳动力分布和就业结构的变化，大量劳动力从传统产业向新兴产业，从第一、第二产业向第三产业转移。第二、第三产业的总产值和就业人口比重迅速上升，非农产业的结构高度化带来了职业结构的向上移动，多元化的所有制结构开始形成，城市化水平随着社会经济的发展不断提高。与此同时，在体制转型的过程中，传统再分配体制中那种单一的社会资源配置方式发生了巨大的变化，第二产业特别是制造业吸纳劳动力的能力在逐年下降。而女性劳动力在第二产业就业比重下降是在以下两股力量综合作用下形成的：一是在总就业数量逐年增加的情况下，女性就业总量在逐年递减；二是在总就业数量逐年增加的情况下，从事第二产业的劳动力总量在逐年递减。

新中国成立以后不计成本的劳动就业制度使面临体制转型和市场竞争的大部分国有企业负担沉重，大量国有企业破产重组，下岗人员增多，传统的单位组织吸纳劳动力的能力越来越呈现递减的趋势，而体制外的社会组织和经济组织逐渐成为劳动力就业的主要渠道。下岗作为劳动力资源重新配置的过程，在许多地方存在着明显的性别利益分化问题。全国“1998 年国有企业下岗职工中女性为 265.2 万人，占国有企业下岗职工总数的 44.6%，比国有企业女职工的比重 36.5%，大约高 8.1 个百分点，劳动和社会保障部劳动科学研究所 2000 年的调查结果表明，全体下岗职工中女工的比重为 57.5%”，再就业率男性为 57.6%，女性为 38.8%。[①] 一项调查表明，49.7%的国企下岗女工认为自己再就业时受到年龄和性别歧视，这一数字高出男性(18.9%)。

企业作为追求利益最大化的市场主体，其用工制度必然也贯穿着收益最大化的原则。对于企业来说，招收和使用女性职工是一种具有负面的外部性的行为，女性的生育行为将迫使企业承担许多额外的负担，如得不到女性的全部劳动时间，必须让她们带薪休假(产假)，安排其他人员顶替产假期的女工等。对于企业来说，尽可能少地使用女性职工是一种利益最大化的理性行为。因此，一旦企业从过去那种功能多样化的行政化组织演变成真正意义上的市场主体，它必然要最大限度地规避它原先替代政府所承担的妇女权益保障职能。

第三产业的迅速发展成为吸纳女性劳动力的主要来源。由于第三产业包括

① 汝信等主编：《2001 年：中国社会形势分析与预测》(社会蓝皮书)，218、222 页，北京，社会科学文献出版社，2001。

大量的服务业和劳动密集型行业，企业类型多为中小企业，能够提供灵活多样的就业方式。第三产业中的很多岗位能够最大限度地降低女性由于各种原因对工作造成的影响。

这种产业结构的调整也促使职业结构发生变化。从全国范围来说，虽然我国女性就业率总体上仍比较高，但是经济活动参与机会的性别差异程度较大。女性就业程度反映了一个国家的女性社会地位与性别平等的状况。据中华全国妇女联合会妇女研究所研究员蒋永萍提交的一份调查显示：中国女性就业总体层次偏低，70.5%是农林牧渔劳动者，各类负责人、专业技术人员、办事人员只占在业女性总体的9.7%；在女性专业技术人员中，61.2%只具有初级职称。这种在职业结构上的差异反证出女性在就业上的分层。此外，该调查还显示，女性在低技能的非正规就业领域从业的数量和比例都在上升，这在一定程度上加剧了妇女职业地位的降低。

(二)三次产业性别结构的变迁

从整体上来说，随着科技水平的提高，总体就业趋势是农林牧渔业人员比例呈现下降趋势，然而女性在农业中的从业人员占有的比例相当高，据第五次人口普查资料统计，女性农林牧渔业劳动者占全部在业人口的31.22%，占全部女性人口的68.44%。这两个百分比与1990年第四次人口普查的相关数据相比都有不同程度的下降。

1. 第一产业女性在业人口比例上升

表5.2显示，辽宁第一产业农林牧渔业中的女性从业人数所占比例接近一半，1982年女性在农林牧渔业中的从业人员比例为38.5%，到了1990年上升到44.4%，到了2000年女性在农林牧渔业中的从业人员比例达到了46.8%，比1982年提高了8.3个百分点。

表5.2　不同时点辽宁产业中女性劳动者所占比例　　单位：%

产业结构	行业分类	1982年	1990年	2000年
第一产业	农林牧渔业	38.5	44.4	46.8
第二产业	采掘业	23.8	21.6	18.2
	制造业	44.9	43.3	41.2
	电力、煤气及水的生产和供应业	28.2	28.9	30.3
	建筑业	24.1	24.1	15.8

续表

产业结构	行业分类	1982年	1990年	2000年
第三产业	地质勘查与水利管理业	23.0	25.4	23.2
	交通运输、仓储及邮电通信业	26.0	22.9	20.0
	批发和零售贸易和餐饮业	49.4	50.7	52.4
	金融保险业	34.6	40.9	47.3
	房地产业	49.5	44.3	37.1
	社会服务业	35.2	36.4	38.0
	卫生体育与社会福利业	57.4	60.4	62.0
	教育、文化艺术和广播电影电视业	43.7	51.4	57.0
	科学研究和综合技术服务事业	35.5	37.5	37.5
	国家机关、政党机关和社会团体	26.2	26.5	29.0
	其他行业	29.3	23.1	35.3

数据来源：第三、第四、第五次人口普查资料。

另外，根据第三、第四、第五次人口普查资料上的数据来看，与东南沿海地区的广东乃至全国总体趋势进行比较就会发现，广东第一产业在业人口比例是呈下降趋势的。

当然，全国农林牧渔业中女性比例的总趋势是上升的，这与农村的经济体制改革是分不开的。20世纪80年代以来，大量农业劳动力转移到第二和第三产业部门，这些转移劳动力总体规模在1.6亿人左右，其中60%以上都是男性，在跨区域流动的农村劳动力中，男性则占到3/4左右，女性仅占1/4。另外，农村女性劳动力转移中的逆向转移(出去后再回乡)比例相对于男性较大。由于农民身份的限制，他们中的大多数选择回到家乡。由于女性面临结婚生育及照顾老人孩子的问题，大部分女性选择留在家乡。从内在机制来看，农业女性化的趋势还有其特有的原因。中国农村劳动力的非农化并不是在农业高度发达的情况下开始的，更不是因为破产而流向城市，他们是为了追求发展，追求富裕，尤其是在以家庭为单位的农业经营方式和较低的农业商品率、收益率的条件下，使得有能力的农业劳动力，主要是男性劳动力，在非农化选择时更自由同时也更具有优势。另外，农民的生活来源只有依靠耕地，但这只给其提供生存保障功能，而无生产资本的意义。尽管全国的总体趋势是上升的，但是上升的幅度远远低于辽宁，仅仅为1.73个百分点。

辽宁的情况很值得关注。辽宁农民城市化过程的异常缓慢阻碍了农村女性的城市化过程，辽宁农业就业人口的女性比例上升幅度居全国之首，使农林牧渔业明显呈现出女性化的趋势。这种趋势阻碍了农村女性的职业向上流动，成为性别隔离的典型现象。

2. 第二产业女性在业人口比例下降

从分行业女性从业人员比例中可以看出，第二产业的总体女性劳动力人员所占比例是逐年下降的，无论是在采掘业还是制造业。女性在第二产业特别是制造业中的参与人数相对多于采掘业、建筑业。从表 5.2 中可以看到，女性劳动力在制造业中的总数保持在 40%以上，而采掘业、建筑业及电力煤气供应业则基本保持在 25%以下。从总体趋势上看，制造业吸纳女性劳动力的能力在下降，从 1982 年的 44.9%下降到 1990 年的 43.3%，下降了 1.6 个百分点，2000 年则降到了 41.2%，比 1990 年低了 2.1 个百分点。

3. 第三产业女性在业人口比例上升

近年来，第三产业发展迅速，已经成为吸纳女性劳动力的主要产业，女性在业人员从事第三产业的比重在不断增加。但是，辽宁第三产业的发展相对于改革开放前沿地带的发达地带如广东、浙江还是较缓慢的。第三产业包括大量服务业和劳动密集型行业，企业类型多为中小企业，能够最大限度地为女性提供灵活多样的就业方式。女性在批发零售贸易和餐饮业、金融保险业、卫生体育与社会福利业、教育文化艺术和广播电影电视业从业人员中所占比例较大，基本上占一半以上。在 1982～2000 年的 18 年间，辽宁的批发零售贸易和餐饮业中女性占比增加了 3 个百分点，金融保险业中的从业女性占比增加了 12.3 个百分点，而浙江、广东则分别增加了 15.4 个和 19.5 个百分点。辽宁的卫生体育与社会福利业中女性占比增加了不到 5 个百分点，而浙江从 1982 年的 48.5%增加到 2000 年的 56.6%，增加了 8.1 个百分点，广东则增加了 7.4 个百分点。在教育文化艺术和广播电影电视业中的女性占比，辽宁 18 年间增加了 13.3 个百分点，而浙江、广东分别上升了 11.3 个和 23.6 个百分点（见表 5.2）。

总之从三次产业结构调整来看，第一、第三产业的大部分行业具有逐渐集中女性劳动者的趋势，而第二产业中女性的比例则不断下降，性别隔离的趋势逐渐明显。

(三)辽宁职业性别结构的变迁趋势

女性在业人口的职业结构在近 20 年的时间里发生了较大的变化：就业比例得到了明显的提高。但是女性的就业领域分布不平衡，就业面小于男性，就业层次低于男性。由于辽宁的城市化水平相对较高，城镇女性就业人口的就业参与水平与农村的在业女性人口存在较大差异。

1. 女性在国家机关企业事业单位负责人中的比重较小

由表5.1可见，辽宁女性从业人员在国家机关企事业单位负责人中的比例平均不到20%，虽然从1982年至2000年的18年间有了很大的提高，但是，女性在整个职业结构中仍然处于弱势地位。而男性在国家机关党政机关以及企事业单位负责人中具有绝对的优势地位。1982年男性负责人所占比重为85.8%，而女性仅为14.2%。到了2000年，女性占比有了较大的提高，但是，比例还是相当低。与同期的其他地区如浙江、广东相比，辽宁女性在这一职业结构中的比例高于浙江、广东一带。1982年广东女性从业人员的比例仅为9.8%，到2000年增加到18.6%；浙江的变化相对小一些，1982年女性从业人员占该职业结构的10.4%，而到了2000年为12.4%，18年间只提高2个百分点。

2. 女性在专业技术人员中具有较高的比例

无论从全国还是从辽宁来看，女性劳动者在专业技术人员中占有很大的比例，这与辽宁整个专业技术人员的群体比例下降的趋势是相反的。女性在专业技术人员的比重在1982年为8.3%，高于全国平均水平3.2个百分点，但是到了2000年，比重不仅没有上升，相反却经历了1990年的占8.7%以后呈下降趋势，达到8.1%(见表5.1)。

尽管由于辽宁较高的城市化水平，女性在专业技术人员中的比重依旧高于全国平均2.4个百分点，但是2000年和1982年的数字比较起来却下降了0.2个百分点。而专业技术中的女性从业人员比重始终保持在50%左右，与男性专业技术人员比重基本持平甚至超过。1982年女性专业技术人员比重不到50%，为47.4%，到了1990年，迅速提高了7.4个百分点，达到了54.8%。而到了2000年，女性专业技术人员比重已经增加到58.7%，同1982年相比增加了11.3个百分点，成为女性从业人员增长最快的一个职业。

3. 女性生产工人呈大幅度减少的趋势

同国家机关企业事业单位负责人以及商业服务业人员中的女性从业者增加的趋势相反，产业工人中的女性劳动力是逐渐减少的。随着辽宁经济体制的转型，大量国有企业的转制和改组，企业大量富余人员被释放出来，这其中女职工所占的比例远远大于男性。1982年至1990年，女性产业工人比重并未有太大的变化，比例只有微弱的下降，从35.9%降到35.4%，下降了0.4个百分点。到了2000年，随着国企改制的全面进行，女性产业工人比重迅速下降到了27.8%，与1990年相比下降了7.5个百分点。在广东省，女性产业工人比重反而有上升的趋势。女性产业工人比重大幅度减少的趋势与辽宁的经济转型是具有密切关系的。数据显示，在2003年辽宁登记失业的72万人中，女职工所占比例为63.9%，到了2004年更达到64.8%。①

4. 商业服务业越来越女性化

商业服务业人员中的女性劳动力在整个辽宁的职业结构中占了很大的比例，与同期其他职业相比，商业服务业是吸纳女性劳动力最多的职业类别，这与辽宁省高度的城市化水平是分不开的。然而辽宁的女性商业服务业人员虽然在前改革时期占有相当大的比例，却发展缓慢，并且女性的商业服务业人员比例是呈现逐渐下降的趋势。1982年辽宁的商业服务业从业人员中女性比重就已经达到了53.9%，高于同期的浙江与广东将近10个百分点，到了1990年，比重下降了1.87个百分点，2000年的比重比1982年下降了1.69个百分点，比1990年提升了0.18个百分点。表5.1的数据显示，广东的商业服务业中的女性从业人员比重是逐渐增加的，2000年比1982年增加了4.13个百分点。

三、辽宁职业性别隔离的趋势

职业性别隔离主要是指男性和女性集中在不同的工作类型中，一方面表现为不同职业的劳动者性别结构上存在明显的差异；另一方面也表现为某些特定职业的性别垄断和对异性的封闭，这就是垂直隔离和水平隔离两个方面。垂直隔离是指女性集中在没有多少权力与提升机会的社会地位较低的职业层级上，而男性在拥有更高的权力、地位和声望的职业上具有绝对优势的趋势；水平隔离是指男性和女性从事不同类型职业的趋势。②

（一）水平隔离的趋势

辽宁女性从事者和男性不同类型职业的趋势也比较明显。女性在党政机关企事业单位负责人中所占比例远远少于男性。从同一职业大类的具体中类来看（见表5.3），在机关企业单位负责人的大类中，辽宁的在中国共产党中央委员会和地方各级组织负责人，以及国家机关及其工作机构的负责人中女性所占比例均为16%左右，民主党派社会团体负责人则高达43.25%，高出平均值

① 辽宁省统计局编：《辽宁统计年鉴2007》，88页，北京，中国统计出版社，2007。

② [美]安东尼·吉登斯：《社会学》，赵旭东等译，496页，北京，北京大学出版社，2003。

22.02个百分点，在男性占主导的职业中，也存在形成女性和男性从事不同类型职业的水平隔离的趋势。专业技术人员的大类中，也表现出同样的倾向，作为女性比例较高的职业，经济业务人员中女性高度集中，达到72.2%，卫生专业技术人员中女性达到66.1%，教学人员中女性达到63.05%；而另一方面，工程技术人员和法律专业人员中，女性所占比例又非常低，飞机和船舶技术人员中的女性比例更是仅为3.7%，男性和女性在专业技术人员中也被集中在不同的工作类型中，表现出了水平隔离的趋势。

表5.3 2000年两个职业中类中女性所占比例 单位：%

大类	中类职业	辽宁
机关企事业单位负责人	1. 中国共产党中央委员会和地方各级组织负责人	16.5
	2. 国家机关及其工作机构负责人	16.13
	3. 民主党派社会团体负责人	43.25
	4. 事业单位负责人	24.3
	5. 企业负责人	18.66
	总 计	21.23
各类专业技术人员	6. 科研人员	38.77
	7. 工程技术人员	27.24
	8. 农业技术人员	29.87
	9. 飞机和船舶技术人员	3.7
	10. 卫生专业技术人员	66.1
	11. 经济业务人员	72.2
	12. 金融业务人员	49.8
	13. 法律专业人员	31.55
	14. 教学人员	63.05
	总 计	58.65

数据来源：第五次人口普查资料。

在其他大类的职业中也表现出同样的倾向。随着农村女性劳动力的增多，女性集中在了较低的职业层级。表5.4的数据显示，2000年辽宁农业劳动者总体上相对于1982年增长了50.78%，其中女性劳动者就增加了74.25%，男性劳动者仅仅增加了34.74%。与辽宁相比，广东的农业劳动者的增减趋势与辽宁是完全相反的，广东的农林牧渔业劳动者呈现负增长，2000年比1982年减少了21.77%，而女性从业人员减少了22.23%，男性从业人员减少了21.35%。

表5.4 部分职业在业人数及性别比例增长速度的比较 单位:%

	全国			辽宁			广东		
职业和性别	1990年比1982年	2000年比1990年	2000年比1982年	1990年比1982年	2000年比1990年	2000年比1982年	1990年比1982年	2000年比1990年	2000年比1982年
农林牧渔业人员	21.7	−3.68	17.21	40.97	6.95	50.78	−6.94	−15.94	−21.77
女	24.68	−2.75	21.26	56.51	11.33	74.25	−7.62	−15.81	−22.23
男	19.07	−4.96	13.16	30.35	3.36	34.74	−6.3	−96.27	−21.35
生产运输工人	17.7	10.06	29.54	−1.18	−26.21	−27.08	45.47	113.74	210.93
女	18.55	3.14	22.26	0.06	−42.86	−42.83	51.89	125.97	243.22
男	17.24	13.92	33.56	−1.85	−16.89	−18.43	40.71	−86.64	187.01

数据来源：第三次、第四次、第五次全国人口普查资料。

辽宁产业工人中女性数量大幅度下降，下岗失业人员增多，无疑又使得女性职业更集中在较低层级上。同时，男性占较大比例的职业也出现男性化现象，原有的职业结构出现了较大的变化。数据显示，1990年，辽宁生产运输工人相对于1982年下降了1.18%，差别不是很明显，而2000年辽宁生产运输工人比1990年减少了26.21%，其中女性减少了42.86%，而男性仅减少了16.89%。而在下岗失业的女性中，再就业问题仍然十分棘手，多数女性为阶段性就业，大部分下岗失业女性长时间赋闲在家，找不到工作，即使就业也多为阶段性就业，职业大多集中在保姆、家政服务等报酬低、技能少、声望低下的职业上。

辽宁女性生产工人中不断被分离，而农林牧渔业中女性不断集中，尽管由于存在城乡的二元社会，这两个部分不可能相互交融，然而这却是表现了辽宁女性越来越集中于一些职业，同时越来越从一些职业中被剥离出来，水平隔离趋势也在不断加深。

(二)垂直隔离的趋势

按照陆学艺的十大阶层划分，六大类职业的职业地位依次为党政机关负责人、专业技术人员、办事员、商业服务业人员、生产工人和农林牧渔业劳动者。这六大类职业可分为高、中、低三个层级就会发现，不同层级中女性均集中于层级较低的职业，垂直隔离趋势比较明显。

在第一层级的负责人和专业技术人员中，女性集中在相对较低的专业技术人员群体，比例高达58.65%，而负责人中的女性仅占21.23%，女性在更高权力和地位的职业上具有绝对的劣势，而且男性的优势和女性的劣势还在不断地积累，比例较低的女性负责人的比例18年间增加了7个百分点，而比例较高的专业技术人员的比例增加了11.3个百分点。这种隔离趋势也在不断地加深。在中等级的办事员和商业服务人员的“缓冲地带”，女性主要集中在地位相对较低的商业服务人员中，在办事员中仅占不到1/3。在低层级的体力劳动者群，女性在生产工人中的比重不断下降，由1982年的占35.45%下降到2000年的占27.79%，而在较低职业地位的农林牧渔业中女性的所占比例则不断上升，由1982年的40.56%上升到2000年的46.91%，女性劳动者越来越集中于地位较低的职业上。

而在另一方面我们还可以看到某些职业正在不断地女性化，如金融保险业、社会福利业和卫生、体育及社会福利业。表5.6所列职业已经成为十分“女性化”的职业。在经济结构的调整过程中，更多的女性进入到低收入和非正规经济部门就业，逐渐出现了低收入的非正规行业的女性化。

表5.6　2000年中国的十种“女性职业”

序号	职业类别	女性比例/%	序号	职业类别	女性比例/%
1	幼儿保育员	99.75	6	图书资料业务人员	77.91
2	家庭服务员	98.77	7	档案业务人员	74.64
3	护理人员	95.66	8	电信业务人员	72.77
4	旅店、饭店服务人员	85.19	9	环境清洁人员	67.26
5	纺织、针织、印染人员	78.42	10	财会和审计人员	59.18

数据来源：第五次全国人口普查资料。

总之，女性劳动力在职业声望低、收入低、拥有的权力低的职业中占有很大的一部分，而在职业声望高、收入高、拥有的权力高的职业中处于劣势。

(三)职业性别隔离趋势下收入的性别差异

由于职业的性别隔离，女性对经济资源的占有减少，因而形成了收入的性别差异。这一现象不只是在辽宁，在世界各国，男性从业人员的收入平均高于女性从业人员是一个客观存在的普遍现象，即使在发达国家也是如此。从全国范围来看，随着教育水平的提高，女性劳动者的收入在近十年来虽然有很大的提高，但是同男性相比，依然落后于男性劳动者。

10年间，全国女性的经济收入有了较大幅度的增长，但与男性的收入差距却明显拉大。1999年城镇在业女性包括各种收入在内的年均收入为7409.7元，是男性收入的70.1%，男女两性的收入差距比1990年扩大了7.4个百分点；以农林牧渔业为主的女性1999年的年均收入为2368.7元，仅是男性收入的59.6%，差距比1990年扩大了19.4个百分点。从收入分布看，城镇在业女性年收入低于5000元的占47.4%，低收入的女性比男性高19.3个百分点，而年收入高于1.5万元的女性为6.1%，中等以上收入的女性比男性低6.6个百分点。

根据1999年辽宁省职业结构变迁课题组调查的数据统计结果看，女性收入整体上水平不高，在1000元以下及2000元以下的占了很大一部分，而收入在2000元以上的女性从业人员都在5%以下。女性劳动者收入在1000元以下的比例要大于男性劳动者，女性劳动者为36.26%，而男性劳动者为25.6%。而在收入高的等级中，女性数量却远远低于男性。

在城镇，男女两性的收入差距与在业状况和职业层次直接相关。女性较多地集中在收入偏低的职业，在相同职业中女性的职务级别又比男性偏低。尽管数据显示，女性中各级负责人有所增加，各类专业技术人员的比例还高于男性，但这两类职业中，女性收入占同类男性收入的比例仅为57.9%和68.3%，低于平均水平。

总而言之，最近20多年辽宁职业性别隔离趋势逐渐增强，女性不仅相对集中于部分职业形成水平隔离的趋势，而且相对集中于层级较低的职业形成垂直隔离的趋势，这种隔离趋势也使两性的收入差距不断拉大，在经济地位上进一步强化了女性职业地位的弱势倾向。

第四节　职业性别隔离的影响因素探析

职业性别隔离是一个古老的话题，新古典主义者认为，女性由于家庭内的劳动分工，一般理性地选择那些易于离开同时又比较容易进入的职业，这些选择导致了职业性别隔离。贝克尔的“精力分配说”认为，“女性分配更多的精力在家务活动，他们会在家庭之外的工作上分配较少的精力”；统计歧视理论在解释职业性别隔离时，提出在一个充满不确定的世界之中，在不知道应聘者未来的离职倾向时，理性的、追求利益最大化的雇主将把离职者替代需要付出高成本的职业留给男性，而将离职替代容易的职业留给女性。新古典主义者对造成职业性别隔离的职业选择和职业进入进行了充分的论证，但是也确实面对着新的经验事实的挑战。在此基础上，“组织惯性”理论应运而生，美国社会学家格伦斯基认为，“一旦以性别为基础的劳动分工被建立起来，他就被认为是‘理所当然’的，从而可以得到长期地维持”①。组织惯性理论跳出了仅仅从女性自身来探讨职业性别隔离原因的框架，而注重从组织结构和社会制度的角度来考虑性别隔离的形成，使研究进一步深入。

一、社会结构性因素的影响

然而上述理论所面对的是完全市场化条件下的相对稳定的社会发展过程，作为老工业基地的辽宁，在社会转型期所发生的职业性别隔离趋势除了上述的因素外，还具有更为复杂的社会背景。

(一)辽宁老工业基地产业结构的调整

传统产业、夕阳产业的萎缩使辽宁职业结构变迁表现出与东南沿海地区和全国总体趋势不同的特征。在全国产业结构趋向高级化的过程中，辽宁出现了农业就业人口比例大幅度上升的逆向现代化的趋势，随着产业结构的调整和国有企业改革的进行，辽宁出现了产业工人数量和比例都大幅度下降的“后工业社会”的变迁趋势。② 在破产、倒闭、下岗失业的洪流中，在就业形势严峻的的条件下，女性生产工人面临更为严峻的处境，这不仅是组织惯性，不仅是精力分配，也不仅是统计歧视，同时更是结构性经济转型使然，生存危机的性别竞争是这种趋势形成的直接动因。

(二)辽宁的职业性别结构呈现出明显的转型特征

计划经济时代中国的男女平等是以制度安排为前提的，以国家的保护性强制措施为前提的。由于这种计划经济时代的遗产，使中国在世界范围内属于职业性别隔离程度较低的国家。中国的市场化过程是在政体连续性背景下进行的，而如果把各类职业放在市场化程度上来看，就会发现职业性别隔离趋势的体制特征。体制内的职业，如辽宁的负责人、专业技术人员等职业由于延续着计划经济时代的遗产，女性所占比例依旧不断上升，而不断被市场化部分随着市场化的程度的变化，女性比例也在不断发生变化，生产工人的女性比例大幅度下降，商业服务人员的女性比例也在下降，部分市场化的办事员女性比例也

---

① ［美］戴维·格伦斯基编：《社会分层》，624页，北京，华夏出版社，2005。

② 冯同庆：《中国工人的命运》，北京，社会科学文献出版社，2002。

在下降。不同职业群体女性比例随着体制变迁而有所不同，体制内的职业女性比例还在不断上升。

(三)城市劳动力市场的就业压力，使女性就业面临着更为严峻的挑战

根据劳动统计年鉴，辽宁的登记失业率在2003年达到6.5%，成为全国登记失业率最高的省份。不断增多的下岗失业工人形成了巨大的劳动力蓄水池，不仅使在业女性职工在面临退休、下岗失业等问题面前处于不利地位，而且在职业进入的过程中同样处于不利的境地，女职工再就业的艰难，女大学生、女研究生就业难等都是这一问题的表现。由于就业压力，使女性在劳动力市场的竞争同时还面临着性别的竞争，如果面临同样的职位和岗位，女性如果没有绝对的优势，很难在性别竞争中取胜。即使是体制内的职业，由于我国法律规定的男女退休年龄的差异，使女性的职业生涯相对较短，因而在升迁、晋级等方面也受到影响，也存在一些单位由于岗位限制，为了保障男性职工的利益而人为地牺牲女性职工的利益，形成本单位的女性提前退休政策，影响女性的职业发展。严峻的就业压力使辽宁城镇职业性别比例的增长速度低于广东等发达省份，也普遍低于全国平均增长速度。

(四)城乡分割形成农林牧渔业女性比例的快速增长

由于农村人口基数的庞大，全国的农林牧渔业性别比例在大规模城市化的过程中呈低速增长趋势，但是在辽宁，农林牧渔业劳动者在1982年至2000年的18年间增长了50.78%，女性比例也增长了6.32个百分点，形成了明显地与现代化过程相悖的趋势。辽宁农林牧渔业女性比例的增高不仅是由于经济发展过程的迟缓，城市无法吸纳更多的劳动力，也由于辽宁众多大城市的吸附效应使辽宁的乡镇企业也未能得到健康的发育，同时还由于辽宁城市下岗失业问题的严峻，使城市就业进一步形成排斥农民的壁垒，因而在辽宁缓慢的城市化过程中，女性更加处于不利地位，被阻隔在现代化的过程之外。

二、职业生涯各阶段的制约

辽宁职业结构的性别隔离趋势的形成是在这样的社会背景下，由诸多因素合力打造的结果，这些因素遍布职业生涯的各阶段。

(一)职业进入的性别差异

在计划经济时期，我国实行的是高度集中统一的指令性计划的经济体制，在劳动制度上，所有城镇劳动力都统一由国家包揽调配，即所谓的统包统配。

这一时期党和政府借助国家的行政干预，通过单位的组织控制和计划经济的资源配置机制，将男女按一定比例平均分配在各个职业岗位上，为女性的充分就业以及实现男女的同工同酬提供了制度性的保障。

然而随着市场经济时代的到来，我国城市社会的组织和管理模式发生了重大的变化，社会结构也面临着新的分化和整合。为了适应市场化的需求，实现效率优先、兼顾公平的目标，国家对劳动力的控制减弱，取而代之的是市场按供需关系进行的配置。在国家的计划和指导下，实行劳动部门介绍就业、自愿组织起来就业和自谋职业相结合的“三结合”就业政策，突破了过去铁板一块的计划经济“统包统配”的就业模式。在市场机制的作用下，我国的劳动力供求失衡，存在着较多的劳动力过剩，同时在严重的就业压力下，劳动力市场分割以各种形式存在。另外，企业用工制度化，在政府管制和其他制度制约不完善的条件下，传统的体制内的用工单位为了追求效益而忽视公平，传统的就业保障模式受到了极大的冲击，使女性因承担家务、生育等职责在劳动力市场竞争中处于不利地位，而遭到用工单位的差别性对待。许多用人单位在招聘职工时总是把女性排除在外，女性的就业门槛随之提高，尤其是女性大学毕业生在找工作的时候相对于男性大学毕业生要困难得多，另外下岗女工的再就业问题也成为棘手的社会问题。

女大学生就业难。随着全国高校的扩招，需要进入劳动力市场寻找初职的大学毕业生迅速增加，而毕业生的就业问题却越来越困难，尤其女大学生更为严重。当然在就业的过程中，其他因素对女生的就业也有影响，如知识能力、社会实践不足等，但是因为性别的原因而遭到就业困难的也占了很大一部分。许多用人单位排斥女大学生而青睐男大学生，女生在初职进入时就遭到了困难。一些单位在招聘时明确表明“只限男性”或者是“男生优先”，这使得对女大学生的需求大大降低。在同等的应聘资格条件下，很多应聘单位仍然会优先选择男性，使女大学生失去了竞争机会。笔者对一位女大学生作了访谈，该生为某大学的大四毕业生，在谈到其找工作的经历时，她感受颇多，按她自己的话说是“苦不堪言”。

从11月份开始我都参加不下10场招聘会了，简历也投了60多份了，但是给我回信的却不多。本来就没有工作经验，很多工作都被排除了，然后好不容易遇到了可以应聘的职位，却发现职位下面注明“男生优先”，有的更过分，明确写着“不要女生”。一开始的时候我对这样的单位就望而却步了，后来发现太难了，就主动去递简历，结果人家看我一眼就把简历送回来，说不要女生。

我太受打击了，要是男生，工作简直太好找了。（访谈对象1，Y女士，大四毕业生，22岁）

而对于男生来说，通常这种性别上的限制并不成为找工作的一个阻碍因素，他们主要考虑专业知识、技术程度、工作经验等。

我刚找到了一个工作，我们班男生基本上都快找到工作了，女生稍微差一些，我感觉我们男生是没有这种顾虑，只要专业吻合，自己愿意选择这个工作，基本上都能找到，没找到的主要可能是卡在英语上，或者专业不太好，只要不太挑，都能找到。（访谈对象5，D男士，大四毕业生，22岁）

在国家机关类单位的公务员招聘工作中，女性进入的门槛要求相对较高。例如2005年辽宁省招考公务员简章中，共提供了130个岗位，在这些岗位中明确表明只限男生的岗位只有3个，看似对性别的要求不高，然而除此之外各种条件限制很多，如学历要求硕士或博士以上，相关工作经验3年以上，中共党员。这会排除掉很多毕业生，对于女性可以选择的岗位主要为翻译类、文字综合、秘书、人力资源、财务管理类，然而在这种主要适合女大学生的岗位中，就有3个标明“男性”。而其他职位虽未作性别要求，职位却多为土地规划、汽车工程、机械制造、海洋渔业等，这些岗位主要为理工专业，男性选择的机会相对要多。

(二)职业稳定期的性别差异

下岗女工是社会资源市场化配置和利益调整背景下产生的特殊群体。伴随着经济体制转轨的进程，国有企业的改革也进入了攻坚阶段，与此相适应，一系列企业的用工制度及劳动人事制度的新政策相继出台，企业间及企业内部的竞争不断增强。在此背景下，一大批缺乏竞争力的原本处于职业稳定期年龄的职工便面临下岗，而女性特别是城镇女性受到很大的冲击和挑战。当企业将经济效益作为最大的目标追求时，必然要把竞争机制引入到劳动用工制度之中，一些被企业认为不利于提高效益的职工会因此被“分流”“下岗”，而女性在这一过程中是首当其冲的，因为目前中国总体的就业环境是一个劳动供给远大于需求的市场环境。

在全国1000多万下岗、失业人员中，妇女占62.8%，而在辽宁，这一数字相对来说要更高一些。根据国家统计局2002年和2003年的统计，辽宁的登记失业人口是全国之最。1990年辽宁的登记失业人员数为23.7万人，到了2003年，迅速增加到72万人，而女性在失业人员中的比例达到63.9%，远远高于男性，再就业比例仅占全部下岗职工和失业人员的23%。根据调查，下岗女工年龄大多数维持在40～50岁，她们在最初进入劳动力市场的时候，主要是通过国家统一分配安排的途径实现的。而在市场经济条件下，下岗女工的再就业非常困难，女性劳动力因其年龄、技术、性别原因而被排除在体制内劳动力市场之外，成为下岗失业群体中的一员，而体制外的劳动力市场又因为同样的因素把她们排除在外，导致下岗女工的再就业问题严重。女性劳动力下岗到再就业这一时间段也要比男性长一些。在对下岗女工的访谈中，她们普遍认为性别因素在年龄、技术因素作用下更明显：

你说像我们下来的人都是没啥能耐的，我们那时候刚开始工作的都是国家给安排的工作，现在谁管啊！现在岁数都大了，到哪儿找工作去，在单位都待习惯了，冷不丁下来心里也不好受……（访谈对象2，L女士，C市下岗女工）

我是1999年下岗的，下来的时候别提多难受了，现在时间长了也想开了。也是，我们关键也没啥技术，你说我们能干那活别人也能干，咱也没啥文化，我要是男的，技术再好点，就可能轮不到我了。（访谈对象3，Z女士，50岁，S市下岗女工）

这一群体的处境在不断恶化，经济生活日益贫困，心理压力越来越大，自我价值认同感日趋低下。而女性在再就业过程中，多数人从事着待遇较低的工作，不仅如此，女性还要与男性同样承担家庭的重任，承担因经济收入减少而造成的心理上与精神上的双重压力，她们往往比男人工作时间长，而收入却相对少。

我发现下岗了以后出去找工作太难了，开始想干个小买卖，也没有资金，咱也没经验，怕赔了，说实话还留恋在国营单位的时候，起码是正式工人啊。现在想找个体面点的工作可不好找，我丈夫也下岗了，他给别人开出租车，我现在做搓澡工，一个月能给500来块钱，这活一天下来也挺累的，要不怎么办，先干着吧，孩子还上学没有钱哪行。（访谈对象3，Z女士，47岁，S市下岗女工）

现在像我们这个岁数的下岗的太多了，就业也难啊，都只能打点零工，说是岁数大了，但是也不能成天在家闲着啊，我们这代的就这样了，不能再让孩子受这种苦，我怎么也得供儿子念完大学，我现在身体还行，先干着，过两年可能就干不了了。现在这社会没有知识、没有能力就是不行，我要是那时候念点书现在也不可能下岗了。（访谈对象4，W女士，45岁，S市下岗女工）

通过对受访者和资料的分析，女性在转型过程中更多地遭遇了下岗、失业的处境。当这些女性失业者被迫进入劳动力市场中参与竞争时，她们面临的是更为艰难的再就业道路。在国有企业中工作多年的女性劳动者的劳动技能已经远远落后于现代技术的要求，要想就业必须从头开始，对于一个承担主要家务负担的中年女性来说这无疑是一个十分大的压力。女性再就业者的工作模式已转向非正规、非全日制、非连续性工作模式，这种边缘性工作更适合女性，尤其是步入中年的女性，这种工作的收入较少，几乎没有劳动保障和福利，并且很不稳定。这使我们看到一个事实，即使进入体制外劳动力市场，下岗失业女工也被排挤到最低层。①

(三)职业发展机会的性别差异

新时期，女性从业者的职业发展机会越来越多，越来越多的女性追求职业的发展与成功，女性在职业的舞台上发挥越来越重要的作用。然而，女性从业者的职业生涯不同于男性，总体而言，女性从业者的职业升迁机会少于男性，这与女性从业人员总体的较低的就业层次上可以得到反映。

由于我国的劳动人事制度规定，男性年龄在60周岁退休，女性在55周岁退休，男性比女性的工作年限长5年。这5年，对于50多岁的女性来说就意味着与男性完全不同的职业发展机会，同样年龄的男性依旧生机勃勃具有广阔的发展空间和发展时间，而对于女性来说已经进入退休的倒计时，已经没有了进一步提升和晋升的机会。同样，在经济不景气或经济结构调整时，工作年限的差距更大，这就造成女性的职业生涯非自愿性的中断，严重阻碍了女性政治资源、经济资源与社会关系资源的积累，影响了女性的职业发展。

女性从业者在办事人员、专业技术人员中所占比例较大，大多从事辅助性的工作，而在政府机关、企事业单位负责人中，男性却占据了绝大多数位置，女性领导占高层、决策层领导总数的比例与经济管理决策部门的女性领导所占比例较小，在女性所从事的职业范围内，女性领导者在各级领导干部中比例偏低，女性的政治参与意识明显低于男性，政治资源匮乏。并且，女性的升迁机会少于男性劳动者。女性从业者若要升迁需要付出比男性更多的时间与努力。

我到这个公司都3年了，一直在做文案策划，跟我一起进单位的男生都当上小头(经理)了，我却还是在这个位置上，心里也挺不平衡的。我每天拼命地

---

① 石彤：《中国社会转型时期的社会排挤：以国企下岗失业女工为视角》，100页，北京，北京大学出版社，2004。

干活，加班加点的，有时都把任务带回家去做，我觉得我也不差哪儿，我要是个男的我现在都不知道升到什么位置了。（访谈对象6，L女士，26岁，某公司文案策划）

在政府机关工作的女性，其职业升迁相对于公司要难得多，完全是严格按照等级一步步向上提的。

我现在在这就是普通的科员，每天主要的工作就是打打文件，送送文件，工作内容挺枯燥的，对我来说也没什么挑战性，不过主要就是图这种单位的稳定。我估计我升职得等到40岁左右，这里完全是按资排辈儿的，我要是研究生学历的话，也许还能快点。我们处长就是个女的，也40多岁了，在领导层里她挺不容易的，就她一个女处长，挺厉害的，我也挺佩服她的，不过我得等20年才能做到她的位置。（访谈对象7，S女士，28岁，S市劳动和社会保障局科员）

三、文化传统的束缚

职业性别隔离趋势的形成受到传统文化的影响，新中国成立以后女性的社会地位得到了极大的提高，但是传统的力量依旧强大。

(一)受教育程度的性别差异

辽宁的这种职业结构中的性别差异的另外一个重要影响因素便是教育程度的不同。根据国家统计局的统计(表5.7)，2003年辽宁女性劳动者受教育程度中小学以下的比例为73.65%，小学程度的为52.61%，而大专以上文化程度的则为45.32%。女性在低学历人群中占有较大比例，随着学历的升高，女性的比例越来越低。而男性从业人员在随着教育程度的升高，所占比例也是升高的。女性受教育程度相对于男性总体比例的低下，使得大多女性从事的职业多为非技术性的。文化程度较高的女性劳动者大多集中在金融保险、国家机关和社会团体，而在农林牧渔业中的女性在初中以下的比例较多，工业行业中的女性大多具有初中、高中等文化程度。从女性的不同文化素质的职业构成上看，文化程度高的女性大多为各类专业技术人员，大部分为大专文化程度以上。而受教育程度低的女性从业者大多集中在职业声望低、技能低、收入低的职业或行业，如农林牧渔业、工业部门等。女性在各行业、各职业中所占的比重与该行业、该职业文化素质要求成反比。

表 5.7　2003 年辽宁女性受教育程度　　单位：%

教育程度	女	男
不识字或很少	73.65	26.35
小学	52.61	47.39
初中	48.12	51.88
高中	47.71	52.29
大专以上	45.32	54.68

数据来源：2004 年辽宁统计年鉴。

由于男女给劳动力市场带来的资源是不同的，其结果就产生了工作场所中的性别分层，也就是说，女性之所以比男性挣得少是因为她们提供的“人力资本”比男性提供的少。例如她们拥有的工作经验通常比男性少，她们的工作变动率通常比男性高，因此，对于雇主而言，她们作为劳动力的价值就相对低廉。相对于男性，女性通常得到的工作报酬比较少，受雇的机会比较少。

(二)性别角色期待的差异

我国是一个以儒家文化为传统文化核心的国家。“男尊女卑”的观念曾经在中国历史上延绵了千余年，并渗透到社会生活的各方面。传统的性别观念根深蒂固，“男主外，女主内”的性别模式长期在中国占统治地位，男性是社会的中心，强调妇女对男人的从属性。因此女性无独立的价值和地位可言。现代社会是一种父权制社会，其文化特征表现为以男性文化为主导，具体反映在社会观念、思想意识、价值取向的方方面面，都是以男性为中心的。表现在角色期望上，社会对男性和女性所赋予的角色期望不同，社会希望男性刚强自立，希望女性柔弱温顺，这种角色期望在很大程度上制约着两性的行为。在实际生活中，事业成功常被看作是男性的专利，这似乎已成为某种社会定势。

女性由于生育和承担主要的家务劳动，在劳动力市场中处于不利的地位，一些单位在招聘员工时对女性往往要附加特别的条件，使女性从进入劳动力市场开始就面临不平等。另外一方面，女性由于家务负担较重，相对于男性来说，较少有时间和精力用于学习培训来提高自身的机会，因而在工作中，从事的职业相对于男性来说多为技术性低的工作，因此获得提升的机会也比较少。

受传统社会性别角色的影响，女性在工作时还会遇到来自雇主方面的种种差别待遇。由于女性担负着人类再生产的重任，她们会有一段时间暂时退出劳动力市场，这不仅会缩短其职业预计寿命，影响其应获得的人力资本投资。而且，中断就业很可能会使原有的人力资本“生锈”，失去时效性，影响劳动生产率的提高，更重要的是，女性的生育需要其所在单位给予一定的经济补助。因此，企业为了追求经济效益，往往将女性劳动者排除在外。

另外，受男性习惯职业的影响，在一些事业单位和党政机关内，如果一个单位的男性职工多于女性，人们大多习以为常，而一旦女性职工和男性职工比例相当，限制女性进入的意愿就会出现。

(三)家庭角色的性别差异

女性从业者不仅承担着工作挣钱的任务，而且还承担着更多的养育子女和敬养老人的义务，以及大部分的家务活动，这就使得女性承担了双重的角色——工作和家务。而女性在从事家务上的时间要远远超过男性，女性长期处于家务负担过重，生活节奏过于紧张的状态之中。根据2000年第二期妇女社会地位调查资料显示，全国女性一天用于家务劳动的时间为4.01个小时。比男性多2.69个小时，在城镇，女性一天用于家务的时间多于男性2.08个小时，男性仅为1.26个小时；而在农村，这一差距更大，男性与女性平均用于一天的家务时间相差2.92个小时。[①] 由于繁重的家务劳动负担妨碍了女性劳动者对工作的投入，因此她们往往选择能使她们既是家庭妇女又是雇员的那些工作，一般来说，这些职业工资很低，并且没有什么发展前途。

综上所述，以上这些原因形成了职业的性别隔离的趋势，是多种因素合力导致的结果。社会结构性因素提供了合适的环境，职业生涯各环节的制约提供形成的路径，文化传统又提供了“合理”解释，诸种因素的交互作用，形塑了辽宁的职业性别隔离趋势。

第五节　讨论与总结

在辽宁经济转型和体制转型的过程中，处于不同职业群体的女性所受到的冲击是不同的。传统产业和夕阳产业的女性生产工人在市场化的过程中受到最大的冲击，面临企业的破产倒闭和自己的下岗，女性比例大幅度下降。大部分蓝领和下层白领在市场化的过程中也受到较大的冲击，如商业服务业人员和办事员，女性比例不断下降。而受到冲击较小的是上层白领、特别是体制内的职业如负责人和专业技术人员的女性，这一方面是由于她们还主要处于再分配体

---

① 第二期妇女社会地位调查课题组：《第二期中国妇女社会地位抽样调查主要数据报告》，载《妇女研究论丛》，2001(5)。

制的制度安排之中，同时也由于这些女性具有较高的受教育水平，这些职业主要是智力和能力的职业，受体力等生理条件的制约有限。尽管辽宁在社会转型过程中存在着不断加深的职业性别隔离趋势，但是不同女性职业群体的境遇是不同的。

毫无疑问，计划经济时代男女平等的制度安排在辽宁某些职业形成了较高的性别比例，其中难免带有“三八采矿队”、“女子高空带电作业班”等极端的就业模式，因此有些职业女性比例下降带有自然回归的性质。但是同时我们也应该看到，随着科学技术的进步，劳动强度的不断减轻，劳动者的性别能力差异已经越来越小。当今世界上发达国家的女性和整个社会都在试图通过各种努力来推进男女就业平等的实现，改变女性聚集在边缘劳动力市场和外部劳动力市场的就业结构。在这样的大背景下，与其一定要经过市场经济的否定之否定，经历更多的性别歧视再去争取平等权利，不如重新审视已有的计划经济的遗产，在这样的一个起点上通过完善我们的制度环境，去建立一个中国式的性别平等的和谐社会。

职业性别隔离是一个值得全社会关注的问题，也是性别和谐社会的关键所在。但是要建立一个中国式的和谐的非性别隔离的劳动社会，不仅需要意识形态的动员，更需要通过制度来实现。比如关于女大学生就业难的问题，不仅是传统观念同时还是婚育的现实，而婚育也是社会的再生产，随着中国经济的发展，计划生育政策的不断深入，我们是否应该考虑在制度上、在怎样能够使社会为企业和个人分担婚育责任上下功夫，在中国双职工的基本背景下，怎样能够探索出制度化的社会责任机制和鼓励激励企业的机制也许是更重要的问题。中国女性的劳动力参与率在世界上属于较高的水平，但是垂直隔离的趋势依旧明显，女性在不同的层级中都居于较低的水平，因此在市场化过程中对女干部的一如既往的制度支持是必要的，对职业性别比例的制度关怀是必要的，女性的平均寿命已经超过男性，对职业生涯中性别平等的男女同龄退休制的呼吁也是必要的，相信通过各种努力，能够为女性职业经验的积累和职业的向上流动提供更广阔的空间。

辽宁重工业中女性比例的不断下降，不仅是传统产业、夕阳产业的衰落，同时也是大型国企转制过程中单位制小社会“大而全，小而全”的多种机能不断社会化的结果。随着制造工业的不断高科技化，随着劳动强度的不断减轻，提高女性就业的比例依旧是我们努力的目标。辽宁的下岗女工是一个特殊的群体，这是在辽宁复杂的经济转型和社会转型过程中出现的一个特殊群体，应该说这个群体是结构性失业，是不会“再生产”的。不论作为我们改革的代价，还是社会的“断裂”，我们都不能让经济发展以牺牲社会公平为代价，对这个群体体现人文关怀，关心她们的生活，用社会保障制度来保证她们的生活质量跟上社会经济的发展速度，这不仅是社会稳定的需要，也是基本的社会公平。

妇联组织是中国特色的妇女组织，在提高女性的社会地位方面一直发挥着举足轻重的作用，在当今中国的社会转型过程中，妇联组织的作用更加任重而道远。市场经济的发展和女性职业地位的提高不会自然搭乘同一辆战车，对此我们如何利用已有的计划经济遗产去创造出中国特色的性别和谐社会应该是很值得我们进一步关注的问题。

第六章

辽宁的代际职业流动①

代际流动研究是考察社会结构特征和变迁的一种重要途径，是研究社会流动过程的一个重要视角。社会流动是指社会成员从某种社会地位转移到另一种社会地位的现象。由于在现代社会职业是人们社会地位的一般表征，所以职业流动成为社会流动研究的核心内容。从不同的研究角度，职业流动可做不同的划分。根据劳动者流动的参照物划分，职业流动可分为代际流动和代内流动。代际流动是指劳动者两代(或多代)之间所发生的职业类别和职业层级间的变动，即子代从父代所属职业类别向其他职业类别的流动。②

随着社会的发展，社会结构的变化，社会流动在我国的不同时期呈现出不同的特点。辽宁社会流动既有全国的整体性特征，又有自身的特点。本章试图在老工业基地社会转型的背景下，通过对辽宁代际职业流动的研究来透视辽宁职业结构和社会结构的变迁。通过探讨辽宁代际职业流动的运行机制和特点，去发现辽宁社会结构变迁的特点。通过分析经济发展、政策制度调整以及区域社会结构特征与辽宁职业结构调整变迁二者之间的互动关系，发现辽宁职业流动的形成机制以及职业地位的实现过程中的障碍性问题。

第一节　代际职业流动研究综述

职业流动是社会流动的一种，是社会成员在不同的职业类属间的流动。在

---

① 本章由马丹执笔。

② 刘艾玉：《劳动社会学教程》，150页，北京，北京大学出版社，1999。

现代社会中，职业成为个人在生产组织中的身份与地位的主要衡量标准。职业团体所构成的社会阶层在社会结构中的作用与日俱增，尤其是在工业化和现代化的情况下更是如此。人们越来越多地以职业作为社会流动的最重要的指标。职业流动可以分为代内流动和代际流动。代际流动研究父代与子代在两个时点上社会地位变动的情况；代际流动是从相对比较宏观的角度去研究人们职业的变动情况，通过对它的研究人们可以了解社会职业结构的变迁情况以及社会对各个阶层人员的开放程度。因此，代际流动历来都是职业流动分析中的重点。

早在1927年，美国社会学家索罗金就发表了《社会流动》一书，这被广泛认为是用现代观点系统论述社会流动的第一部著作。他认为，"社会流动意味着个人或社会的事物及价值，即由人类活动所创造的或改变的一切事物从一个社会位置向其他社会位置的移动"①。并且认为社会流动和社会发展之间存在着一种正相关关系，即社会发展程度越高，社会流动率越高。他对职业代际流动的研究突出表现在对父亲职业地位对儿子职业地位流动的影响方面的研究，他概括出工业社会中职业代际流动的主要特点：在某一特定阶层中，父亲及其子女的职业类型的扩散程度较高，即世袭现象减少了。所有职业群体都是由来自不同社会出身背景的成员所构成，不同职业群体之间的变异变得模糊不清。尽管如此，父亲的职业地位仍对孩子的职业地位有很大的影响。在分层体系中，等级位置相似或相近的职业群体更容易交换其成员。流动更可能是短距离的，而不是跨越整个分层等级的流动，分层等级的中间层比两端更稳定。索罗金的研究奠定了现代职业代际流动研究的基础。

索罗金的观察只限于有限的资料，对于职业经历类型与社会出身背景的真正研究可以说是从李普塞特等人的研究开始的。在家庭背景对职业经历类型的影响问题上，他们除了分析父亲的主要职业的影响外，还对父亲职业对于孩子的教育的影响进行了研究，他们认为除了职业位置的直接世袭外，教育构成了现代产业社会最重要的资产。他们的主要发现是，父亲的职业地位与儿子的职业经历中大部分职业地位都有相当强的相关关系。这进一步丰富了职业代际流动研究的内容。

1967年，布劳和邓肯的《美国职业结构》问世，他们研究的主要焦点不是流动量的大小，而是地位实现的基本过程和这一过程中的一系列规则。他们指

---

① 转引自许欣欣：《当代中国社会结构变迁与流动》，189页，北京，社会科学文献出版社，2000。

出，社会阶层现象包括了先赋性和自致性两种内涵。个人的社会地位一方面取决于个人的能力和努力，一方面也受家庭出身的影响，上一代中的不平等会在下一代程度不同地再现。他们进行了大量的实证研究，用被访者父亲的教育程度和职业地位代表被访者的社会背景(先赋性因素)，用被访者本人的教育程度和所从事的第一个工作代表其所受的训练和早期的职业经验(自致性因素)。由此将决定个人地位的先赋性因素和自致性因素结合在一起。他们进一步发现：第一，从总体上，代际的职业流动中大致处于相同的职业等级间的流动要多于等级差异大的职业间的流动。第二，职业世袭现象最少的职业为办事人员、非技术工人和农民，也就是分别处于白领、蓝领和农业职业中最下层者。职业世袭和自我补充最高的职业是专业人员、业主和农场主，这显然与所拥有的所有权有关。因而，可以认为职业结构中的所有权与位置构成了职业供给与补充的特征。第三，父亲的职业对于本人的职业的成功机会有影响，但是个人的训练和初期的经验有更重要的影响力。父亲教育对儿子职业地位的影响是以父亲的职业和儿子的职业为媒介的。布劳和邓肯提出的父代对子代职业地位的影响模型对后来代际职业流动研究产生了极大影响。

之后戈德普索等人使用对数线性分析去解决社会流动中长期困扰人们的“自由的”或“循环的”流动与“强制的”或“结构的”流动问题，提出了“封闭性命题”和“缓冲地带命题”。封闭性命题认为，现代社会阶层结构的上层存在着相当程度的封闭性，阶层内代际或自我补充的倾向十分明显。在专业人员和管理人员这两种职业类型中，存在着很强的封闭倾向。此外，农业也有相当高的继承率。缓冲地带命题则指出，在白领与蓝领之间存在流动的缓冲地带，如父亲为技术工人的人流入白领职业的可能性虽然比父亲是半技术工人或非技术工人的大，但他们大部分流入下层白领的职业，流入其他职业则受到某种限制。① 这些研究使代际职业流动研究进入到规范化和科学化年代。

新结构主义的社会分层理论不像新马克思主义那样强调财产关系和雇佣关系等结构性因素，而是借鉴了向新古典经济学提出挑战的分割劳动力市场理论。这些理论的一个共同模式是，拒绝隐含在传统理论中的现代化、产业化预设，尖锐批评传统社会分层和社会流动理论忽视了社会经济结构对社会分层和社会不平等关系的影响。新结构主义虽然包含了许多不同的理论派别，但共同的主题是强调在社会分层和地位获得中那些个人特征之外的“结构性”因素。他

① 童星：《劳动社会学》，45 页，南京，南京大学出版社，1992。

们并不否认职业地位、教育、收入在社会分层和社会流动中的意义，实际上仍然是以职业结构或收入结构作为市场经济社会中的主要社会分层结构。但是他们认为，在经济和社会生活中存在着很多分割性的结构因素，这些结构性因素对个人社会经济地位和地位获得具有重要影响，甚至是更为重要的影响。而最为新结构主义所强调的结构性因素，主要是分割的劳动力市场、经济部门和产业部门、内部劳动力市场、组织特质、产品和服务特征、受分割劳动力市场制约的职业经历及其相关因素等。在一定意义上，新结构主义理论也是一种重新重视"关系"的理论，这种研究在代际职业流动的研究领域引入了新的研究视角和研究变量，使人们看到了代际职业流动在个人背景之外的社会结构性力量。

马齐和韦索洛斯奇在合著的《社会流动和社会结构》一书中将在研究社会流动中经常被人们遗漏的社会资源概括为三种：资本、权力和文化。在文化资源方面，统治文化对不同的阶级和阶层提供不同的服务，布迪厄认为，文化资本是一种通过继承而得来的语言和文化能力，这种资本是获得"象征性财富"的手段和工具。所谓象征性财富是指被社会公认为值得追求和拥有的非物质财富。出生于不同文化背景的人继承了不同量的文化资本，这种资本像经济资本一样可以创造并传递给下一代。他对个人在学校和家庭中的教育和社会化有着积累性的效果，从而对人们的流动机会产生影响。有关文化资本对社会不平等作用的论述一般被称为"文化再生产理论"。文化再生产理论还提出一种关于教育获得中的不平等之稳定性的解释，并提出与之相关的附加假设：第一，教育是不平等的代际传递的主要渠道。第二，家庭背景与子女教育获得之间的联系是由对文化资源的控制来解释的。这种研究又发现了职业代际流动中的社会文化因素，使职业代际流动的研究进入到一个更广泛的社会空间。

国内的代际职业流动研究起步较晚，较早的社会流动研究始于 20 世纪 80 年代末 90 年代初，一些社会学家开始尝试着对中国的代际流动现象做出描述、解释与说明。这些研究主要是从以下三个方面来开展的。

第一，对特殊群体代际职业流动的探讨。

1995 年中国社会科学院社会学所组织实施了"青年职业流动与人力资源开发"调查，对代内和代际流动作了实证分析，得到了一些有价值的新发现，并对社会流动现象进行了新的解释。彭希哲与任远二人利用回顾性调查资料分析了知青一代的职业流动特征，以及与其前后两代人的差别，论证了宏观经济背景对个人职业流动的决定性影响，以及个人文化程度在这一过程中的作用，提出应对知青一代这个特殊群体作深入的研究。[①]

第二，对经济发达地区代际职业流动的研究。

广州、上海和天津等发展较早并且发展速度较快的地区的职业流动现象引起了学者的极大关注，他们纷纷对该现象做出解释与说明，力图抓住中国市场经济发展较快地区的代际职业流动特点。林南所做的天津居民社会流动研究就是这方面早期的研究结论。另外，1995 年郭凡在对广州社会的代际流动所做的研究中指出，当前广州社会经济方面的开放程度要大于政治方面，结构性职业流动要大于个人因素所引发的流动，并且这种结构性上向流动更主要地表现在经济地位方面。[②] 此外，2001 年仇立平对上海市民的代际职业流动也作了系统的研究，结论之一是调查对象的职业与其父亲的教育程度、行政级别、技术职称具有高度的统计相关性，并且研究了不同家庭出身的人所呈现的代际职业流动特点，从而说明虽然上海地区的社会、经济均很发达，但是上海社会的代际职业流动也一定程度地受继承性因素所影响。[③] 总之，这些研究为我们进行区域代际职业流动研究提供了很好的参照，开了对个别区域进行代际职业流动研究的先河。

第三，对国内代际职业流动的宏观把握。

国内的社会学家在作特殊职业群体代际职业流动研究和南方特殊区域代际职业流动研究的同时，也对全国的代际职业流动现象给予了高度的关注。希望能够对代际流动趋势做出一个综合性的把握。

1988 年由中国社会科学院社会学所主持实施的《中国社会各阶级阶层研究》，首先对我国的职业评价指标、代际流动水平和社会地位的实现机制有了一个初步的把握。接下来，在 2000 年许欣欣第一次在全国范围内进行抽样调查，并在此基础上对转型期中国社会结构的变化和社会流动状况进行了研究。

2005 年，李春玲在《社会阶层的代际流动和代内流动》一文中对全国的代际流动作了更为翔实的解释。她认为：在社会结构中处于不同位置的社会阶层有不同的社会流动路径，并因而体现出不同的阶层特性。处于优势地位的阶层往往具有或多或少的代继承性，并且通过设置多种资格认证和选拔规则来限制

---

① 许欣欣：《当代中国社会结构变迁与流动》，52～59 页，北京，社会科学文献出版社，2000。

② 郭凡：《当前广州社会的代际流动》，载《社会学研究》，1995(6)。

③ 仇立平：《职业地位：社会分层的指示器——上海社会结构与社会分层研究》，载《社会学研究》，2001(3)。

较低地位的社会成员进入，从而保持其优势地位的垄断性。处于中间位置的社会阶层在社会流动链条中起到承上启下的作用。①

总体上说，短短二三十年国内的社会流动研究在对市场经济较为发达的城市及社会中具有特殊经历的群体所做的调查研究和对国内代际流动的总体性把握上取得了可喜的成果，在对沿海发达地区的职业流动和职业代际流动的研究也取得了长足的进步，但是在对再分配体制的核心区域的东北老工业基地的职业流动和社会流动的研究还一直比较薄弱，本书就是试图在国内上述研究的基础上，把对职业代际流动的研究深入到具有独特的社会结构特点的国有大中型企业高度集中的辽宁老工业基地社会结构的研究。试图通过辽宁职业代际流动的特点，来发现辽宁社会结构的特点。

职业是指劳动者为了生活所得而发挥个人能力，在社会分工体系中从事的相对稳定的、有报酬的、专门类别的工作及由此而获得的一种特定的劳动角色。代际流动又称"异代流动"，是指劳动者两代(或多代)之间所发生的职业类别和职业层级间的变动，即子代从父代所属的职业类别向别的职业类别的流动。一般以职业等作为地位特征，以父母和子女在同一年龄时的职业或其他地位作为比较的基点考察第二代人(子女)与第一代人(父母)相比，看社会地位有无提高，从中找出引起或未引起变动的原因和规律。

在代际流动表中，频数一行的数字代表每一个交互分类的频数，即指职业出现的个数。行百分比(流入率)代表各个行分类流向各个列分类的百分比，列百分比(流出率)代表的是各个列分类中来自每一个行分类的百分比。需要注意的是，在本书的流动表中，是把各类职业和阶层进行等级排序的。这意味着，所有排在上面和前面的职业和阶层的等级都高于排在下面和后面的职业和阶层(由于军人、警察、武警人员的行业特殊性，所以对它们单独分析，即它们是排除在职业等级排序之外的)，根据这种排序可以计算上升和下降流动率。

流入率：指相对于现在的职业，父亲的职业属于其他职业的比率，亦即在某一职业中，父亲不属于这个职业类，但儿子属于这个职业类的比率。

流出率：指相对于父亲的职业，儿子现在的职业属于其他职业的比率。即在某一职业中，父亲是属于这个职业类，但儿子不属于这个职业类的比例。

本书将劳动者的职业共分为11大类，这是综合了《中华人民共和国职业分类大典》和陆学艺主编的《当代中国社会阶层研究报告》中的十大职业分类两种

① 李春玲：《社会阶层的代际流动和代内流动》，载《中国社会科学院院报》，2003(3)。

分类方法。虽然同《当代中国社会阶层研究报告》中的十大职业分类有差异，但是对各种职业分类中具体的职业界定主要还是参照了该书中的界定，如：

党政机关负责人：指在党政机关和社会团体中行使实际行政管理职权的领导干部，具体包括中央政府各部委和直辖市中具有实际行政管理职权的处级及以上行政级别的干部；各省、市、地区中具有实际行政管理职权的乡科级及以上行政级别干部。

企事业单位负责人：类似于十大阶层分类中的经理人员和私营企业主，指的是大中型企业中非业主身份的高中层管理人员。主要包括原来的国有和集体企业干部、较大规模的私营企业或高科技产业领域中民营企业高层管理人员、“三资”企业中高层管理人员或者包括所有雇工在 8 人以上的私营企业主。

各类专业技术人员：指在各种经济成分的机构中专门从事各种专业性工作和科学技术工作的人员。机关企业办事人员：指协助部门负责人处理日常行政事务的专职办公人员，包括机关中的中底层公务员、各类所有制企业中的基层管理人员和非专业性办公人员。商业服务业人员：指在商业和服务业中从事非专业性的、非体力的和体力的工作人员。生产工人：指第二产业中从事体力、半体力劳动的生产工人、建筑业工人及相关人员。农林牧渔业生产人员：即通常所说的农民。无业失业人员：指在较长时期内(长于 3 个月)没有职业的人员。半失业人员：指在短时期内(短于 3 个月)失业的人员。不便分类的人员：指排除在以上 10 个职业分类之外的其他职业。

需要指出的是，本书的被调查者本人职业中，若本人现职是农林牧渔业生产人员，则不在我们调查范围之内的，故在下面的代际流动表中，本人职业分类中是不包括上述分类中的第 7 项，但是在对被调查者的父亲职业进行分析时，却仍然涉及农林牧渔业生产人员。

本次研究所采用的数据来自国家社会科学基金项目《老工业基地职业结构变迁的综合研究》课题组在 2006 年 1～3 月调查的数据。样本的基本情况是男性占 47.5% ，女性占 52.5%；年龄 35 岁以下占 26.7%，35～44 岁占 26.2%，45～54 岁占 39.3%，55～70 岁占 7.6%，平均年龄 42 岁；家庭收入平均 1915 元，本人收入平均 1078.5 元；受教育程度，小学以下占 3%，中学占 32.7%，高中占 27.7%，大专占 20.1%，本科以上占 17.2%；政治面貌，中共党员占 27%，共青团员占 12.8%，民主党派占 0.4%，群众占 59.6%，其他占 0.3%。

本次调查主要是以被访者本人和被访者父亲的职业的交互比较为依据，着眼于在辽宁老工业基地社会转型的大背景下，研究父子两代人所从事职业的变更，进而了解深层次的社会结构的变动情况。主要指标一是流入率，主要考察现职相同的子代们的父亲所从事职业的分布情况。指标二是流出率，主要考察与父亲的职业相同的孩子们所从事职业的差异情况。二者都是从职业角度来考察，子代同父代比较是实现了上向流动还是下向流动，或者从事了和父亲相同的职业而没有实现职业流动，进而探悉父亲的职业等综合背景因素对子代所从事职业可能产生的影响。

第二节　辽宁代际职业流动基本模式

本调查通过被调查者当前职业与其父亲职业的交互分类来反映辽宁代际职业流动的基本状况，流出率反映出从父辈到子辈职业的继承与流动关系，流入率反映出调查样本中各职业组成人员的来源及构成。总计的流出率反映出被调查者(子辈)的职业分布情况(见表 6.1)。从表的左上角到右下角的对角线上分布的数字代表的是不流动率，即子辈职业对父亲职业的补充或继承率。

一、各职业代际流动状况概述

根据陆学艺对中国社会十大阶层的划分，表 6.1 对角线左边的数字表现了代际间向上流动，右边的数字则表现了向下流动。

(一)党政机关、企事业单位负责人

党政机关企事业单位负责人的子女有 26.4%成为专业技术人员，其次为生产工人、商业服务人员、机关企业办事人员和成为企事业单位负责人。但是和总体分布比起来，成为生产工人的比例低于平均分布 6.58 个百分点，成为商业服务人员的比例低于平均分布 2.74 个百分点，而成为负责人、专业技术人员和办事员的比例分别比平均分布高出 3.9 个百分点、4.4 个百分点和 2.94 个百分点。

党政机关负责人的被调查者中，出身生产工人家庭的占 31.71%，出身企事业单位负责人家庭的为 21.95%，出身农林牧渔业人员家庭的为 18.29%；但是和父亲为生产运输工人的调查者所占总体比例的 41.3%比起来，低了 9.59 个百分点，而父亲为企业单位负责人的调查者成为企事业单位负责人、专业技术人员和办事员的比例却分别高出总体分布(15.1%)6.85 个百分点、3 个百分点和 3.82 个百分点，企事业单位负责人的子女有更高的成为单位负责

表 6.1　本人职业与父亲职业的交互分类表

父亲职业 \ 本人职业		企事业负责人	专业技术人员	机关办事员	商业服务业人员	生产运输工人	无业半失业人员	总计
机关企事业负责人	频数	18	38	21	27	32	6	144
	行(流出率)/%	12.5	26.4	14.58	18.75	22.22	4.17	100
	列(流入率)/%	21.95	18.1	18.92	13.17	11.9	10	15.1
专业技术人员	频数	4	29	7	21	16	8	86
	行(流出率)/%	4.65	33.7	8.14	24.42	18.61	9.3	100
	列(流入率)/%	4.88	13.8	6.306	10.24	5.95	13.3	9.01
机关企事业办事人员	频数	6	14	21	10	15	4	71
	行(流出率)/%	8.45	19.7	29.58	14.08	21.13	5.63	100
	列(流入率)/%	7.32	6.67	18.92	4.88	5.58	6.67	7.44
商业服务业人员	频数	4	18	6	12	12	1	54
	行(流出率)/%	7.41	33.3	11.11	22.22	22.22	1.85	100
	列(流入率)/%	4.88	8.57	5.41	5.85	4.46	1.67	5.66
生产工人	频数	26	53	35	89	155	31	394
	行(流出率)/%	6.6	13.5	8.88	22.59	39.34	7.87	100
	列(流入率)/%	31.71	25.2	31.53	43.41	57.62	51.67	41.3
无业半失业人员	频数	2	9	6	7	7	2	34
	行(流出率)/%	5.88	26.5	17.65	20.59	20.59	5.88	100
	列(流入率)/%	2.44	4.29	5.405	3.415	2.6	3.33	3.56
农林牧渔业人员	频数	15	38	7	24	26	3	115
	行(流出率)/%	13.04	33	6.09	20.87	22.61	2.61	100
	列(流入率)/%	18.29	18.1	6.31	11.71	9.67	5.	12.06
总计	频数	82	210	111	205	269	60	954
	行(流出率)/%	8.6	22	11.64	21.49	28.2	6.18	100
	列(流入率)/%	100	100	100	100	100	100	100

注：由于样本太小，在表中去除了军人、武警和不便分类人员。

人的可能性。由于本次调查主要侧重于城镇职工的调查，因此对于农林牧渔业人员的职业流动无法作更多评论。

总之，党政机关企事业单位负责人的子女具有高于平均分布3.9个百分点的可能从事同一职业，而现职的企事业单位负责人有21.95％出身负责人的家庭，这一比例高出平均分布6.85个百分点，同时由于负责人的子女成为专业技术人员和企事业单位的办事员均高于平均比例，而成为生产工人、商业服务业人员和无业半失业人员的比例均低于平均分布，从而表现了优势职业具有较高强度的代际自我补充性。

（二）专业技术人员

专业技术人员子女的1/3从事了专业技术人员职业（33.7％），这一比例要高出该分类占总体结构分布比例（22％）11.7个百分点；现职的专业技术人员出身同类家庭的比例（13.8％）比该分类占总体结构分布比例（9.01％）高出4.79个百分点，该职业的代际补充倾向也比较明显，此外成为商业服务业和生产工人的比例也较高，流动到党政机关负责人和办事员的比例合计为12.79％。

在现职为各类专业技术人员的人中，除了与父亲同职外，出身党政机关负责人的也占有一定的比例（18.1％），此外，生产工人家庭（25.2％）和农林牧渔业人员的比例（18.1％）也都很高。从专业技术人员出身家庭的多样性来看，一方面，说明专业技术人员职业的开放性较强；另一方面，说明随着专业技术人员的职业地位、职业声望的不断提高，这一职业越来越受到各个职业群体的青睐，这体现在既有党政机关负责人等较高等级职业的子女的流入，又有像生产工人等较低职业等级的子女的流入。

（三）党政机关办事人员

近三分之一（29.58％）的办事人员的子女成为了办事人员，这一比例比该分类占总体结构分布（11.64％）高出17.94个百分点；而且在现职为机关企事业单位办事人员群体当中有18.92％的人出身于同类家庭，比其在总体结构分布中所占比例（7.44％）高出11.48个百分点。除此之外，机关企事业单位办事人员在职业流动链条中处于中间地带，一方面，在中国的干部任用制度下这是向上流入负责人的一般必要台阶，充当人才的蓄水池；另一方面，它也为较低职业等级人员向上流动提供了渠道。

机关企事业单位办事人员的子女最大的可能是子承父业，其次最可能成为生产工人(21.13%)、专业技术人员(19.7%)和商业服务业人员(14.08%)，此外还有8.45%的子女成为了企事业单位负责人。在现职为机关企事业单位办事人员的人主要出身于生产工人(31.53%)和党政机关负责人(18.92%)群体。这一结论同时也验证了李春玲在全国代际流动分析中所得出的结论：办事人员、党政干部和企业经理人员、专业技术人员家庭出身的人成为办事人员的可能性比较大，同时，工人家庭出身的人也有较多机会成为办事人员。①

(四)商业服务业人员

商业服务业人员的子女有20%左右也成为了商业服务业人员，但是现职为商业服务人员的调查者出身商业服务人员家庭的比例却较小，仅为5.85%，比总体平均分布的21.49%低15.91个百分点。根据第三次和第五次人口普查资料，20年来辽宁商业服务业的就业人口增长了95.59%②，这种结构性的变化一方面使商业服务业人员代际间的结构性流动量大幅度增加；另一方面，商业服务业所含大量的科技含量比较低的职业，进入门槛不高，也为各类人员就业提供了广阔的空间。

商业服务业人员的子女，主要成为了各类专业技术人员(33.3%)和生产工人(22.2%)，父辈为商业服务业人员的子女成为失业半失业人员的比例仅为1.85%。现职为商业服务业人员的人，主要是出身生产工人(43.41%)，即有接近于半数的商业服务业人员是来自于生产工人家庭。此外，他们还可能来自于党政机关企事业单位负责人家庭(13.17%)、农林牧渔业生产人员家庭(11.71%)和专业技术人员家庭(10.24%)。

(五)生产工人

生产工人家庭出身的子女，最有可能成为生产工人(39.34%)，其次为商业服务业人员(22.59%)，成为生产工人的比例比总体平均分布的28.2%高出11.14个百分点，成为商业服务业人员和失业半失业人员的比例均高于平均分布；而成为负责人和专业技术人员的比例(分别为6.6%和13.5%)不仅均低于总体的平均分布(分别为8.6%和22%)，而且分别只是负责人子女成为这两个职业比例(分别为12.5%和26.4%)的一半左右，此外成为办事员的比例

① 李春玲：《断裂与碎片：当代中国社会阶层分化实证分析》，353、346页，北京，社会科学文献出版社，2005。

② 王立波：《社会转型与辽宁人口职业结构的变迁》，载《人口与经济》，2006(5)。

(8.88%)也均低于负责人子女(14.58%)和总体的平均分布(11.64%)，生产工人家庭出身的子女主要集中在地位较低的职业层级中。

现职的生产工人来自同类家庭的比例高达57.62%，超过总体平均分布(28.2%)的一倍还多，生产工人的自我补充倾向比较明显。

(六)无业半失业人员

无业半失业人员家庭的子女，最有可能向上流入专业技术人员(26.5%)，其次可能成为机关办事人员(20.59%)和生产工人(20.59%)。而无业半失业人员体现代际继承性的仅占3.33%，从本人为无业半失业人员的年龄结构上看，40岁以上占79%，就是说现在处于失业半失业状态的人员接近4/5属于40～50岁人员，他们的失业或半失业应该是辽宁经济转型和体制转型所造成的结构性失业的结果。无业半失业人员主要是来自于生产工人家庭(51.67%)，同样说明了这一点。

由于本次调查对象主要为城镇劳动者，没有包括农村的农林牧渔业劳动者，军人、武警也由于样本过少并缺少代表性，所以这两个群体的代际职业流动我们无法做出评论。

二、辽宁代际职业流动基本的特点

辽宁代际职业流动表现出较强的区域特征和老工业基地特征。职业流动的代际封闭性是指由于种种原因子代所从事的职业与父代相同，本书没有使用代际继承性是因为代际继承性更多体现了一种制度和法律的安排。

(一)白领职业具有较强的代际封闭性倾向

在李春玲的代际职业流动研究中①，出身负责人家庭的党政机关负责人仅占14.2%(除去农村样本)。而在辽宁的本次调查却高达21.9%，高出7.7个百分点，即每5个党政机关负责人中就有1个以上出身负责人家庭。本次调查中不仅负责人的子女成为专业技术人员和办事员等白领职业均高出平均分布，而且专业技术人员的子女成为专业技术人员的比例达到33.7%，高出平均分布11.7个百分点，办事人员的子女成为办事员的比例也达29.58%，高出平均分布17.94个百分点，作为白领职业的这三个职业均表现出较强的代际封闭性。

---

① 李春玲：《断裂与碎片：当代中国社会阶层分化实证分析》，353、346页，北京，社会科学文献出版社，2005。

(二)蓝领职业具有更高强度的代际封闭性倾向

在辽宁的本次调查中，生产工人家庭的子女有39.34%子承父业、有22.59%成为商业服务业人员，另有7.87%下沉为无业半失业人员，这三项合起来高达69.8%。在现职为生产工人的群体中57.62%出身生产工人家庭，作为蓝领工人主体的生产工人表现出更高强度的代际封闭性。

(三)无业半失业人员目前未表现出代际继承性

无业半失业人员在本次调查中没有出现我们一直担心的"恶性循环"，而且还有一定比例的子女流入了专业技术人员，这可能是因为无业和半失业的存在主要是最近几年产业结构调整和国企转制以及企业竞争失败的结果，这种调整的持续时间尚短，甚至40～50岁人员的子女还尚未完成基础教育。此外，由于城市社会保障制度的不断健全，因而并未表现出代际继承性。

第三节　辽宁代际职业流动影响因素分析

辽宁代际职业流动一方面表现出对过去封闭社会的大幅度的超越，显示出高度开放社会的品质，同时也在多个职业上还表现出较高强度的代际封闭性，也就是代际不流动性。形成这种不流动性的原因是多方面的，主要有以下几个方面。

一、旧的职业流动障碍正在减弱和逐渐消失

计划经济时代的不流动性是制度性的，改革开放以来随着渐进式改革的推进，这些制度性的流动屏障在不断地降低和弱化。计划经济时代的流动障碍主要是户籍制度和政治身份制度。户籍制度的职业作用不断减弱，户籍制度的存在主要束缚了农林牧渔业生产人员的流动，在本调查中父辈为农林牧渔业人员的子女进入到各个职业，尽管各职业所占比例不同，也说明农民有了更大的职业流动的自由，传统的户籍制度的作用在不断地减弱。

政治身份制度作用范围越来越小，越来越有限。20世纪70年代以前，中国无论是城市还是农村都普遍实行阶级成分制，"地富反坏右"，实际上便是一种政治身份制度。在职业流动的过程中，不同家庭成分的人员遭遇不同的对待，家庭成分好、历史清白的人员同家庭成分不好的人相比较有更多的机会进入到较好的职业当中去，尤其是党政机关负责人、企事业单位负责人和军人武警等职业。政治身份制度还表现为对具有脱离主流意识形态的思想者及其子女

亲属的排斥，一旦被打成右派，则近血缘的人都要受到株连，都只能在有限的职业中工作。但随着对阶级成分制度进行改革和社会的民主和开放，这些因素的影响在逐渐消失，为人们职业的自由流动开拓了广阔的空间。

二、新的流动屏障正在形成

然而在新旧体制转换的过程中，代际职业流动的新的阻碍因素也在不断生成。

(一)权力资源

权力是一种具有支配性力量的社会资源，权力能帮助人们实现自己的意志和愿望，从企事业单位负责人中1/5出身于同类家庭的情况看，权力资源对其子女进入较高职业层级可能起着较大的作用。这中间就应该存在"权力寻租"的现象，也就是负责人利用手中的权力，避开各种监控、法规、审核，从而寻求并获取自身经济利益的一种非生产性活动。①

(二)经济条件

经济条件主要是指个人所拥有的财富以及所拥有的生活机遇。经济条件对代际流动的影响是多方面的。一方面，经济条件可以通过对子女的教育投入来影响代际流动，特别是当今高等教育产业化的时代，通过高学费而实现较高的受教育程度的办学方式已经不鲜见。而经济条件差的子女如果不能完成职业所需的受教育水平则很难实现自由的流动。另一方面，经济条件还可以通过注入前期资本来影响代际流动，如果具备一定的经济条件则可以通过注册公司、兴办产业来影响子女的代际流动，而如果不具备一定的条件，则子女只能在有限的职业间流动。此外，经济条件还可以通过非正式的途径来影响子女的代际流动。尽管我国政府决策的民主化、公开化在逐步健全，但是非正式途径的金钱交易还有一定的市场，通过钱权交易影响单位的用人和择人，进而实现子女的职业上升流动，而一旦不具备这样的经济条件，则有可能处于劣势，从而影响代际职业流动。

(三)社会资源

传统有关社会流动和地位获得文献中所描绘的"个人资源"，包含的是个人

① 巫继学：《权力资本四分析——关于权力转化为资本的现象、过程、深层关系和命运的透视》，载《当代经济科学》，1993(5)。

的财富、地位和权力，现代的网络结构观将社会结构设想为人们构成的一个社会网络，人们按照如财富、地位或权力等，得以排列在这一网络中及相应的位置上。网络结构观的特殊视角在于，它重视人际关系而不重视个人特征；重视人际关系所形成的网络以及人们身处在什么网络中，而不是重视类别(如男女或职业)；重视人际间的联系性和资源的嵌入性，而不重视人的归属感；重视个人能够通过这种人际网络摄取多少资源，而不是人们现实占有多少资源；重视人们在网络中的位置或者网络所能使用的资源，而不重视人们的阶级地位。因此，网络结构观是通过人们的行为研究人们的社会地位①。而社会资源的概念则围绕着两个方面建立起来：社会关系及经这些社会关系而联结到的“位置”中所嵌入的资源，即社会资源是嵌入在个人通过其社会网络而联结到的他人的位置中的。在这个意义上，社会资源被定义为与个体直接或间接相连的人们所拥有的财富、地位、权力，以及社会关系。② 这种网络结构对社会资源的接近与控制呈现出一种金字塔形的结构，越靠近顶部的位置越容易接近和控制更多的社会资源。例如，在本次调查中，党政机关负责人、企事业单位负责人和专业技术人员家庭出身的人员由于其父辈丰富的社会资源，而有很大的机会进入职业等级地位较高的职业群体中。当然，个人资源和社会资源间有着错综复杂的相互影响。个人资源(尤其是先赋性资源)至少在最初，在很大程度上影响着他(她)所能获得的社会资源。但随着其积累的增长，社会资源会在将来精心构建社会网络及进一步的社会资源过程中发挥比个人资源更重要的直接影响。到那时，个人所积累的社会资源则会转化为下一代人的(先赋的)个人资源。

第四节　结论与思考

布劳和邓肯的研究发现，“社会等级越高职业的继承性越大，反之社会等级越低越少见到子承父业的情况”③，但是在社会转型期的辽宁，不仅是白领职业存在较高的代际自我补充，蓝领职业存在着更高程度的代际封闭性。在对这种区域特征何以形成的进一步探索中我们注意到这样几个方面：

---

① 边燕杰：《城市居民社会资本的来源及作用：网络观点与调查发现》，载《中国社会科学》，2004(3)。

② [美]林南：《建构社会资本的网络理论》，载《国外社会学》，2002(2)。

③ [俄]弗·伊·多博林科夫、阿·伊·克拉夫琴科：《社会学》，张树华等译，367页，北京，社会科学文献出版社，2006。

第一，区域社会再分配体制超强力量影响。东北老工业基地在计划经济时期集中了一大批超大型的国企单位组织，虽然在改革开放以后许多大型国有企业的产权形式和管理方式已有了较大的变化，但是，单位制社会组织成员的思想观念和行为习惯与改革的一般进程并不同步，依旧十分强大的“再分配体制”的力量保持着国家全面占有和控制各种社会资源，形成对单位的绝对领导和支配。这种力量不仅在已经发生产权形态变化的企业延续着单位制的基本统治特征，而且在体制转型过程中还表现出单位组织的自我维护功能。这种功能放射到城市社会结构的两极：一方面负责人的代际封闭性体现着权力的延续以及“权力寻租”，为负责人的子女成为负责人和各类专业技术人员提供了更优越的便利条件；另一方面，在高就业压力下，单位成员对单位的全面依赖也使企业内部劳动力市场不断强化，形成了生产工人的高强度的代际封闭性。这种双重的封闭倾向形成了区域社会的职业“代际继承性”倾向，影响了劳动力市场的健全发育。

第二，辽宁职业结构变迁特点的制约。改革开放 30 多年来辽宁职业结构的变迁表现出与东南沿海和全国总体变迁不同的区域特点。2000 年，专业技术人员和负责人就业人数分别比 1982 年增加 22.2％和 11.49％，办事人员、商业服务业人员也比 1982 年有较大幅度的增长(138.91％和 95.59％)，这些都为子代向上流动提供了极大的空间。但是同时辽宁最为突出的区域特点是生产工人就业人数的大幅度下降趋势，这与东南沿海地区及全国的总体变迁趋势形成了强烈的反差。①

辽宁生产工人从业人员由 1982 年的 627 万人下降到 2000 年的 457.2 万人，下降了 27.08％。就是说，由于产业结构的萎缩，不考虑其他因素，也有 31.7％的生产工人必须或者被迫离开生产工人的群体，由于中国城乡的二元分割，他们只有涌入城市社区的商业服务业群体和失业半失业群体中。此外，由于改革初期以安置知青的接班制为特征的就业政策和在就业压力下体现单位成员对单位依赖所形成的企业内部劳动力市场，辽宁生产工人的代际封闭性被进一步放大。在李春玲的调查中，父亲为相同职业的生产工人仅占 23.7％，而现职的生产工人有 27.7％出身生产工人家庭，但是同样的情况在老工业基地的辽宁则比例为 39.4％和 57.62％，就是说现职的生产工人一多半出身生产工人家庭，由于辽宁职业结构特定的变迁趋势以及高强度的就业压力，使生产工

① 王立波：《社会转型与辽宁人口职业结构的变迁》，载《人口与经济》，2006 (5)。

人的代际封闭性进一步强化。

第三，受教育程度成为代际封闭性的内在驱动。通过对子女教育程度变量的分析我们发现：负责人子女和生产工人子女受教育程度存在较大的差异，企事业单位负责人的子女取得大专以上教育程度的占 50.69%，而生产工人子女仅占 24.87%，相差一倍多。生产工人子女的教育程度为中学以下的占 46.45%，而负责人子女仅占 18.75%。如果说再分配体制的力量和职业结构的变迁特点塑造了高强度的代际封闭性，那么受教育程度的差异也是形成这种倾向的内在的驱动力。

现代社会个人获取社会地位的最为重要的因素是教育，职业阶层与受教育程度间存在极为密切的关系。美国社会学家詹克斯发现，大学的学位一方面保护了那些出生于上层家庭人们的特权，同时也为那些来自下层的人向上层流动创造了条件。布劳和邓肯根据对 20 世纪 60 年代美国职业结构的研究提出的职业流动模型表明："影响本人职业成就的决定性因素是劳动者本人的教育水平。"父亲职业和教育程度的影响主要是通过教育水平来实现。尽管在中国，社会网络和社会资本在职业进入和职业流动中依旧发挥着重要的作用，但是日渐开放的社会，教育程度还是众多职业的不可抗拒的门槛。辽宁职业流动的代际封闭性，通过家庭对子女教育程度的影响进一步发挥着内在驱动作用。

总而言之，尽管在社会转型期的辽宁，计划经济时代职业流动的刚性格局基本上被打破，社会的开放程度越来越高，社会中各类成员都有机会根据自身的特点去选择自己喜欢的职业，而不是世代固定在某个职业和行业中，职业流动的空间基本上是向所有社会成员开放。然而代际间的封闭倾向也相当明显。

一般说来，"白领的不流动是很强的，由于父亲能通过商业企业、职业实践或特享的教育的形式传递资源，白领地位的意愿进一步强化了继承，反之，蓝领阶层的儿子没有获得和他们父亲层级相连的经济资源，他们暗含着相当大的流动性"①。但是在处于社会转型期、存在巨大就业压力、有着单位制遗产的辽宁，代际职业在经济转型和社会转型双重力量的牵拉下呈现出特殊的变异，不仅白领存在较高强度的代际封闭性，蓝领的生产工人存在着更高强度的代际继承性。它是单位制和城乡二元社会双重作用的结果，这种形态代表了中国式政体连续性背景下渐进式改革过程中代际职业流动的典型形态，它既不同于完全市场化条件下西欧的代际职业流动，也不同于东南沿海地区为代表的快

① ［美］戴维・格伦斯基编：《社会分层》，294 页，北京，华夏出版社，2005。

速城市化过程中的区域代际职业流动，这是一种老工业基地式的经济转型和社会转型交织形成的代际职业流动类型。

此外，辽宁的职业代际封闭性倾向也带来了严峻的社会问题，尽管从数据上看辽宁的无业半失业人员没有表现出恶性传递，但是在我们的访谈中，众多的40～50岁失业人员，正逢子女基础教育阶段，处于夫妻双双失业的零就业家庭，仅靠七八十岁高龄父母的退休金维持生活，这种情况在一些原有大型国企的家属区并不鲜见。由于城市社会两极的代际职业流动的封闭倾向，使老工业基地社会的贫富两极分化也异常明显。这些都是值得我们去进一步研究，也是值得社会政策关注的社会问题。

第七章

辽宁的阶级和阶层意识

新中国成立以后，形成了一套非经济的社会分层体系，把中国社会分为工人和农民两个阶级，以及一个知识分子(干部)阶层，这种分层体系是一种身份制。改革开放以后，中国社会发生了极大的变化，以“允许一部分人先富起来”为代表的改革政策使中国经济得到了飞速发展，贫富差距迅速拉大，社会结构也发生了巨大的变迁。

社会学对这种社会变迁的关注形成了中国社会分层研究的具有代表性的一批研究成果，这些研究基本上都是依据客观指标分类出阶级或阶层。毫无疑问，客观的经济地位将决定人们的阶级观念，然而，社会意识也同时具有相对独立性。特别是在社会急剧变迁的时代，社会阶级或阶层不断地重组和离散，各自的社会经济状态也不断经历着升降沉浮，因而人们的阶级和阶层意识不仅要受到当前经济状况的决定，同时也会受到过去的意识形态、社会身份及社会地位的影响。按照赖特的观点，人们的阶级行动不仅取决于人们的阶级地位，同时取决于人们的阶级意识。

阶级或阶层意识是指居于一定社会阶层地位的具有一定社会经历的个人对社会结构状况及其自身所处的社会经济地位的主观认知。阶级和阶层两个概念都可以用“class”来表达，但是在中文中，情况有所不同，“阶级”往往是指由生产资料占有来进行划分的、相互之间存在利益冲突、对立、斗争关系的群体，而“阶层”只是具有等级性质的概念。当前中国学者在对社会分层的理论研究中，对阶级和阶层的认识主要有四种理论趋向：一为“分离论”，即阶级分析和阶层研究各有研究的内涵；二为“阶层论”，认为阶级分析方法已有局限性，而分层理论更具有意义；三为“利益群体论”，认为应将利益群体作为分层研究的基本单位；四为“调和论”，认为阶级概念大于阶层概念。学界观点不统一，在具体研究中也存在多种社会分层的标准和方法。

本文倾向于第二种观点，即认为分层理论更有意义，然而由于本研究在探索阶段发现，阶层概念的普及程度非常有限，而相反民众更多的是在阶级的概念下理解社会分化。为了将调查的变量和理论概念统一起来，本研究在社会分化的意义上对阶级和阶层的概念一视同仁，刻意忽略两者的政治学、经济学的差异。

本章所关注的是计划经济时代单位制国有大中型企业高度集中的辽宁，在社会转型的背景下人们是否具有明确的阶层意识？如何认识当前社会存在的收入差距？人们对社会阶层的分布结构具有何种主观认知？人们如何认识社会分化的形成原因？以及人们对于社会阶层的自我认同如何？本文的分析数据均来源于国家社会科学基金资助项目《老工业基地职业结构变迁的综合研究》的调查问卷。

第一节　阶级和阶层的主观认知

改革开放以后经济发展相对落后的辽宁的社会分化也是有目共睹的，然而人们对这种社会分化在主观层面上的认知程度如何？原有的再分配体制的力量和计划经济时代的社会意识形态是否依旧影响着人们关于阶级的主观认知，以及人们对于社会分化的感知强度如何？我们试图通过对阶级存在与否及存在状态和对收入差距的主观认识来测量和把握(见表 7.1)。

一、阶级和阶层存在的主观认知

本问题主要测量人们对阶级、阶层的主观认知，设计的两个问题是：您认为存在阶层或阶级吗？如果存在，那么存在几个阶级或阶层呢？

调查结果显示，93.4％的被调查者认为存在阶级或阶层，而只有 6.6％的人认为不存在阶级，社会分化已经得到人们的普遍认同。在认为存在阶级的被调查者中，认为存在三个阶级的比例最高，达到 43.8％。阶级存在已经成为人们的共识，而存在三个阶级又是为多数人所认可的。

然而不同群体在阶级认知上也存在一定的差异。从性别上来看，女性比男性的阶级认知强度低，不仅认为不存在阶级的比例比男性高 2.4 个百分点，而且认为存在两个阶级的也比男性高 5.9 个百分点，认为存在三个和三个以上的阶级占 68%，比男性的 76.5%低 8.5 个百分点，女性对阶级分化的认知强度低于男性。

从年龄上来看，各年龄组认为不存在阶级的人数都低于 10%，其中 55～69 岁年龄组的比例最高达到 9.0%，45～54 岁年龄组的阶级不存在的认同率最低仅为 4.4%。在存在两个阶级的认同上，45～54 岁年龄组的比例最高达到 25.1%。两分法的阶级划分方法对年轻人的影响很小，因而年轻组认为存在两个阶级的比例最低。在存在三个阶级的认知上，35～44 岁年龄组最高占 48.2%，年轻组最低，相差 11.1 个百分点。在三个以上阶级的认知上，年轻组最高，老年组最低，相差 17.4 个百分点。

表 7.1　阶级和阶层存在的主观认知　单位：%

类别	分　项	不存在	存在两个阶级或阶层	存在三个阶级或阶层	存在三个以上阶级或阶层	其他	Total
性别	男性	5.3	18.0	45.6	30.9	0.2	472
	女性	7.7	23.9	42.2	25.8	0.4	519
年龄	20～34 岁	7.1	14.3	37.1	41.4		210
	35～44 岁	8.2	17.6	48.2	25.9		170
	45～54 岁	4.4	25.1	45.5	24.6	0.5	411
	55～69 岁	9.0	23.0	43.5	24.0	0.5	200
受教育程度	小学	3.2	9.7	61.3	25.8		31
	中学	5.7	22.2	44.3	27.5	0.3	316
	高中	5.5	25.8	44.3	24.0	0.4	271
	大专	8.1	18.3	45.7	27.9		197
	大学以上	8.6	17.1	37.1	36.6	0.5	175
	Total	6.6	21.1	43.8	28.2	0.3	990

全年龄组认为存在三个阶级的比例最高，平均 43.8%，其中 35～44 岁年龄组最倾向于三个阶级，而年轻组更倾向于三个以上阶级。老年组认为不存在阶级的比例最高。

从受教育程度上来看，小学教育程度的人最倾向于存在三个阶级，比例高达 61.3%。中学、高中和大专教育程度的人认为存在三个阶级的占 45%左右，而大学以上认为存在三个阶级的比例最低，认为存在三个以上阶级的比例最高，达到36.6%。更高的教育水平应该有更多的认识、学习和接触社会的机会，因而对当今中国社会分化的认识更倾向于多元化。

总体上看，阶级存在已经得到普遍的认同，但是不同群体的认知程度还存在一定的差异。

二、收入差距的主观认知

马克思的阶级理论把经济看成唯一的划分阶级的标准，韦伯的分层理论也不否认经济差别是阶级差别的主要表现，我国个人收入的基尼系数在2000年就已经超过0.4，还有学者认为从1994年开始就已经超过0.4，那么在人们的主观世界中，收入的差距有多大呢？

总体上看，认为收入差距很大的占63.5%，而认为收入差距适中的占29.7%，而认为差距较小的只占6.8%，人们已经普遍具有较明确的社会差别意识(见表7.2)。

表7.2　不同群体收入差距的主观认知　　单位：%

	年龄分类	差距较小	差距适中	差距很大	Total
年龄分类	20～34岁	8.1	32.4	59.5	210
	35～44岁	5.9	27.6	66.5	170
	45～54岁	5.6	28.7	65.7	411
	55～69岁	8.5	30.5	60.5	200
职业分类	机关企事业单位负责人	10.5	34.9	54.7	86
	专业技术人员	5.9	34.1	60.0	220
	机关企事业单位办事人员	4.3	28.7	67.0	115
	商业服务业人员	6.2	28.1	65.7	210
	生产工人	7.5	26.2	65.9	279
	无业半失业人员	6.3	27	66.6	63
	Total	6.8	29.7	63.5	990

注：职业分类中删除了样本量仅为9和8的军人武警和不便分类人员。

从不同年龄对收入差距的认识上看，35岁以下和55岁以上两个年龄组的态度比较接近，而中间两个年龄组也比较接近。中年组对差距较小的认知程度较低，对差距很大的认知程度较高，年轻组和老年组比较倾向于差距较小。而在差距适中的认知程度上中年组偏低。

调查显示，年轻人和老年人对收入差距的主观认识强度相对较低，而中年人的认知强度则相对较高，这是否由于年轻人没有过去的计划经济时代的经历，因而更容易接受现有的社会结构；而老年人不仅由于计划经济时代的意识形态的塑造，也同时由于具有相对稳定的退休工资而与中年组产生差异呢？

从职业分类来看，负责人群体认为差距较小和差距适中的比例最高，而认为差距很大的比例最低，比平均分布低8.8个百分点。专业技术人员认为差距适中的比例也较高，而认为差距很大的比例虽然高于负责人但是比其他职业低5个百分点以上。机关企事业单位办事人员群体中认为收入差别很大的比例最高，认为收入差距较小的比例最低，仅为4.3%。其他的三个职业商业服务业人员、生产工人和无业半失业人员的差距认同比较接近，在差距适中的认同上普遍低于平均分布，而在差距很大的认同上又普遍高于平均分布。

从职业分层上看，差距适中的认同随职业地位的不断上升而上升，呈正相关关系。也就是说，职业层级越高，认为差距适中的比例越高，而层级越低的群体则认为适中的比例越低。我们还把本次调查的数据与李春玲的数据进行比较发现，辽宁差距很大的比例比其2001年的数据降低了8.1个百分点，认为差距适中的比例提高了6.8个百分点，认同差距较小的比例上升了5.3个百分点。这当然不仅是反映了辽宁的区域特点，同时也可以理解为最近五年社会保障制度的不断健全带来的社会心理变化。

第二节　阶层分布结构的主观表象

对阶层或阶级结构分布的认识是阶级意识的另一个重要内容，阶层分布反映了人们对社会结构的总体认识。本次调查是以图形配文字说明来进行的，倒三角形：上层极多，下层极少；正菱形：上层、下层少，中间层最多；方形：上层、下层、中间层一样多；正三角形：上层少，中间较少，下层最多；沙漏形：上下层多，中层少；倒丁字形：上层、中间层很少，下层极多。

一、阶层结构的主观表现

从调查结果上来看，认为社会阶级结构为正三角形的比例最高，达到41.2%，就是说认为中国上层人物较少，中间层较多，下层人最多，占的比例最高。正三角形社会是传统社会的结构特征，但是在当今人们的阶级结构的主观表象中，中国依旧具有传统社会的特征(见表7.3)。

从年龄上来看，45 岁以下的人们认为社会呈正菱形的比例比 45 岁以上的高出 5 个百分点左右，而认为中国社会呈正三角形的比例则是 45 岁以上的均高于平均分布，而 45 岁以下的则低于平均分布。在认为是倒丁字形的选项上，35 岁以下的年轻人明显具有低于 35 岁以上三个年龄组的比例。年轻人中认为社会上大量穷人存在的比例还比较低。

表 7.3　职业阶级结构的主观表象　　单位：%

	分　类	倒三角形	正菱形	方　形	正三角形	沙漏形	倒丁字形	其他	Total
	Total	1.4	18.4	3.8	41.2	9.1	25.9	0.1	988
年龄分类	20—34	2.9	21.1	4.3	39.7	12	19.6	0.5	209
	35—44	1.2	21.9	4.7	38.5	8.3	25.4		169
	45—54	1	16.6	3.7	42	7.1	29.8		410
	55—69	1	16.5	3	43.5	11	25		200
受教育程度	小学	3.2	9.7	12.9	32.3	6.5	32.3	3.2	31
	中学	1.0	20.0	2.2	43.8	6.0	27.0		315
	高中	0.7	17.3	4.1	39.1	8.9	29.5	0.4	271
	大专	1.0	18.4	4.6	41.8	13.3	20.9		196
	大学以上	3.4	18.9	4	40	10.9	22.9		175
职业类别	机关企事业单位负责人		17.6	3.5	50.6	12.9	15.3		85
	专业技术人员	2.3	19.2	3.2	37.0	9.1	28.8	0.5	219
	机关企事业单位办事人员	0.9	13.9	5.2	40.9	13.0	26.1		115
	商业服务业人员	1.9	21.0	4.3	43.8	8.6	20.5		210
	生产工人	0.7	20.1	3.6	37.3	8.6	29.7		279
	无业半失业人员		12.7	3.2	47.6	3.2	33.3		63
	Total	1.4	18.4	3.8	41.2	9.1	25.9	0.1	988

注：职业分类中删除了样本量仅为 9 和 8 的军人武警和不便分类人员。

从受教育程度上看，小学文化程度的人认同正菱形和正三角形的比例最低，认同倒丁字形的比例最高。受过中学教学的人认为社会呈正菱形的比例最高，认为呈正三角形的比例也最高，认为社会呈倒丁字形的比例也比较高，高中毕业的人认同倒丁字形的比例也很高。从对倒丁字形社会结构的认知上，高中毕业以下的普遍具有很高的比例，而大专和大学以上的比例则相对较低。受教育程度与人们的经济地位是高度相关的，不同的受教育程度也反映了人们的不同的经济地位，并影响着对社会结构分布的主观认识。

从职业上来看，负责人最倾向于认同社会呈正三角形，在对呈倒丁字形的认同上比例最低。专业技术人员认为社会呈正三角形的比例最低，认为社会呈倒丁字形的比例在白领中最高，无业半失业人员认为社会结构呈倒丁字形的比例最高，认为社会呈正三角形的比例也高达 47.6%，认为社会呈正菱形的比例最少。无论是正三角形还是倒丁字形，都体现了对社会上下层比例的主观认知，从这两项的总和来看，无业半失业人员最高，达到 80.9% 的认同比例，其他职业群体都在 67% 以下。负责人对正三角形的认同反映了顶端职业者眼中的社会还是一个相对稳定的结构，中间阶层还能够承上启下；而最低端职业对倒丁字形的认同则反映了对社会结构的上下分布悬殊的认同，二者是一个非常不稳定的、容易引发各种危机的结构。

总之，认同社会呈正三角形的达到 41.2%，呈倒丁字形的比例达到 25.9%，两者合计达到 67.1%，社会阶级分布的主观表象是令人深思的，尽管两者对中间阶层大小的认识不同，但是上下两级的认同是相近的，反映了社会存在着较少的上层(富人)和较多的、大量的下层(穷人)，这种阶层分布表象的认同是令人担忧的。

二、阶层分布表象与地位自我认同

我们把阶层分布的表象和地位的自我认同进行了交互分类，发现自我认同地位较高的群体认同正菱形、正三角形和沙漏形的比例最高，认同倒丁字形的比例最低。而地位较低和很低认同的人认为社会呈正三角形的比例也随着地位的降低而下降，而认同社会呈倒丁字形的比例也随着自我认同地位的降低而升高(见表 7.4)。

表 7.4　社会地位的自我认同与阶层结构表象的交互分类　　单位:%

	倒三角形	正菱形	方形	正三角形	沙漏形	倒丁字形	其他	Total
很高		16.7	3.3	43.3	13.3	23.3		30
较高		21.6	5.2	45.5	7.5	20.1		134
中等	1.7	19.4	3.6	41.4	9.0	24.5	0.3	633

续表

	倒三角形	正菱形	方形	正三角形	沙漏形	倒丁字形	其他	Total
较低	1.5	13.5	4.5	39.1	10.5	30.8		133
很低	1.8	12.5	1.8	32.1	8.9	42.9		56
Total	1.4	18.4	3.8	41.2	9.1	25.8	0.2	988

总体上说，认为社会呈正三角形的人中，自我认同地位较高和很高的人最多，反映出这些人不仅有较高的阶层优越感，同时也具有较高的上层意识。而认同社会成倒丁字形的自我地位认同很低的人最多，较低的人其次，这同样反映出自我认同很低和较低的人的阶层自卑感，以及对自己归属于庞大底层社会的认同，这种认同可能隐藏着的不公平感是令人担忧的问题。

三、阶层分布表象的国际比较

我们把本次调查的数据与日本的SSM调查(关于社会分层和社会流动的全国调查)数据进行比较，由于倒丁字形是李强教授根据他的实证研究提出的对中国社会结构的认识，在日本的调查中没有相应的数据，因此我们排除了此项(见表7.5)。

表7.5　辽宁阶层分布表象与日本的比较　　单位：%

	倒三角形	正菱形	方形	正三角形	沙漏形	Total
辽宁	1.9	24.9	5.2	55.6	12.3	730
日本①	4.2	56.4	10.8	23.2	5.4	1076

从辽宁和日本的阶层结构的分布表象上来看，存在很大的差异，日本人认为社会阶层结构为正菱形的高达56.4%，而辽宁人认为是正三角形的最高，达到55.6%，日本人认为呈正三角形的为23.2%，辽宁人则认为呈正菱形的为24.9%。这种差异不仅反映出阶层分布的主观表象，大多数辽宁人和大多数日本人存在极大的认知差异，一个认为社会呈正三角形，一个认为社会呈正菱形。而且这种差异事实上是社会结构差异的主观反映，日本具有稳定的、庞大的中产阶级，社会结构呈现为正菱形；而转型期的辽宁社会，贫富差距的不

① [日]高坂健次：《当代日本社会分层》，张弦等译，88页，北京，中国人民大学出版社，2004。

断拉大，也未能形成稳定的中产阶级，社会结构表现为正三角形，这也是发展中国家的中国和发达国家的日本社会结构的极大不同。

第三节　阶层地位的自我认同

职业地位的自我评价是职业分层研究的一个重要视角，也是反映职业心理和职业满足度的一个重要指标。本次调查的社会地位的自我认同(见表 7.6)中，64.1％的被调查者认同自己的职业地位中等，而认同较高和较低的比例分别为 13.5％和 13.4％，而认为自己地位很低的仅仅为 5.7％。这个结果出乎我们预料，众所周知辽宁社会转型存在诸多的老工业基地问题，特别是大规模的下岗失业、企业倒闭，然而调查结果却显示，在辽宁更多的人认同自己的职业地位中等，而把中等、较高和较低三项合计起来达到 91％的人认为自己属于中间等级。这个结果比李春玲的全国调查数据[①]中的比例还要高。该项调查中认为自己职业中等的人只占 40.2％，较低和很低的占 24.3％、21.7％，三项合计为 88.2％。

一、自我认同与年龄差异

在各年龄组的比较中，第一个年龄轻组(20～34 岁)中认同自己地位很高和较高的比例为所有年龄组最高，而认为自己地位中等和较低的比例为所有年龄组最低，较高的地位自我认同显示出年轻人乐观向上的心态。第二个年龄组(35～44 岁)的认同地位较高和中等也达 78.7％，仅次于年轻组；第三个年龄组(45～54 岁)的地位自我认同表现偏低，特别是认为自己较低和很低的比例达到 22.2％，是所有年龄组中最高的。而第四个年龄组(55～69 岁)的自我认同和第二个年龄组比较接近，认同较低的最高，而认同很低的最低。总体上看，尽管普遍认同中等地位的占大多数，但是 45 岁以上的人认同较低地位的比例较高，代际间的失落感表现得比较明显。

二、自我认同与受教育程度

从受教育程度上看，受教育程度和自我认同高度相关，在认同较高和很高

---

① 李春玲：《断裂与碎片：当代中国社会阶层分化实证分析》，217 页，北京，社会科学文献出版社，2005。

的选项上随着受教育程度的提高而不断提高，在认同较低和很低的选项上高度负相关。受教育程度和自我认同的高度相关，反映了当前的教育事实上是人获得职业地位的基本条件，受教育程度通过决定职业地位决定人们的自我地位认同。

表 7.6 社会地位的自我认同 单位：%

		很高	较高	中等	较低	很低	其他	共计
年龄分类	20～34 岁	3.3	19.0	63.3	10.5	3.8		210
	35～44 岁	2.9	14.1	64.7	11.8	6.5		170
	45～54 岁	2.9	10.0	64.4	14.9	7.3	0.5	410
	55～69 岁	3.0	14.5	64.0	15.0	3.5		200
受教育程度	小学		3.2	54.8	35.5	6.5		31
	中学	1.3	5.4	67.9	17.5	7.9		315
	高中	3.0	7.0	66.8	17.0	5.5	0.7	271
	大专	4.6	16.8	67.5	6.6	4.6		197
	大学	5.1	36.0	51.4	4.6	2.9		175
职业分类	机关企事业单位负责人	7.0	30.2	58.1	3.5	1.2		86
	专业技术人员	4.6	26.9	61.2	5.5	1.4	0.5	219
	机关企事业单位办事人员	1.7	22.6	62.6	6.1	6.1	0.9	115
	商业服务业人员	1.9	3.8	67.6	18.6	8.1		210
	生产工人	2.2	3.6	67.4	19.4	7.5		279
	无业半失业人员		1.6	61.9	25.4	11.1		63
	总计	3.0	13.5	64.1	13.4	5.7	0.2	989

注：职业分类中删除了样本量仅为 9 和 8 的军人武警和不便分类人员。

三、自我认同与职业地位

职业地位和自我认同也高度相关，认同较高和很高的随职业地位的不断提高而不断提高，而认同地位较低、很低的比例也随职业地位的不断提高而不断减少，其中负责人自我认同很高和较高的比例最高，达到 37.2%，认为自己地位较低和很低的比例最低，仅占 4.7%，认为中等的比例也最低。而无业半失业人员自我认同较高和很高的比例最低，认同较低和很低的比例最高。

在职业分类上也明显地呈阶梯状，办事员以上倾向于认同较高和中等以上，而商业服务业人员倾向于认同中等和较低的社会地位，这一点和李春玲的研究①接近。从总体的分布来看，受教育程度与自我认同呈阶梯状，受教育程度是取得职业地位的重要途径，受教育程度的提高导致职业地位的提高，因而也形成社会地位主观自我认同的提高。

四、自我认同的比较研究

本研究认同中等地位的比例不仅远高于李春玲的研究，而且也远高于号称“一亿总中流”的日本的调查(见表 7.7)。如果把认同较高和较低与认同中等的放在一起进行比较就会发现，本研究中社会地位较高和较低的人各占 13%左右，三项合计 91%的人认为自己属于中间等级；这个比例比日本总理府的 1985 年调查的 88.8%②还要高。

表 7.7　社会地位自我认同的比较　　单位：%

	很高	较高	中等	较低	很低	其他	共计
辽　宁 2006 年	3.2	13.3	63.5	13.8	6	0.2	937
李春玲 2001 年③	1.3	7.5	40.2	24.3	21.7	5.0	6193
日　本 1985 年④	1.9	24.0	47.3	17.5	5.9	3.4	2474

日本学者把日本中间阶层比例的增加不看作是“归因于某一人群人数的增加”，而是“归因于某个人群中将自己认同为‘中间’阶层的人的比例增加”。也就是说主观认同意义上的中间阶层的增加。那么，辽宁的社会地位的自我认同和日本比起来是中等偏下，和李春玲的研究比起来又是中等偏上。如前所述，辽宁的社会结构和发达国家的日本存在着极大的不同，贫富差距的拉大，社会保障制度的不健全，人们表现出对社会结构的“不满”；但是另一方面，自我认同为中等地位的比例竟然如此之高，如果根据自我地位认同所形成的社会结构

① 李春玲：《断裂与碎片：当代中国社会阶层分化实证分析》，214 页，北京，社会科学文献出版社，2005。

② ［日］高坂健次：《当代日本社会分层》，张弦等译，103 页，北京，中国人民大学出版社，2004。

③ 李春玲：《断裂与碎片：当代中国社会阶层分化实证分析》，215 页，北京，社会科学文献出版社，2005。

④ ［日］高坂健次：《当代日本社会分层》，张弦等译，88 页，北京，中国人民大学出版社，2004。

应为正菱形(或称钻石形)，这又是与大多数人认同正三角形和倒丁字形的阶层认知相悖的，那么在人们的地位认同中，正三角形和倒丁字形的底边哪里去了？辽宁的阶层认知和自我认同何以存在如此的错位呢？

帕森斯认为人们对社会地位的评价是依据“一种共同的价值观念体系”，这种共同的价值观念体系又是由社会的首要机构所塑造的。李强在北京调查中发现不同职业群体在职业声望评价中存在观念的冲突，并认为“制度变迁和由此引起的观念冲突是造成职业声望评价不一致的重要原因”[①]，这对我们分析本次调查结果具有极大的启发。在稳定的社会形态中，存在着稳定的价值观念体系，因而能够形成相对稳定的社会阶层认知和自我认同。但是在社会转型时代，传统的秩序和社会结构已经受到冲击，新的秩序和社会结构又在形成过程中；传统的观念体系已经解体和正在解体，新的主导观念体系正在形成，因此，形成一定程度的错位和失衡正是转型社会的特征。

按照美国心理学家亚当斯提出来的公平理论：人们对工作的满意与否一方面要同自己过去的情况进行比较；另一方面也与别人进行横向比较。我们以为，辽宁调查反映出了改革开放以来，尽管辽宁社会存在诸多的问题，但是人们对于社会发展、社会生活的变迁及自己生活改善的积极认同；另一方面，在与参考群体比较的时候，由于辽宁具有全国最高的登记失业率，在大量的下岗失业群体中，个人只是其中的一员，这反而分散了个人的心理压力，无业半失业人员中认为社会呈正三角形和倒丁字形的比例最高(47.6％和33.3％)，但是在自我认同中仍有61.9％的人认为自己属于中等社会地位。此外，在辽宁城市职工的身后还存在着被边缘化的农民工和外来人口群体，他们经常活动于同一个劳动力市场，而由于城市社会保障制度的不断健全，与无法获得这些保障的农民工比较起来，包括无业半失业人员在内的城市居民获得了相对较高的满足感，这种现象同农民工把故乡的农民作为比较性标准极为相似。因此，如果人们都把低于自己的群体作为参照群体，可能就会形成“中等阶层化”的自我认同。

传统意识形态的影响依然存在。由于中国改革是在政体连续性背景下的渐进式改革，主体意识形态保持着相对稳定。计划经济时代国企工人具有较优越的社会地位的观念还有相当大的影响。在访谈中，已经在零工市场上和农民工一起等活的下岗失业工人也往往会“不经意地”强调自己原来国有大企业的“全

① 李强：《中国社会分层》，126页，北京，社会科学文献出版社，2004。

民"身份。长期的单位制已经积淀为相应的信念、传统和习惯，作为政治控制基础的效忠、顺从和安命、知命的传统价值观念以"保持一致"和"贯彻执行"等形式融入个人的行为结构和人格结构。我们在入户访谈中发现，尽管下岗、低保群体的生活状况令人担忧，但是感到普遍具有一种随遇而安的无奈、无欲甚至表现出某种程度的"自满"心态。

"中等阶层化"现象可能也反映出了人们阶层意识尚未成熟。阶层地位的自我认同还依赖于人们普遍对阶层观念的把握，以及对社会分化、社会发展的整体把握。处于转型期的中国社会，一方面长期的计划经济时代"低度分化"的社会结构影响了人们阶层意识的形成，而且也由于国家对社会的长期高度控制和统治使人们习惯于贯彻执行，影响了人们公民意识的形成。公民意识主要就是参与意识、监督意识、责任意识和法律意识，缺少公民意识的群体往往仅生活在血缘、地缘和业缘的关系中，不能形成对社会结构的总体认识和把握。结果阶层地位的自我认同容易演变成对以自我为中心的"小社会"的感觉和判断，形成"中等阶层化"。在我们的访谈中，对家徒四壁也填写地位中等的受访者提出疑问的时候，回答往往是"还有吃不上饭的人，我们不错了"、"不如我的有的是"等。不同的群体在以自我为中心的"小社会"网络中都容易形成"不前不后"的中等的判断，也正是这种阶层意识的不成熟，我们才能解释为什么在不同的职业群体，在不同的收入群体和教育群体中，都出现了"中等阶层"，都有超过半数的人选择自己属于中等阶层。李春玲的调查中也出现过同样的现象，这都值得我们去进一步探讨和研究。

第四节　社会公平程度的判断

人们对于社会公平程度的判断，不仅取决于当前该人所处的社会经济地位，还受该人过去的经济地位的影响，根据公平理论，还取决于人们的社会比较。在市场经济迅速发展的当代，社会分层的加速和贫富悬殊的加大将导致人们社会地位的大幅度升降，这些都将增加人们的地位认知的困难，因而形成对社会公平判断的差异。人们对社会公平的判断反映出人们对于社会的基本看法和对现实的满意程度，因此把握不同阶层对社会公平的基本判断有助于我们了解普遍的社会心理，该问题的设计分为两个方面。

一、对社会公平程度的主观认知

"总的说来您认为当前社会公平吗?"从回答情况来看，认为不太公平的占

47.1%，认为根本不公平的占 31.8%，合计比例达到了 78.9%，而认为大体上公平的仅占 20.9%(见表 7.8)。一个社会如果绝大多数人都认为它不公平的话，这是非常令人担忧的。

从性别分类来看，认为不太公平和根本不公平的男性达到 81.2%，女性仅占 76.9%。男性的不公平感高于女性，但是主要集中在不太公平的选项上，根本不公平的选项性别差异仅为 0.03。女性更倾向于大体上公平，比例比男性高出 4.4 个百分点。

从年龄分类上来看，不同年龄组的公平感差异也比较明显。最温和的年龄组是 35～44 岁，他们的大体公平的比例最高，而根本不公平的比例最低。反应最激烈的是 45～54 岁年龄组，他们认为根本不公平的比例最高，达到 37.5%，而认为大体上公平的仅占 18.1%，比例最低，这个年龄组的 81.9% 认为社会不太公平和根本不公平，这是一个很值得注意的倾向。第四个年龄组(55～69 岁)的态度尽管认同不太公平和根本不公平的比例也达到 78%，但是比第三个年龄组相对缓和，也许是由于达到第四个年龄组的大多数还能够具有基本的退休金作为保障的原因吧。

从受教育程度上看，中学和高中受教育程度的人认为根本不公平的比例最高，达到 39.9%和 34.7%，而认为大体上公平的比例则比较低；而最倾向于社会大体上公平的群体为受过大专教育，占 30.5%；大学以上的居第二位，占 26.3%；认为社会大体上公平的随着受教育程度的降低而不断降低，高中占 21%，中学占 13%，小学达到 9.7%。

表 7.8　社会公平程度的判断

		大体上公平	不太公平	根本不公平	其他	共计
	Total	20.9	47.1	31.8	0.2	990
性别	男性	18.6	49.2	32.0	0.2	472
	女性	23	45.4	31.7		518
年龄	20～34 岁	20.5	52.9	26.7		210
	35～44 岁	27.1	50.6	21.8	0.6	170
	45～54 岁	18.1	44.4	37.5		410
	55～69 岁	22.0	44.0	34.0		200

续表

		大体上公平	不太公平	根本不公平	其他	共计
Total		20.9	47.1	31.8	0.2	990
受教育程度	小学	9.7	64.5	25.8		31
	中学	13.0	46.8	39.9	0.3	316
	高中	21.0	44.3	34.7		271
	大专	30.5	42.1	27.4		197
	大学以上	26.3	54.9	18.3	1	175
职业分类	机关企事业单位负责人	25.6	51.2	23.3		86
	专业技术人员	28.6	43.2	28.2		220
	机关企事业单位办事人员	17.4	51.3	29.6	1.7	115
	商业服务业人员	21.9	50.5	27.6		210
	生产工人	15.8	47.7	36.6		279
	无业半失业人员	9.5	38.1	52.4		63
	Total	20.9	47.1	31.8	0.2	990

从职业分类上来看，如果我们将职业分成三个层级，上层的负责人和专业技术人员具有最高比例的大体上公平感和很低比例的根本不公平感；而相反，下层的生产工人和无业半失业人员具有很低比例的大体上公平感和很高比例的根本不公平感，特别是无业半失业人员，不到1/10的人认为大体上公平，而52.4%的人认同根本不公平，另外还有38.1%认为不太公平。很明显这是一个利益受损群体，反映了这个群体较低的社会满意度和较消极的社会心理。这也是一个非常值得关注的问题。

二、对收入差距形成原因的主观认知

社会不公平感的一个重要方面是人们对现存的贫富差距形成原因的认同，如果人们对现有的形成社会分化的方式比较满意，认为现行的分配规则比较合理，那么即使存在着不平等现象人们也会认可，并且认为这是相对公平的。反之，如果人们认为现行的造成收入差距的方式和规则是不合理的，那么即使人们之间的社会经济差异并不是很大，人们也会感觉不公平。为了了解人们所期望的理想的或公平的分配模式和现实的分配模式之间的异同，我们在问卷中设置了这样一道题目："哪三种人最容易获得高收入?"希望通过对不同群体的认同来反映人们对收入差距形成原因和方法的主观认同。

由表 7.9 可见，排在第一位和第二位的最高的比例都是当官的，作为国有大中型企业高度集中，计划经济最为丰厚的辽宁，认同权力的作用应该是不足为奇的，但是在最容易获得高收入的选项上人们首选官员则反映了社会心态、社会心理及社会现实的某些问题。

表 7.9　最容易获得高收入的三类人

	第一位		第二位		第三位		总得分	
	n	%	n	%	n	%	n	%
当官的人	475	47.9	182	18.4	65	6.6	297.17	31.41
有文化的	214	21.6	117	11.8	120	12.1	158.67	16.77
有资产的	117	11.8	178	18.0	114	11.5	129.5	13.69
有技术专长	64	6.5	162	16.3	175	17.7	109	11.52
家庭背景硬	50	5.0	133	13.4	188	19.0	96.5	10.2
社会关系	46	4.6	137	13.8	132	13.3	86.83	9.18
脑子聪明	17	1.7	42	4.2	63	6.4	31	3.28
胆大敢干	6	0.6	30	3.0	82	8.3	25.33	2.68
吃苦耐劳	2	0.2	10	1.0	52	5.2	12	1.27
Total	990	100.0	990	100.0	990	100.0	990	100

在受教育程度和容易获得高收入的交互分类上我们发现，受教育程度越低越认为有文化的人容易获得高收入的比例越高，认为当官的容易获得高收入的比例虽然在高中以下普遍高于高中以上，但是在高中以下也随着受教育程度的不断提高而提高。高中毕业的认同有文化的能获得高收入的比例最低，认同当官的获得高收入的比例最高。而大专和大学程度的人认同当官的容易获得高收入的比例最低，认同有资产和有技术专长的比例最高。

美国心理学家海德的归因理论认为，人们行为的成功与失败主要可归为四个方面的因素：努力、能力、任务难度、机遇。其中，努力与能力属于内部原因，任务难度和机遇属于外部原因；一个人的能力与其面临的任务难度是相对不易改变的，而一个人的努力程度与是否遇到适当的机遇是不断变化的。

人们把成功和失败归因于何种因素，这对以后的工作是有很大影响的。把成功归结为内因会使人感到满意和自豪，把失败归为外因，会使人产生气愤和敌意。本次调查中，人们普遍把高收入的获得归结为当官、有资产和有家庭背景等外部原因(技术专长和文化也是相对不易改变的因素)，而把主观的努力均放在极为末位的位置，那么从整个社会来看是否容易激发出人们的气愤和敌意，至少是不满情绪呢？这确实也是值得进一步关注的问题。

第五节　结论与思考

调查显示，阶层结构认知与阶层地位主观认同呈现较大差异。经过 30 多年的市场化过程，中国社会已经发生了极大的分化。对这种社会现实的主观反映表现在阶层认知上，认为不存在阶级和阶层的，仅占 6.6%，93.4%的受访者认为社会存在两个以上的阶级或阶层；而在对阶级和阶层的结构分布认同上，认为社会呈正三角形和倒丁字形的占 67.1%。在对社会是否公平的价值判断上，只有 20.9%的人认为社会比较公平，而 72.9%的受访者认为社会不太公平和根本不公平，这反映了人们不仅对社会分化具有高强度的主观认同，而且对社会的公平程度也有高强度的不公平的价值判断。然而社会地位的主观认同却发现了与此相左的现象，64.1%的被调查者认同自己的职业地位中等，而认同较高和较低的比例分别为 13.5%和 13.4%，三项合计高达 90%的受访者认为自己的社会地位是中等。这个比例甚至高于具有成熟中产阶级的日本。一方面认为社会结构呈正三角形和倒丁字形；另一方面又有 90%的人认为自己属于中等，这种阶层认知与自我认同的错位正是转型时期社会阶层及阶层观念变迁过程的突出表现。

从总体上看，代际间的对社会阶级的认知存在较大的差异，其中刚进入社会的年轻人和老年人的强度较轻，而 35～54 岁年龄组的阶级认知强度相对较高，不论是对收入差距还是社会公平的态度上，中年组的强度都较高，其中尤以 45 岁以上的人强度更高，他们更倾向于认同自我的地位较低，而认为社会根本不公平的比例最高。这个年龄组在生命周期上应该属于事业的稳定期，但是由于中国的社会转型，这些人稳定的职业生涯被打断或被打乱，而且由于社会快速发展，即使职业生涯能够持续，原有的经验和定势也已经被打破，知识更新、技术更新以及竞争的环境，对于这个年龄组也都是挑战。因此这是一个值得高度关注的年龄组，也是一个社会变迁时期受冲击最大的年龄组，相反，年轻和老年的强度要低。

但是，认为不太公平和根本不公平的也占后两个年龄组的最高比例，是否反映了社会结构变迁带来的代际间的不公平和代际间的利益受损？联想起“青春献给党，中年就下岗，老了没人养”的流行语，也许是这个年龄组的心情的写照。

教育和职业层级的差异也很明显。总体上看，受教育程度越高对社会的公平认同度越高，对不公平的认同度越低，反之亦然。从职业层级上来看，如果我们将职业分成三个层级，上层的负责人和专业技术人员具有最高的大体上公平的比例和很低的根本不公平的比例；而相反下层的生产工人和无业半失业人员具有很低的大体上公平的比例和很高的根本不公平的比例；机关企事业单位办事员群体中认为收入差别很大的比例最高，认为收入差距较小的比例最低仅为4.3个百分点。而在差距较小的变量上，比例最高的是负责人，最低的是办事员。职业层级越高认为差距适中的比例越高，而层级越低的群体则认为适中的比例越低。

总而言之，经济和社会转型已经使辽宁社会发生了极大的分化，在阶层和阶级观念上，不仅人们的主观认知和阶层认同存在明显的错位，而且代际间的差异，职业和教育程度的差异也已经明显地反映出来。对于辽宁这样的转型社会来说，社会地位的高比例中等认同度，反映了社会具有较稳定的意识结构，人们还具有较稳定的心态，但是在社会公平和收入差距的认知上又反映出低职业层级、低教育群体及特殊年龄群体的危机心态。对于辽宁社会如何在社会转型的过程中，在社会急剧分化的过程中，给这些特殊的群体以稳定安康的生活，可能是社会政策需要进一步研究的问题。

第八章

失业群体的社会适应与社会认同[①]

社会转型是一种综合性的社会变迁，它不仅表现在经济体制的转轨、社会结构的转型、文化模式的转换，还表现在人们心理上的转型适应及社会认同的变化，尤其对于社会转型时期社会地位急剧变化的国有企业下岗失业人员而言更为重要和更具典型性。

近十年来学界对国有企业下岗失业人员的研究颇有“日盛之势”，这不仅表现在研究队伍的不断壮大和科研成果的增多，还表现在研究视角的多元和研究学科的扩张。总体来看，学界的研究体现出这样几个特点：

第一，注重对造成失业的外部根源的分析。如蒋选就是以产权结构变动为主线，从一系列相关矛盾中剖析我国失业的根源。他认为，我国拥有世界上最大的劳动力规模；经济发展正处于工业化中期产业结构剧烈变动的时期，同时处于建立和完善社会主义市场经济体制的进程中，劳动就业体制正在发生根本性的转变，劳动力市场尚不健全，更不完善；加入世界贸易组织后，我国的对外开放也进入了全新阶段，国内经济受国际经济波动的影响更加明显；还有近几年来的总需求不足状况仍将持续，导致就业岗位不足等。[②]

第二，注重对失业的社会后果分析，最具代表性的是将社会排斥理论引入到失业问题研究。社会排斥理论起源于西方学界对贫困问题和社会不平等的研究，如今已经成为解释各种社会问题的中心概念，它将非经济因素纳入了对社

---

① 本章由赵定东执笔。

② 蒋选：《我国中长期失业问题研究》，2～3页，北京，中国人民大学出版社，2004。

会问题的分析框架中，不仅仅对于社会问题根源的解释更加深入，而且对社会问题的解决提供了新思路。如曾群、魏雁滨认为，“社会排斥作为一个多维度的概念，可以用来描述和概括失业者因失业而处的多种不利状况”；“社会排斥是一个积累性的过程，遭受某一维度的社会排斥可能引发另一维度的社会排斥，以社会排斥概念工具可以揭示出失业者如何因失业而处于不利境地”；“同时，社会排斥概念强调施动者的作用，以社会排斥为概念工具可以使我们关注是“谁”将失业者排斥出社会各种领域。因此，以社会排斥为概念工具有利于对失业及其后果进行全面和动态的描述，有利于建立有关失业与社会排斥其他维度之间关系及其联系过程或机制的理论，有利于有的放矢地制定相应的社会政策”。①

第三，注重政府失业治理的政策选择研究。这方面的研究成果十分丰富，其中不乏真知灼见。粗略综合其政策建议大致体现在六大方面：强化监督管理，减少非正常下岗失业人员；确立就业优先的经济发展战略；加快制度创新，确保国民经济的持续高速增长；发展教育和培训事业，提高劳动力素质；加强劳动力市场建设，完善就业服务体系；建立和完善社会保障体系，减轻失业冲击力。

第四，注重国外反失业政策的介绍和移植。李强等认为，“我国大规模下岗失业的症结在于传统的计划型就业体制已经瓦解，而新的劳动就业市场机制还没有建立起来，正是在两种体制的空缺之中，形成了严重的城市失业下岗问题。”“而出路只有一条，就是建立起劳动力市场机制，通过市场来调节劳动力的供求、劳动力的价格和劳动要素的交换”。但要发展这样一种新的机制，他们认为，首先必须了解和借鉴世界上市场经济比较发达的国家的经验。②

就此而言，学界的研究重点主要集中在失业的外部性因素分析，对失业者本身的因素即导致失业的内部因素有所忽视或研究不够，注重了政策选择的一般模式而忽视了地域差异性。也就是说，在失业治理的政策选择及改革的模式上，更多地照搬了国内国际那些主导性的模式，而忽视了本地的特点及这些特点对实施那些主导性模式的制约，这样就导致了改革与发展之间的关系在东北区域呈现出明显的张力，在改革实施的过程中，对如何以东北的现有条件为基础形成独特的发展模式和道路没有形成明确的思路。本章力图以失业者的转型适应和社会认同为主线来分析大型国有企业下岗失业人员再就业艰难的内在根

① 曾群、魏雁滨：《失业与社会排斥：一个分析框架》，载《社会学研究》，2004(3)。

② 李强等：《失业下岗问题对比研究》，北京，清华大学出版社，2001；程连生：《中国反失业政策研究》，269～294页，北京，社会科学文献出版社，2002。

源，为拓展失业治理研究寻求另一种角度。

本章所选择的辽宁省大型国有企业下岗失业人员有这样几个特点：第一，在失业形态上呈规模性、资源枯竭性群体失业。我国的下岗失业是20世纪90年代中后期才大规模出现的一种经济现象，自那时起，东北老工业基地就成为下岗失业的多发地区。1996年，企业职工下岗人员占职工总数比例最高的省份是辽宁省，为14.2%，其次是黑龙江省，为13.8%，吉林省的下岗比例也高达10.3%，在全国处第7位。另外，全国下岗职工规模最大的省份也是辽宁省，1996年为117.9万人，占全国下岗职工总数的11.8%，其次是黑龙江省，占全国下岗职工总数的9.3%，若加上吉林省的下岗职工数，整个东北三省的下岗职工达253万人，约占全国下岗职工总数的25.3%。① 同时由资源耗竭引起的下岗失业比例较大。

东北老工业基地有许多资源型城市，而且这些资源型城市多是以一个或几个国家特大型企业为主体的。在计划经济体制时期，这些大型的资源型企业完全服从国家的调拨计划，处于不断"失血"的状态。结果是，资源在慢慢地消失，而以这些资源为原料的企业却不能相应地调整生产，甚至不能在原来的生产模式下不断地扩大规模。当资源到了难以为继的时候，表现出来的是企业停产、半停产，甚至破产，因此，大量的职工只能下岗失业。这成为东北老工业基地下岗失业问题突出的重要原因。

第二，受结构调整影响的下岗失业十分突出。结构调整是我国改革开放以来经济发展的一个重要动力。计划经济体制时期形成的、以重工业为核心的经济结构，由于不符合我国的资源优势，最终变成了制约经济发展的因素。改革开放以后，我们选择了以满足人们消费需求为取向的经济结构调整之路，经济因此进入一个高速增长的时期。然而，从另外一个角度来看，结构调整又会导致一些处于萎缩或停滞行业的职工下岗失业。虽然说这种现象比较正常，但在东北这个较为特殊的地区，却以一种非常突出的形式表现出来。人们都知道东北是我国的重工业基地，但是，由于长期得不到相应的技术升级，重工业基地变成了老工业基地。在经济结构调整过程中，它们所受到的冲击非常大，有许多老工业企业跟不上经济结构调整的步伐，被迫停产或半停产，有的还因经营不下去而宣布破产，这样的结果引起大量的老工业企业职工下岗失业。因此，东北老工业基地的下岗失业具有非常明显的结构性特征。

---

① 乔榛：《东北老工业基地改造中的下岗失业问题》，载《税务与经济》，2004(1)。

第三，在经济收入上，大部分失业下岗人员及其家庭成员收入微薄，生活处于相对贫困状态，但同时再就业的意愿不是很高。根据我们的调查，这主要是由于五个方面的原因：第一，国家投入大量资金，发放了低保金。如2002年、2003年辽宁省用于发放低保的资金分别达到85215万元和112399万元，低保对象也分别达到150万人和160万人，保障面达到全省非农业人口的7.8%和8.2%。[①] 第二，国家提供了许多公益岗位来提高失业人员的经济收入。如阜新市2003年、2004年提供的公益岗位达到6500个和7014个，这解决了部分人员的基本生存问题。第三，受历史因素影响，下岗失业者进取不足。东北地区在历史上一直以资源丰富吸引着大批的逃荒者，逃荒者来到这里很容易扎下根来，因为这里的生活成本较低，这样的生存预期逐渐培养起一种满足现状的心态。许多人在有一口饭吃的情况下，再不会付出更多的时间和精力去获取更多的财富。而且，这种心态在劳动者素质越低的群体中表现得更突出。即使今天，这种心态仍然有着广泛的影响。对东北地区的一些下岗失业者的调查发现，许多人只要能得到基本生活费就不会积极地去寻找新的工作。即使有的失业者没有任何收入，也不会降低标准去干那些苦、脏、累的活，而选择"吃父母"的方式生活。第四，在求职意愿上，很多失业下岗人员有自弃现象，即对自己这一辈子已经不抱希望，转而将希望寄托在下一代子女的身上，因此特别注重子女的教育。第五，随着时间的推移和年龄的变化，大部分失业下岗人员的关心重点主要是要求下岗失业的经济补偿及提供医疗和养老的社会保障，而不是就业岗位的增设。

基于上述五个方面的特性，我们对国有企业下岗失业人员的再就业研究必须立足于新的认识。一是加强学界传统的研究路向，即加强研究拓展再就业机会和如何用社会保障来维持社会稳定，这方面很多学者目前正在进行；二是加强对失业下岗人员本身的分析，即对失业者的转型适应和社会认同等的社会心理研究，这是学界目前有所忽视的领域，特别是对失业者的转型适应和社会认同等的社会心理研究可能更有利于政府有关部门制定有的放矢的引导政策。

第一节　研究的框架、概念和分析视角

本章研究的中心概念是转型适应、社会认同和单位习性。所谓转型适应，

---

① 辽宁省民政厅：《城市低保试点资料汇编》(内)，2004。

是指国有企业下岗失业人员在社会转型时期由于社会地位的急剧变化而对现有经济收入、社会网络和心理归属的总体态度。社会认同，即失业人员对社会认识的内在延续性和一致性，它主要包括两个方面：一方面感知到自己与他人是相同的并意识到自己在时间和空间上存在的延续性；另一方面感知到别人承认自己的一致性和延续性。单位习性，即在国有企业中形成的感受、经济收入、生活方式、语言使用、社会交往等固有的社会习惯，它包括相对固定且封闭的生活交际圈、规律性的休假制度、丰厚而稳定的经济收入、良好的社会保障及身份上的优越感等。这三个概念中转型适应和社会认同属于社会心理的范畴，而单位习性属于地域文化的范畴。

这三个概念来源于三个理论预设。预设一，国有企业下岗失业人员在原单位体制内形成的"单位习性"制约着失业者转型适应和社会认同的进度和深度，进而影响着失业者再就业路径的选择。这个理论预设主要有两个依据：其一，就东北特定区域的社会形态看，在我国的东北区域是一个新二元结构的社会，在保持无限供给趋势的人口规模对紧缺战略资源配置方式的约束下，建立在计划经济体制上的单位制社会与市场经济社会之间的关系，已经不是后者渐进性地取代前者，而是前者以局部地区和行业为依托形成于后者的相持、互动和渗透，这就意味着在此地域传统的城乡二元结构被计划经济体制与市场经济体制构成的新二元社会代替，而且其中的单位制社会非但没有弱化的趋势，反而逐渐体现出了增强的态势，进而是增强而不是削弱从业人员的"单位意识"。① 其二，长期的计划经济体制从业的单位制模式使其形成了积重难返的"单位习性"，表现为工作技术单一、社会关系网络单薄、进取心衰退、依赖性强化、保守而又自我感觉良好，这种习性恰恰又是与市场经济体制所要求的灵活性、自主性相矛盾、相冲突。

预设二，社会认同制约着国有企业下岗失业人员再就业所需的转型适应过程，在一定程度上决定着失业者在单位之外的社会中社会交往的范围和择业的去向。如果说"单位习性"更多是指地域行业文化，那么社会认同则更多是指失业者的心理感受。社会认同是人们后天逐渐形成的，是社会化过程中的重要内容，在不同的场合，人们的社会认同会在不同的层次上强化或弱化，需要结合具体的场景变化来确认社会认同的内容和程度。一方面，要结合当时的历史环境和社会经济背景来看待失业者社会认同的变化；另一方面要通过职业再培训

① 刘平：《从新二元社会分析到社会政策选择》，载《社会科学辑刊》，2005(1)。

等手段促进失业者社会交往面、网络关系等的扩展，努力使其尽快融入单位之外的社会。在单位制时代，国企职工是生、老、病、死等全部生活责任由单位来承担，技术的单一、工作节奏的规律性和松弛性、收入的稳定且丰厚性使其养成了高高在上的优越感，他们对社会的认识也仅限于优厚福利待遇的单位，不想也不需要对单位之外的社会有更多、更深的认识。但在单位制的神话被摧毁之后，他们一下子从强势群体转变为需要全社会关怀的弱势阶层，在其内心急剧冲突和矛盾的状态下接近、走入陌生的社会。因此对失业者而言，如何转化社会认同及转化的进度在一定程度上决定着其转型适应的广度和深度。

预设三，转型适应的成功反过来有助于消除国有企业下岗失业人员社会认同的误区及单位习性的弊端。这个理论预设主要是吸收学界有关类似的研究成果而得出的。虽然学界目前暂时还没有国有企业下岗失业人员转型适应的研究成果问世，但类似的有对国内和国际的移民社会适应的研究。如张继焦在对城市迁移者就业和创业的多视角分析后认为，关系网络是迁移者再就业求职中的社会资本，其强弱往往决定着移民社会适应的速度和深度，关系网络不是单一和固定不变的，而是组合和可开发的。在不同的迁移就业阶段，人们所运用的社会关系网络是不一样的，表现为工作专业技能的提高、主动的学习、经济上的独立性、自信心的增强、交往的多样性、时间观念的转变和消费时尚化等方面，也就是说在转型适应的过程中社会认同是随之发生变化的。① 还有作者在对跨国移民的研究后认为，关系网络的构建是其异国适应的关键。总而言之，对国有企业下岗失业人员而言，转型适应的成功也意味着对单位之外的社会认可及对单位习性的重新认识。

由于本章的研究具有都市人类学的适用内容，因此，“个人生活史”的调查思路和深度访谈的调查方法是本章的主要研究方法。本调查完成于 2005 年6～7月，样本主要分布在辽宁省沈阳市和阜新市 7 个大型国有企业和 2 个城市的 12 个社区。

第二节　大型国企下岗失业职工的现状

由于本章研究的核心在于阐释国有企业下岗失业人员在转型适应过程中如

① 张继焦：《城市的适应：迁移者的就业与创业》，269～298 页，北京，商务印书馆，2004。

何调适和碰撞原有的单位习性与现有的社会认同之间的矛盾与冲突，因此本章的研究背景包含辽宁省大型国有企业的形成历史、运行机制、国有企业职工下岗失业的历程与现状和东北区域文化特点等几个方面。

一、辽宁大型国有企业的形成

辽宁省大型国有企业是东北重工业基地的重要组成部分。新中国成立后，由于东北地区拥有丰富的铁矿、煤炭、石油、木材和众多的有色金属等自然资源，而且地域组合优势较好，这就构成了东北老工业基地形成的主体优势。新中国成立初期，东北地区已经形成了相对密集的铁路网，并已初步形成煤炭、机械、化工等重工业生产体系，这就构成了东北老工业基地形成的基础优势。地理上，东北地区背靠苏联，当时中苏结盟，双边关系友好，在外援和国际安全方面构成了东北老工业基地形成的地缘优势。

由于这三个优势，东北成为国家“一五”计划重点建设地区，当时全国重点建设的156个工程项目中，有54个安排在东北，其中辽宁24个，吉林8个，黑龙江22个，总投资300多亿元，占当时全国重点建设投资总额的37.3%。“二五”时期，新增固定资产占全国比重也高达22.33%。经过几个五年计划的建设，东北地区基本上形成了以鞍山、本溪为中心的钢铁联合工业，以抚顺、阜新、鹤岗为中心的煤炭工业，以沈阳为中心的机械制造工业，以吉林为中心的电力工业，构成了较为完整的工业体系和工业基地。

辽宁省的工业基地分布基本上是呈辽中、辽南、辽西三个综合经济区空间分布格局。辽中综合经济区即辽宁中部城市群，包括核心城市沈阳及周围城市鞍山、本溪、抚顺、辽阳和铁岭，区域土地面积5.9万平方千米，占全省面积的40.3%；辽南综合经济区包括中心城市大连及其两翼城市丹东、营口，区域土地面积3万平方千米，占全省面积的22%；辽西综合经济区包括锦州、盘锦、葫芦岛、阜新、朝阳5市，区域土地面积5.5万平方千米，占全省面积的37.3%。辽中综合经济区主要是以煤炭、钢铁和机械产业为主导的门类比较齐全的巨大产业集群，辽南综合经济区主要是石油、石化、化工和化纤产业链，辽西综合经济区主要是在黑色和有色金属及非金属矿基础上形成的有色金属、钢铁、建材、机械、化工产业等。在此基础上形成了数以千计的大型国有企业，安排了80%以上的辽宁省城市就业人口。

二、大型国有企业的运行机制

分析现今的大型国有企业的失业问题不能不先了解国企的运行机制，一定程度上而言，当今大型国有企业下岗失业者转型适应的实质性艰难就是大型国有企业长期的运行机制所导致的。东北地区的大型国有企业的运行机制与全国其他地区相比有很大的相似性，但更具典型性，表现为长期的产权不清、政企不分、资本的组织形式单一和企业的社会化程度低下。

长期以来，国有企业产权没有真正明确，造成国有资本的保值增值无人负责，企业经营者的经营行为往往不是从国有资本收益最大化出发，导致经营行为扭曲。由于产权没有理顺，名义上是由政府代表全体人民管理国有资本，但实际上国有企业是由为数众多的上级行政主管部门来管理，这些主管部门画地为牢式的管理，在阻碍资本流动的同时，也使国有资本的所有权被人为分割，使国企很难成为适应市场竞争要求的经营主体。同时由于管理体制和传统观念等原因的影响，东北的大量国有资本也一直分布在那些“纯”国企中，企业经营也仅局限于产品经营这一层次，即使有些企业经营出现了困难，也难以通过资本运营使国有资本向管理和效益好的企业流动。还有就是东北大型国企中普遍存在着企业化社会的现象，企业的社会化程度严重低下。这虽然是所有国有企业的通病，但在东北表现得特别突出，表现为职工对单位的严重依赖、职业的代际流动及个人的职业变动率极低，使职工失去了职业流动的机会和经济冒险的精神。

三、大型国有企业职工下岗失业的历程与现状

1978年后，中国开始了市场取向的经济改革。作为传统计划经济体制基础的东北地区，尽管在体制转轨过程中阻力重重，但在改革大潮的推动下，还是姗姗走上了市场经济的发展之路。随着市场经济体制改革的不断深入，东北老工业基地以往经济发展诸多前提条件逐渐消失，体制性、结构性矛盾日渐显现，计划经济体制下形成的重型产业结构和单一的所有制结构成为东北地区经济发展的严重障碍。大量的国有企业倒闭，下岗失业人员显著增多。国有企业职工下岗失业规模最大的是辽宁省，仅1998年下岗失业人员就达58.9万人，同期黑龙江和吉林分别是52.8万人和34万人，三省下岗失业人员占全国当年总数的25％。1999年至2003年辽宁省由于失业而享受低保的人数分别为27万人、71万人、106万人、150万人和160万人，呈逐年上升趋势。尤为严重的是年龄在20～30岁，学历以初中、高中和“三校生”(中专、技校、职校毕业的学生)为主体的“新失业群体”的加入更使区域失业治理雪上加霜。大量国企职工的规模性、群体性失业使整个东北地区陷入史无前例的失业惶恐之中。

四、东北老工业基地的区域文化特征

按照德国社会学家马克斯·韦伯的观点，文化与经济之间有密切的关系，即著名的韦伯命题。依据这个思路，我们可以假设今日东北现象或者说今日东北国企职工的规模性、群体性失业及失业治理的艰难是与当地的区域文化有紧密联系的。

从东北地域文化的内在形态而论，其独特的人口构成和经济发展的制度模式使其具有明显的流动性、融合性和多面性，进而影响到区域性的人们处事的行为方式，形成了相对稳定的社会性，即制度性依赖、外来性促进和官本位的基础。①

东北地域经济和社会本身就是制度的产物。从其经济发展历史看，无论是早期的农业开发、“日伪”时期的资源掠夺，还是新中国成立后的大规模经济基础建设，都是在制度的驱使下开始和完成的。在这种背景下，东北文化模式中就渗透着强烈的制度性因素，表现为：其一，依赖性强，即缺乏精明的创业精神。这束缚了他们在经济领域中的冒险意识，促进了“等、靠、要”思想的产生和强化。其二，顺从性，即缺乏独立精神，没有根据地域独特环境自我追求发展道路的勇气和魄力。三是，贪婪性，即一些公共权力的拥有者一方面在困难面前推卸责任，另一方面，利用制度转型的空子大肆掠夺国家和人民的财产。官本位的制约表现为东北文化中的庸俗关系网的盘根错节。在这种本位之下，制度、规则、能力和标准都发生了异化，人们不再以能力立世、以修行而立身，而是如何寻求关系，寻求当官的捷径，寻求保官、升官的路径。其四，懒惰性，由于当地优越的自然和气候条件养成了人们不思进取的心态。

第三节　“群体”失业者的转型适应与社会认同分析

上文我们对辽宁省大型国有企业职工失业下岗研究的基本背景和本章研究的基本框架作了必要的交代。对大型国有企业职工下岗失业者的转型适应研究不同于农民工城市适应研究，也不同于国外移民的社会适应研究。大型国有企业职工失业下岗者并没有发生地域迁移，也没有完全丧失社会地位的优越性，

---

①　赵定东、许洪波：《关系的魅力与移民的社会适应——中哈移民的一个考察》，载《市场与人口分析》，2004(4)。

只是工作单位发生了某些变化，因此不能用地域迁移者的分析模型来展开研究。同时，由于该地域失业者具有结构性、群体性失业特点，使他们在转型适应的过程中一方面要受到同类群体相互竞争和影响；另一方面要受到“单位”之外社会的排挤和挑剔。这些特殊性使之必须有不同的分析模式。

一、“群体”失业者转型适应的一般分析模式

转型适应从某种程度上而言也是一种文化适应，即国有企业职工下岗失业者在原单位所形成的“单位习性”与单位之外的社会主流文化接触、交流与碰撞、融合的过程。一般而言，转型适应有四种不同的后果，即同化、分化、整合和边缘化。同化是指失业者对原“单位习性”不能保持固有的认同，而与区域社会主流文化密切交往，并完全接受达到社会认同。在同化问题上是否自愿是一个关键的尺度，如果失业者主动融入社会的主流文化，则为自愿同化；反之，如果是失业者迫于各种压力而不情愿地接受主流文化，则为强迫同化。自愿同化和强迫同化对于失业者的再就业意义截然相异。分化即对单位习性的全盘认可和留恋而同时对社会主流文化的排斥和规避，不愿意融入已经市场化的就业体系。整合是既保留原有单位习性中的部分内容，同时也灵活地接受市场化的就业体系。边缘化是既不保留原有单位习性，同时也不接受社会主流文化，或者说不为社会主流文化所承认，这是大多数失业者失业之初的一种过渡现象，它在后来可能发生转化，演变为分化、同化或整合，也有可能始终处于边缘化状态。

这四种现象既是国有企业下岗失业者转型适应的四种表现形式，同时又是可以相互转化的转型适应过程。作为一种分析模型，四种现象对失业者再就业的效果和路径又有不同的作用和影响。在具体分析中，对失业者的分析将立足于经济、社会和心理三个层面的探讨。

二、“群体”失业者的转型适应状况

吉登斯曾指出，对所有从传统活动的控制中解放出来的群体，存在着多元的生活风格的选择。① 从单位制剥离出来的国有企业下岗失业者面对纷繁复杂的市场化社会其转型适应具有多重性：既不断学习和适应市场化社会的生活方

---

① ［英］安东尼·吉登斯：《现代性与自我认同》，赵旭东、方文译，93页，北京，生活·读书·新知三联书店，1998。

式，又依恋于体制内的单位习性；既要惜别、留恋原有的社会交际圈，又要适应和拓展现有的社会关系网络；既要接受原有单位的社会保障安全，又要充分开拓自己的生存空间。转型适应的煎熬空前痛苦。特别是由于失业者在失业前后工作性质的巨大差异，其转型适应的路径也呈现出多样性。

今年44岁的李先生原来是阜新市矿务局下属某单位的工作人员，已经在这个单位工作了近20年，2001年他下岗了。李先生介绍说：

刚下岗那会儿，我卖过粮食卖过菜，还帮人家装过车，都是些零工，一份稳定的工作太难找了。我原来也是做机关工作的，冷不丁一下岗，待着实在是太没意思了，心里憋闷得慌。2003年9月，经过选聘成为阜新市新邱区某社区治安巡逻公益岗位上的一员。有了这个工作，解决了许多不必要的烦恼，在工作中又认识了许多新朋友，我也觉得头又重新抬起来了，心情也愉快多了。还是有点事情做好，毕竟人待着是太没意思了。

阜新这个地方经济呀各方面都很落后，比较贫困。跟沈阳那儿根本没法比，跟海洲那头都不一样，他们的环境啊条件啊都比我们好。我爱人也下岗了，以前做买卖卖菜的时候，就我们两个一起去，现在我有了公益岗，她就在家照顾孩子了，要是有手艺活儿、零工也做，七拼八凑地补贴生活吧……（案例一）

李先生的再就业经历代表了阜新市大多数国有企业下岗失业者的求职历程。我们在调查中发现，阜新市很多国有企业下岗失业者在再就业之初都将做小买卖作为融入社会的开端。这可能有这样几个方面的主、客观因素的制约：一是劳动力结构性矛盾尖锐。辽宁省的下岗失业者大多是从传统产业分流出来的年龄偏大的职工，如2002年并轨人员中，男50岁、女40岁以上者占并轨人员的40%左右。从这个群体的文化水平看，初中以下人员占67%，无技术等级人员占84%，这一状况很难适应当前和今后经济结构的进一步调整、新兴产业发展的要求，转岗再就业的难度很大。二是再就业稳定性不高。从近几年辽宁省城镇劳动力的就业情况看，下岗职工和失业人员自谋职业和组织起来就业，多是一般临时性、季节性、流动性等非正规性就业，处于低质量、不稳定的状态，客观上促使后来的失业者继续沿着这条路来实现初步的转型适应。其三，劳动力供求矛盾因素的影响。据有关资料统计，2002年辽宁省有75万名失业者没有得到安置，2003年又增加失业人员150万人，2004年由于企业破产增加失业人员141万人，这样即使每年增加新就业岗位100万人，积累下来的失业人员仍将超过100万人。[①] 特别是对于类似阜新市这样的资源枯竭和经济转轨地区而言，几乎没有吸纳安置新就业人员的空间，就业矛盾日益突出。四是，主观上，部分失业人员没有走出单位庇护的勇气和魄力。基于上述几个方面的主客观因素的制约，就为失业人员再就业转型适应增添了阻碍。也就是说，对于再就业群体转型适应而言，他们处于一种边缘化的矛盾状态，既想离开单位又对社会认同抱着犹豫、怀疑心态，既想融入社会但又离不开单位的诱惑。如案例中的李先生在再就业之初选择了做小买卖，一方面是当时的情况所迫，有些无奈；另一方面是他对市场化社会有一定的心理准备，也就是说有一定的社会认同，而且这种认同是自愿的。但残酷的现实又使其退缩，以致回到政府有关部门为失业者提供的公益岗位。众所周知，公益岗位待遇不高，但他欣然接受，我们认为这是“单位习性”的回归，是再次寻求“单位习性”的心理归属。

下面的案例可能也或多或少能证明失业者转型适应的内在矛盾。今年43岁的魏女士于2003年考取了社区社会保障工作人员，成为阜新市某社区公益岗位上的一分子。她说：

我是通过劳动局招聘的，要求学历高中以上，年龄45岁以下的，我们参加了考试，经过考核、面试这么上来的。我们社区一共有四位社保专干，两位做劳动保障，两位做低保，分工不同。

我丈夫是矿上下岗的，新邱露天矿下岗工人，比我大4岁，已经47岁了，现在在外面出“小凉快”(一种人力三轮车)……我一直都没有工作，以前打过零工……孩子今年中考刚结束，考得还行。现在我们都想让孩子多念几年书，虽然从经济上看，供一个孩子挺难的，几乎全部的收入都供孩子了。

我们夫妻俩年龄都大了，出去打工像去饭店什么的，都不要这么大岁数的。我在社区工作，既然考上了就好好干吧，虽然挣得少点，但挺踏实的。我们专干早8点到晚5点坐班，工作量挺大的，但工资稍微低一些。

说真的，如果有好的、就业方便挣钱又多的地方当然愿意去了，但这机会毕竟少啊。像我们这年龄的真不好找，第一个呢，要是父母在身边还行，现在父母不在跟前，没人给照顾孩子；这回社区给安排了吧，离家又近，还有时间照顾孩子，挺好的。在阜新市普遍现象都不好，生活紧巴，这笔钱能解决一部

---

① 赵子祥等编：《2002～2003年辽宁省经济社会形势分析与预测》，89～112页，沈阳，辽宁人民出版社，2003。

分，但还远远不够。（案例二）

在此有必要交代公益性岗位这个概念，虽然前文有所涉及，但没有展开。公益性岗位是指由政府出资扶持，社会力量筹集资金，以安置大龄就业困难群体为主，符合社会公共利益的管理、服务类岗位，主要包括在社区开发的保洁、保绿、保安及社区社会保障工作和公共设施维护等公益性岗位。后经发展，又将政府办的保洁、保绿、交通协勤及机关事业单位的后勤服务部门的临时性用工岗位也纳入到公益性岗位的开发范围。从公益性岗位的工作性质看，是低于正常就业水平的、临时性的、不稳定的就业形式，主要从事的也是简单的、技术含量低的服务业等行业，主要分为社区安置就业和政府、企事业单位安置就业两类。公益性岗位的安置对象是大龄就业困难人员，包括有劳动能力和就业愿望的40周岁以上女性、50周岁以上男性的原国有、集体企业下岗职工或失业人员（通称“4050人员”），以及失业人员中的现役军人家属、夫妻双失业人员、离异或丧偶抚养未成年子女或老人的人员。

从政府的角度看，公益性岗位是解决部分困难失业人员生计、维持社会稳定的一种手段，但从转型适应的角度而言，它又适时地保护和延续了失业者的“单位习性”，延缓了其社会认同的进一步延伸。下岗职工或失业人员在再就业之初内心的焦虑与再就业路径选择的彷徨是正常现象，但由于自身的专业技术、年龄等条件的限制而导致对外界世界的恐慌转化为社会认同的迷茫，进而退缩回归“单位”就是其转型适应不成功的表现。在我们的调查中，有很多这类例子，我们还发现，即使不是“4050”人员，有知识、有技术的人员也大多退缩到“单位”。

王先生今年35周岁，大学本科学历，中级专业技术职称，2003年由于其所在的煤矿资源枯竭破产而失业。之后到上海某大型私营企业打工，一年后返回阜新，在家闲居。谈起这段经历，他说：

企业破产后，我在家待了一个来月。2003年8月，上海某大型私营企业来阜新招工，在家人和社区的鼓动下，我报名参选，由于我本人具有较高的学历及技术职称，虽然年龄偏大，但很快仍被录用了。

上海那家企业给的待遇一般，一月就1000多元，但管理十分严格。工作起来几乎没有偷闲的机会，还有很多规章制度，动不动就罚款。这点钱挣得太辛苦。

我妻子在家带小孩，我在上海工作也不太如意，于是干了一年就辞职回家了。回来之初也想干点事，但找一个像样的活真的太难了，于是就在家待着了。平日里父母给点儿，加上我们还有点儿低保金，日子还过得去。（案例三）

在调查中发现，很多国有企业下岗失业者再就业的标准基本有四条：第一，工作要轻松，相对比较自由，工作技术最好单一；第二，工作要稳定，不能有太大的压力，工种要基本保持不变；第三，收入要恰当，至少要与原单位的工资差不多；第四，最好离家近，能照顾家。也就是说，他们在再就业时追求的基本上是闲适与稳定，几乎没有考虑个人的发展前途。这是再就业研究中很值得关注的一个问题。

其实通过我们与下岗失业者和政府有关人员的接触，感到目前不是再就业岗位缺失的问题，而是很多工作由于相对脏、累、不定时等原因而没有人干，如国内一家很著名的肉品加工厂在阜新办了一个分厂，就在本地招不上工人。那么，下岗失业者为何苦苦在家闲着受贫而不出去做工呢？

我们认为，第一，低保的作用。随着1999年10月国务院颁布的《城市居民最低生活保障条例》开始实施，城市居民最低生活保障制度正式成为一项国家法规体系中的基本制度。2000年在民政部和辽宁省政府的统一部署下，辽宁省民政厅对全省非农业人口贫困状况进行了普查。在此基础上，2001年国务院将辽宁省作为试点，推动低保工作走向“应保尽保”。2002年，辽宁省制定了《辽宁省城市居民最低生活保障办法》和《辽宁省城市居民最低生活保障工作操作规范》，在制度方面通过最低生活保障政策向教育、医疗、取暖和住房等方面延伸，构建了以最低社会保障对象为基础的社会再分配体系。2004年全省低保对象达到1544816人，其中沈阳188602人，阜新209286人，而其中失业人员沈阳达36686人，阜新73590人，2004年发放低保金达11亿元。① 这种行政式的低保发放政策在一定程度上维持和保证了当地的社会秩序，但也造成了一定的负面影响，即抑制了失业者再就业的积极性，因为低保政策明确规定失业者一旦找到工作就失去了享受低保的资格。第二，单位习性和社会认同的制约。前文已有分析，单位习性更多是一种负面影响，其后果是使失业者对自身不能有正确和清醒的认识，工作中拈轻怕重、怕受拘束和严格的管理，这既导致了大量的国有企业生产效率不高，也导致了国有企业职工劳动素质的下降。如上述的王先生有能力、有精力，但他宁愿在家受穷，接受国家和父母的施舍，不愿意放开手脚去闯世界，转型适应的困难是其根本。

影响辽宁省国有企业失业人员转型适应困难的因素除了上述几个方面，还有两点特殊性，即“啃老”现象和自弃现象。所谓“啃老”现象，即失业人员依靠

① 辽宁省民政厅：《城市低保试点资料汇编》(内)，2004；阜新民政局，2005。

其体制内父母的稳定收入作为其生活来源；自弃现象是指失业人员对自我前途不抱任何希望，而将培育下一代作为其生活和生存的主要精神支柱。这两种现象目前有蔓延趋势。

邢女士，41岁，高中文化程度，大专自修，原来在影院工作，国有企业，会计，2002年下岗。她说：

我18岁开始参加工作，一直是在影院工作。我家四口人，还有公公，丈夫现在也下岗了，我们俩在一个单位。他是放映员。我们属于企业化管理。自从有线电视接入家庭后，对影院的冲击挺大的，在家里都能看着的谁还花钱到我们这来看呀。影院本身效益不太好以后，想改造这种环境也没有能力，所以现在人越来越少，加上影院又需要各种费用的支出，所以收支不平衡。我们工作时候属于效益工资，办公室人员，挣效益工资的平均，最高不能超过80%，当时一个月家庭总收入1000块钱左右，我是2002年下岗的。平时丈夫在外面干点零活，我身体不太好。要不然就自己出去干了。会计这个本行干了这么多年也不爱干了，现在的生活状况差不少，不像原来工作的时候还有收入，到月就开支，多少都有些，现在没有稳定收入，有时主要靠娘家帮助点，公公退休金再给我们花点。还有个孩子上高中，多给他支出一部分，我们省着点花。希望孩子能考上大学，学点真本事，别像我们似的。现在这个社会靠谁也不如靠自己，什么“铁饭碗”不“铁饭碗”的，有真学问才不怕下岗呢！（案例四）

无独有偶，另一位陈女士也向我们讲述了类似的想法：

我今年34岁，原是海州煤矿的职工，2004年由于煤矿破产，我们夫妇俩一起下岗。我现在在社区争取了一个公益岗位，负责社区的绿化。我们这一代人真的没有希望了，既无学历，又无资本，还没有闯社会的经验。我和丈夫现在每月的总收入也就是一千来元，包括我俩的低保金和他在外面干零活的一点收入。大部分钱我都存起来了，给孩子留着，不能让孩子再受我们这样的磨难。今年政府给我们沉陷区的家庭盖了新楼，我也给孩子，将来我们老了，就进养老院，不给孩子添麻烦。

我们的收入很有限，所以日子过得很紧巴，大部分的日常开支都是双方的老人给的，老人们每月按时给我们粮食和食用油，也替我们交纳水电费。没办法啊，我们厂的大部分家庭都是这样，没有老人的帮助，我真不知道该怎样活下去。（案例五）

这两个案例是我们在个案访谈中所遇到的普通例子。与其说“啃老”现象是家庭救济的一种方式，不如说是失业人员“单位习性”中依赖性增强的另一种表现形式。自弃行为也是如此，虽然残酷的现实是其转型适应艰难的客观因素，但对命运自主性掌握的放弃、对前途的悲观和绝望、对下一代寄予无限厚望等其实仍然是单位习性在现实生活中的具体体现。其导致的社会后果将极其严重，表现为一方面将自我与社会隔绝开来，使自我边缘化，达不到转型适应所要求的同化与整合；另一方面也使其对社会的主流思想产生排斥，不利于社会稳定机制的形成。进而言之，使失业群体丧失了“文化自觉”的意识和能力。

第四节　讨论与结论：单位习性与社会认同

本章在行文之初曾提出三个理论预设，即国有企业下岗失业人员在原单位体制内形成的“单位习性”制约着失业者转型适应和社会认同的进度和深度，进而影响着失业者再就业路径的选择；社会认同制约着国有企业下岗失业人员再就业所必需的转型适应过程，在一定程度上决定着失业者在单位之外的社会中进行社会交往的范围和择业的去向；转型适应的成功反过来有助于消除国有企业下岗失业人员社会认同的误区及单位习性的弊端。总的来说，这三个理论预设是要回答两个问题，一是国企下岗失业人员的转型适应状况如何，即在我国市场经济转化和构建的过程中，在大量农民工进城并逐渐规范化的背景下，城市国企下岗失业人员有何具体想法和做法；二是国企下岗失业人员转型适应的影响因素有哪些，即在国家花费大量物力、财力来救济失业人员是否起到了应有的效果，进一步来讲，国家的社会政策选择其成立的依据与实践的可能性基础在哪里。

关于第一个问题，本章已经用大量的篇幅做出了回答，着重分析了单位习性的形成原因及表现形式、社会认同对转型适应的影响及二者的相互关系。关于第二个问题，本章集中于宏观因素的讨论即社会保障的理念局限及社会政策成立依据的分析和探讨。单位习性与社会认同作为转型适应的内部表现形式是与社会保障的理念局限及社会政策的选择互为一体的。从某种程度而言，单位习性的形成源于社会保障的理念的引导，而社会认同源于社会政策的选择依据。

社会保障一词源自西方，但作为一种制度形态，于中国而言，至少在西周时期就已形成。从西周到当代的漫长历史进程中，形成了具有一定完整性的有中国特色的儒学社会保障伦理，这个条件不同于西方极其复杂的思想基础，政府、民间、宗教、宗族、基于业缘和地缘的自保互助组织等主体参与了保障事务。于中国传统的社会保障理念而言，它主要体现为责任主体的多元性和保障项目的全面性等特点。这导致了中国民众特别是现代单位制的职工对政府的依赖性过强、风险意识的淡薄、过分依赖家庭的保障作用等中国特有的“弱性”特点。

所谓责任主体的多元性，是指在农业社会里，在社会财富富余达不到相当程度的前提下而形成的社会保障形态。综观我国历史，社会保障的责任主体一般由官方的政府、民办社会保障机构、宗教社团、宗族内保障和商人的业缘地缘社团五种不同的形式。[①] 所谓官方，可以理解为从朝廷一直到地方各级政府。在西方，国家正式建立社会保障制度之前，只有当宗教慈善事业不能满足社会需要时，政府才会根据经济实力出面举办一些有限的救助活动，在其整个社会保障体系中，政府介入时间晚且是一个渐进的过程。而在中国，政府从一开始就成为社会保障活动的责任主体，并在整个体系中扮演了制度制定与推广、财政支付、检查监督的重要角色。与官办社会保障机构不同的是，民办社会保障机构往往表现为一种精英事业或富人事业，就是说，在所有的民办机构中，大多数都是由富有的乡绅或商贾出资举办的，如与常平仓相对的义仓。宗教是西方社会保障的思想基础，其教义直接指导了社会保障实践的开展，随着佛教、基督教、伊斯兰教等各种教派逐渐传入我国，宗教组织开办的社会信仰机构补充着民办与官办社会保障机构的不足。宗教组织的社会保障是一种无身份、阶层、职业、人种、宗族、地域区别的、开放性的救助体系。与此不同的是，宗族保障是一个封闭的、内敛的救助体系，也就是说，只有具备了同一宗族的身份，才有资格享受保障给付。商人的社会保障机构是由商人的业缘和地缘观念创办的。在商业社会中，破产、失业及由此导致的贫穷、疾病、无家可归、死亡风险是与农业社会截然相异的，这种机构，既增加了行业的竞争力和凝聚力，又完成了行业内的相互保障。

保障项目的全面性是与责任主体的多元性紧密相关的。根据王君南[②]等人的研究，中国古代的社会保障分为四种类型，即基于国家减灾和储备的防御性保障、基于身份和年龄关联的老年保障、基于解除生存危机的全面的临灾生活保障、基于责任和慈善的弱势群体或不幸人群保障。特别是后者被视为政府的

---

① 王卫平：《论中国古代慈善事业的思想基础》，载《江苏社会科学》，1999(2)；宋宝安：《观念与需求：社会养老制度设计的重要依据——东北老工业基地养老方式与需求意愿的调查与分析》，载《吉林大学学报》，2003(3)。

② 王君南：《基于救助的社会保障制度体系》，载《山东大学学报》，2003(5)。

责任，历代政府或制定政策保障其生活必需品的给付，或设置专门的机构负责弱势群体或不幸人群的收养。这种社会保障的理念使政府将自己定位为最主要的责任主体，普通百姓也视政府为社会保障的唯一合法机构。导致了中国老百姓长期以来自我保障意识差，一遇到困难或问题就找政府或等政府来解决。尤其是在“单位制”庇护下的国有企业职工更视政府的保障为天经地义的依赖。虽然自改革开放以来，各级政府机构从国情出发，积极推进社会保障制度改革，加快了养老、就业、医疗保险制度改革，形成了社会保险、社会救济、社会福利、优抚安置和社会互助、个人储蓄积累保障相结合的多层次社会保障制度。出现了一些理念比较清晰，也比较有代表性的理论，如效率主义、平等主义和社会公正原则。但在现行框架下，社会保障的历史责任与现实责任混淆在一起，这种状态既不利于有计划、有步骤地化解历史责任，也使社会保障的现实责任难以准确估量；而政府责任的边界不清，既影响了政府对社会保障制度建设的决心，也妨碍了民间或社会乃至市场发挥相应的作用；即使在政府内部，中央政府与地方政府亦缺乏必要的职责分工，社会保障财权与事权的分离，不仅加重了中央政府的财政负担，而且造成了地方政府的消极被动局面。

同时，在长期的计划经济体制下，我国政府与企业之间存在千丝万缕的联系，国有企业下岗失业人员对原有的工作单位和有关政府仍然抱着十分强烈的期盼、等待和依赖心理，甚至认为解决问题的主体必须是政府。部分国有企业下岗失业人员仍希望在国有企业实现再就业的行为取向的影响因素就是体制原因造成的利益关系障碍。因为体制内的国有企业和体制外的非国有企业在职工养老、医疗、住房等社会保障制度和福利水平方面存在较大差异，尽管在企业逐步进入市场成为自负盈亏、自主经营的主体后，绝大多数国有企业还保留着对职工各种福利的承诺。而体制外的非国有经济部门既无各种保障承诺，也无实际保障手段。体制所导致的政府、企业与职工特殊利益关系，以及政府的保护行为影响了国有企业下岗失业人员再就业的行为选择，也使下岗失业人员走向市场遇到了政策和制度约束。

对于下岗失业人员的转型适应而言，这种保障理念恰恰又强化了下岗失业人员对政府的依赖心理，强化了单位习性的基础。如本章个案中所体现出来的下岗失业人员再就业主动性、积极性不高，过分依赖父母、过分依赖政府就是这种社会保障理念的直接消极后果。这就迫使我们对社会政策成立的依据进行检讨。

国家政府主导的社会政策的基础是社会公正，社会保障作为社会政策的一个重要表现形式，其原意是社会安全，其含义是一个人或家庭由于失业、伤病或死亡而失去收入时社会需要保证其基本生活，其实质是一国政府用国民收入再分配的办法让难以获得生活资料的公民得到物资帮助以保障其基本生活的一种制度。失业保障是社会保障的重要内容之一。我国目前就业形势严峻，如能强化失业保障体制，使失业人员的基本生活有所保障，则能减缓大量失业给社会带来的冲击。但也不能认为完善失业保障制度就能解决国有企业的再就业问题，究其实质，失业保障制度只能保障基本生活，而不能保障就业。问题在于，我国社会保障由国家企业举办，国有企业集生产经营、社会服务、社会保障于一体，这就意味着，企业一旦破产倒闭即意味着该企业职工立刻失去了生活和生存保障，势必引起社会震荡，因而社会保障也就失去了保护网和稳定器的作用。现行的社会保障政策如低保制度的实行，可能就是为了防止这种现象的发生。但我们要强调的是必须把握一定的度，否则将造成保护落后、保护懒惰的后果。

总之，本章的探讨核心在于分析国有企业的“群体”失业者转型适应的机制。单位习性是影响其转型适应的内在因素，而社会认同是其转型适应程度的一个主要表现形式。单位习性的形成源自中国传统社会保障理念，在市场经济的条件下它又表现为“等靠要”思想，缺乏再就业的主动性。由于东北老工业基地的特殊性和典型性，这种单位习性又形成了东北独特的区域文化，反过来这种区域文化又制约了其转型适应的实现，在一定程度上促进了单位习性的进一步发挥。于此，本章从根源即从社会保障这个社会政策的实践效用上展开了讨论，认为在政策的激励再就业功能方面政府还需进一步完善工作。对国有企业“群体”失业者转型适应的研究其意义不仅仅在于一般性的学理分析，更重要的在于促进再就业，为政府再就业政策的制定提供理论基础。

第九章

辽宁的劳动力市场结构

辽宁职业分层结构的特殊性与劳动力市场分割的特性密切相关，劳动力市场结构是指由于政治、经济等外在制度因素或者经济内生因素的制约，使劳动力市场形成两个或多个具有不同特征和不同运行规则的领域，不同的领域在工资决定机制、工作稳定性、劳动者获得提升的机会等方面有着明显的区别，而且劳动者很难在不同的市场之间流动。

在对辽宁职业分层结构的研究中我们发现，在辽宁不仅存在大量的下岗失业工人，大量的难以进行城市化的农民，还有大量下岗失业后就业无望的前国企工人等群体。这些都是就业和再就业的重点问题，一方面是人作为劳动力的载体无法使自己所拥有的劳动力和生产资料实现结合；另一方面是劳动力市场的仅仅对内部开放，或者对外部进入的排斥。职业分层结构变迁在一定意义上说是劳动力市场结构的变迁的结果，本章试图从辽宁劳动力市场结构的特征来解析辽宁职业分层结构变迁的特点。

第一节　劳动力市场分割理论

劳动力市场分割理论是在过去30年发展起来的新型经济理论，与传统劳动力市场理论的区别在于它构建了一种新范式来解释劳动力市场的非竞争性。传统的劳动力市场理论认为，在市场经济条件下劳动者的收入取决于劳动的边际生产力，劳动力市场是充分自由竞争的工作市场，劳动力的自由流动，劳动力过剩和短缺可以通过自我均衡机制来实现。但是劳动力市场充满着诸多的障碍，劳动者在不同的劳动力市场中择业机会是不平等的，因而收入不平等现象依然存在，这些用人力资本理论也无法解释，于是劳动力市场分割理论应运而生。分割理论强调制度和社会性因素对劳动报酬和就业的重要影响，其中美国新结构主义社会学家皮奥里①的二元结构理论是比较有影响和有代表性的。

二元结构论把劳动力市场划分为初级市场和次级市场，初级市场具有工资高，工作条件好，就业稳定，安全性好，工作规章制度的实施有公平适当的过程，个人升迁机会多，福利优越等特点。次级市场工资低，工作条件、就业不稳定，管理粗暴，没有升迁机会，福利低劣等特点。这两个劳动力市场是相互隔绝的，初级市场的求职者宁愿等待就业机会，也不愿到第二市场中谋职，而次级市场的失业者也根本不可能进入初级劳动力市场。形成这种状况的原因主要是，初级劳动力市场的雇主都是一些大公司，主要生产资本密集型产品，较易形成内部劳动力市场，工人的工资是由其内部劳动力市场中劳动者所处阶梯地位决定的，能得到比市场较高的工资。次级市场的雇主由众多中小企业组成，产品需求变动频繁，企业对发展内部劳动力市场不感兴趣，工资由市场上的劳动力供求关系决定，会趋向一个固定水平。

这一理论的产生，改进了人们传统的分析思路，其意义迅速超越了经济学领域本身，被广泛应用到其他学科，在社会学领域也为人们拓展出了新的研究思路和分析方法。比如过去人们对社会地位获得过程的研究主要是由布劳和邓肯及其同事所开创、采用路径分析方法对个人的社会经济地位获得过程进行分析，它展现的是社会经济分层不仅仅是由个人能力和家庭背景所决定，同时也受到一些干预性的中介因素的影响(尤其是教育)，而这些中介变量本身又是由家庭出身和其他的一些先赋性因素所决定。由于受劳动力市场分割理论的启发，新结构主义理论家认为，地位获得模型只考虑了个人层次的特征因素的作用，忽视了社会结构因素对分层过程的影响。现代的社会分层主要取决于职业分层，而职业获得的劳动力市场不是统一的而是被各种制度规则所分割的。在不同的工业部门和企业机构中，“存在着不同的就业类型、不平等的收入和福利待遇以及不同的职业提升阶梯”，有着同样特征的个人——如同样的教育水平、训练资历、心理素质、工作努力程度等，在不同的部门和机构中往往会具有不同的机遇，获得不同的回报，因而，社会结构性因素在人们的社会地位获

① P. B. Doeringer, M. J. Piore, “Equal Employment Opportunity in Boston”, *Industrial Relations: A Journal of Economy and Society*, Vol. 9, No. 3, 1970, pp. 324-339.

得中也起着决定性的影响。

后来的研究进一步丰富了劳动力二元分割理论，认为初级市场的工资是由议价机制或效率工资决定的。议价机制是强调工资的由雇主和工会代表谈判决定的因素。因为企业更换工人需要成本，议价工资往往高于竞争性市场上的工资水平，这就能解释初级市场为什么会存在高工资和失业并存现象。效率工资则对两个市场的失业问题都能做出解释：初级市场为防止偷懒，自愿支付高于完全竞争市场的工资水平，且保持就业稳定能减少监督成本，因而初级市场就业相对稳定，劳动者一旦失业其保留工资也会较高，由此会产生自愿失业。另一方面，次级市场竞争性强、工资低，企业生产需求波动大的产品有成本优势，因而次级市场劳动力需求变动频繁，劳动者易受需求冲击和摩擦性失业的影响。二元劳动力市场分割理论的意义在于把对城市中就业不稳定的因素不仅仅看成是个人的偏好，更是制度的安排，强调了完善的、公平的劳动力市场不可能自发形成，它需要有更多的政府干预和规制。因而使这一理论具有较大的影响力。

通过这种分析来考察各种制度安排对职业获得的影响。在西欧这类研究证实，妇女和少数民族的劣势地位不仅仅是由于他们缺乏人力资本投资，而且也是由于他们进入的是二级劳动力市场。二级劳动力市场与一级劳动力市场或内部劳动力市场的流动规则不同，在二级劳动力市场就业的人工资收入较低而且也没有职位晋升机会。在日本，研究结果显示，以终身雇用制为制度背景的劳动力市场表现为核心和外围的二元结构：日本有高度发展的内部劳动力市场，公司间流动率很低，日本公司年度流动率仅为美国公司的1/2弱，劳动力市场各部分之间的流动普遍受限的同时，从外围到核心的向上流动的机会比相反方向流动的机会少得多。

劳动力市场分割理论拓宽了我国社会学界对劳动力市场的研究视野。以李强为代表的学者根据中国的二元社会结构提出了中国劳动力市场的二元分割理论。用这种分析框架来理解城市劳动者和农村进城民工之间、本地劳动者与外来劳动者之间的不平等。也有学者提出了中国劳动力市场更为复杂[①]。甚至还有学者提出中国劳动力市场具有双重二元特性，即城市和农村具有不同的二元机制，城市内部国有企业与新生部门的劳动力市场在工资与就业量决定上也具有不同的机制。但是从总体上来看，李强为代表的体制分割最具有影响力。大

① 蒋晓光：《西方劳动力市场分割理论及其启示》，载《经济师》，2004(6)。

多数学者以城乡的二元社会结构为背景，把城市劳动力市场无差别地作为一个整体的初级劳动力市场板块来构建自己的理论体系，而"对城市劳动力市场的分割现象一直以来只给予了有限的关注"①。这些有限的关注基本上认为，改革以后制度环境的根本性变化导致传统的城乡劳动力市场分割演变成了体制内劳动力市场与体制外劳动力市场②；或者认为改革开放以来存在着劳动力市场的城乡分割和"国有——非国有部门分割不断弱化"③。

改革开放以来，我国城乡劳动力市场的分割随着户籍制度的不断松动，究竟发生了怎样的变化，中国一亿多的农民工"流动大军"对城乡劳动力市场的分割发挥着怎样的作用？是在不断地拟合还是在不断地拉大？不论是拟合还是拉大都是通过怎样的社会行为影响着劳动力市场的分割？另外，城市的国有和非国有、体制内和体制外，经过 30 多年的改革已经发生了相当大的变化，国有和体制内的板块本身已经发生了极大的分化，有背靠大树的垄断企业，占据着垄断利润，有半垄断的限制进入企业，有发生极大变化的大型国企，也有发生产权变化的原大型国企，这些变迁社会中城市劳动力市场源头的变化都对劳动力市场格局产生了怎样的影响，本章就是试图以辽宁为例进一步回答和解释这些问题。

第二节　城乡劳动力市场制度性分割

把劳动力市场理论运用于中国城乡劳动力市场确实恰当地表现了在中国二元社会体制下劳动力市场的一个根本特征。

一、城乡二元社会是中国劳动力市场城乡分割的制度背景

二元社会结构是中国社会的一个显著特点。从 20 世纪 50 年代中后期以来，我国就形成了以户籍制度为特征的独特的二元社会结构，形成了城乡就业区隔政策，这种区隔既是行政上的隔离又是体制上的隔离。在计划经济体制下

① 巨文辉：《国外劳动力市场分割研究的方向及其特点》，载《中国劳动关系学院学报》，2005(6)。

② 赖得胜：《劳动力市场的制度性分割》，载《经济科学》，1996 年第 6 期；许经勇：《论我国体制内外二元劳动力市场》，载《天津行政学院学报》，2007(8)。

③ 张展新：《劳动力市场的产业分割与劳动人口流动》，载《中国人口科学》，2004(2)。

不存在劳动力市场，劳动力的自由流动也是被明确地“计划”的，以户籍制度为基础的用工制度下，农村劳动力不能自由进入城市，形成了中国式的二元劳动社会。政府的法律仅仅保护城乡居民在身份所属区域的劳动权利，同时在城市保证居民享受较高的工资和福利待遇，形成了劳动社会巨大的城乡差异。这种社会劳动结构是中国特色的，也是在落后农业国优先发展重工业的不得已而为之的手段。

改革开放以后，这种刚性的社会结构有所松动，出现了一定的弹性，农民开始突破户籍身份的限制，允许农民进城开店设坊、兴办一些城市居民所需要的服务业及提供劳务。但是，一旦放开，进城的农民就如潮水般涌来，于是体制的惯性又设置了重重的障碍把农民隔离在城市主流社会之外，在几乎每一个大城市都曾出现过排斥外来劳动力的呼声，在制度上也都出现过各种诸如暂住证、务工证等歧视性制度。于是，在劳动力市场上形成了泾渭分明的二元结构，即一个是本地城里人的市场，一个是外地农民的市场。[①] 农民虽然在城里工作，但是不享有城市居民所拥有的住房、医疗、失业、义务教育、养老等方面的社会福利。最核心的差距在于失业保障，城市居民在失业期间有失业补助、有低保，但农民工没有。在职业选择方面，绝大多数农民只能从事城市居民不愿意做的脏、累、苦、险等职业；在工资方面，城市居民就业的工资与福利一直由政府有关部门做出明确的规定，在用人单位得到强制性的执行；农民工没有强制标准，福利待遇也近乎无。

此外，中国的农民工劳动力市场一直处于供大于求的状况，于是低工资、低福利、超时间工作、超强度劳动等，农民工处于极为不利的地位，与城市劳动者形成强烈的反差。这种由中国二元社会结构所决定的劳动力市场的体制性分割确实是我国劳动力市场的主要表现，对于印证中国社会结构的城乡分割具有较强的现实解释力。在我国混合经济条件下，城市社会中不同群体劳动力市场境遇的差异在东南沿海地区隐没在城乡的巨大差异和隔离中。

二、城乡二元分割是认识中国劳动力市场发展过程的一个阶段

中国“渐进式”改革道路的特殊性使我们可以发现这样的规律：在我国由计划经济转向市场经济的过程，各社会群体参与市场经济的步骤和速度是不一致

---

① 李若建：《割裂的劳动力市场及其对就业的影响：珠江三角洲劳动力市场的研究》，载《管理现代化杂志》，1994(2)。

的。社会地位较低的边缘群体是最先进入到市场经济中来的，而社会地位较高的群体进入市场经济的速度则明显低于前者。中国劳动力市场的发展也是同样的过程，率先进入劳动力市场的是以农民为主体的原有体制中的边缘群体。

表 9.1　辽宁与广东、浙江两省在业人口增长速度的比较　　单位：千人

	辽　宁			广　东			浙　江		
职业分类	1982 年	2000 年	增长率/%	1982 年	2000 年	增长率/%	1982 年	2000 年	增长率/%
专业人员	1470	1794	22.02	1466	2657	81.26	958	1548	61.61
管理人员	557	621	11.49	416	897	115.63	312	462	48.11
办事员	404	965	138.91	421	2138	407.79	181	996	449.23
商服人员	1407	2752	95.59	1473	6718	355.95	959	4198	337.77
农林牧渔业人员	7644	11525	50.78	21765	17026	−21.77	12695	9155	−27.89
生产工人	6270	4572	−27.08	5115	15906	210.93	5855	10200	74.22
不便分类人员	40	5	−88.35	17	5	−73.62	16	11	−30.37

数据来源：第三次和第五次全国人口普查资料。

而从中国改革的时间序列和空间布局来看，中国的改革是从东南沿海登陆中国的。东南沿海除了具有地理优势和文化传统以外，还是中国的计划经济体制时期的国有经济相对薄弱的地区。根据人口普查资料，1982 年广东第二产业从业人员仅占 15.33%，而同期的辽宁已经占 36.39%。从就业人口的增长率来看(见表 9.1)，广东省的专业人员，2000 年比 1982 年增长 81.26%，管理人员增长了 115.63%，办事员增长了 407.79%，商业服务业人员增长了 355.95%，农林牧渔业人员负增长 21.77%，生产工人增长 210.93%。这种增长比例远远超出人口自身的增长幅度，明显地反映出广东和浙江的外来劳动人口的大幅度增长问题。外来人口的大幅度增长，融入本地的劳动力市场，确切地说融入了本地的次级劳动力市场，使劳动力市场的二元分割和城乡分割近乎重合，而城市劳动力市场则和初级劳动力市场近乎重合。于是在快速城市化的东南沿海地区形成了以城乡分割为基本特征的劳动力市场的二元分割。

这也是以广东为代表的中国改革和中国劳动力市场发展的第一个阶段，表现出以外来务工人员和本地劳动者为区隔特征，其中以城里人和农村人的身份差异为基本标志的劳动力市场的二元分割就成为特定阶段、特定时期及特定区域的典型特征，也成为学者们研究的逻辑前提。在城乡制度分割的大背景下，

城市劳动力市场作为一个整体的板块与农民工的“自由”劳动力市场相对应，是此特定时空的明显特征。

但是，经过30余年由体制外到体制内，由南向北的渐进式改革，改革的重心由珠江三角洲、长江三角洲，推移到东北老工业基地，进入到计划经济的核心区域，也标志着改革进入到了新的发展阶段。此时此地所面临的社会问题是迥然不同的。

在辽宁，改革所面临的不仅是制度转型，同时还伴随着经济转型，伴随着传统产业和夕阳产业的转型，伴随着老工业基地改造的问题。在这里，劳动力市场的城乡分割表现得并不明显，取而代之的是国企职工大规模下岗失业、国企职工的身份暴跌。表9.1同样反映出这样的问题，辽宁管理人员和专业技术人员的低速增长，农林牧渔业人员的增长幅度达到50.78%，生产工人负增长27.08%，就业人数的变化呈现出两个区域强烈反差。所谓“东北现象”正是一个时期里对这一特征的形象概括。中国社会结构的复杂性也清晰地展现在人们的眼前。在这里更清晰表现出的是在城乡分割的同时，城市劳动力市场发生的更清晰的断裂和分化。这也引起我们去反思中国城乡劳动力市场二元分割理论的普适性及局限性的问题。

三、城乡二元分割理论面对的中国现实

西方劳动力市场分割理论主要是针对统一的劳动力市场所具有的非竞争性而言的，主要是基于市场信息不完全和不确定性，以及由此诱发的劳动力自由转移受阻，使劳动者被分隔在不同的就业领域。这种二元分割是对统一的社会结构中的就业差别和就业区隔的发现。这种理论建立的基础与中国城乡劳动力市场的二元分割存在着一定程度的差异。

第一，劳动力市场分割理论是在经济学的视域下，在相对稳定的社会结构中，凸显出的工资水平或其他劳动条件等内在特点上的差别，它强调个人在两个部分之间流动的有限的可能性及两个部分内在特点差别的持续性。这一理论产生的背景是高度市场化和产权制度比较单一的社会条件。而中国的城乡社会是制度性割裂的，是起因于计划经济体制，又在非成熟的市场经济促进下延伸，劳动力市场的城乡分割只是这种二元社会背景下的多种表现之一。

第二，劳动力市场理论建立的基础是劳动者身份的统一，在同一个劳动力市场。然而中国由于户籍制度的存在，城乡劳动者具有不同的劳动身份，户口是身份尊卑的标志，也是从事各种活动的身份证明，很多城市的工作岗位是不

向农村身份的劳动者开放的，城市的就业政策对城市劳动者倾斜，对农业身份劳动者甚至在行业和职业上也设置多重限制，农村身份的劳动者即使居住在城市也由于身份的限制而无法融入主流的城市社会。所以，劳动者城乡身份的差异，是被制度化的，这种非竞争性不是劳动力市场分割造成的，而是制度身份造成的。

第三，劳动力市场分割理论强调的是统一制度的劳动力市场由于信息不完全和不确定性出现不同就业领域的隔离，但是中国的劳动力市场制度由于存在城乡社会身份的差异而形成的是城乡二元社会基础上的制度分裂，是双重制度的劳动力市场。政府是通过行政和立法的方式将城乡劳动力区分开来。到目前为止，在中国相关部委和许多大城市的法律文件中仍可以找到在目前仍在生效的将城乡劳动力区隔对待的文件。

尽管中国在努力构建统一的劳动力市场，但是现有的城乡用工制度的差异、合同制度的差异、社会保障的差异，甚至包括对下岗失业工人的优惠政策都在不断地延续着这种城乡二元的制度。当然，我们认识事物的时候最先发现的往往是最明显的特征。劳动力市场的城乡二元分割理论尽管反映出对中国劳动力市场的本质特征的把握，但是也明显地表现出了对城市劳动力市场异质性的忽略，表现出我们认识的阶段性。

第三节 城市劳动力市场分割特征

辽宁是同广东等沿海城市不同的，是由多个工业城市组成的大规模城市群。根据2000年第五次人口普查资料，辽宁的非农业人口占45.9%，和黑龙江、吉林一起成为除京、津、沪以外城市化水平最高的地区，而同年的广东为25.66%，江苏为28.92%，浙江为21.37%。较高的城市化水平反映出辽宁面临着的更主要是城市社会的劳动问题。同时由于辽宁的城市化过程的缓慢，在广东和浙江农林牧渔业人员分别下降21.77%和27.89%的过程中，辽宁农林牧渔业人员反而增长50.78%，反映出辽宁的农民更多的还是被束缚在土地上，从事传统的产业，还没有进入到劳动力市场。因而，辽宁一方面主要是社会的分割，尚未形成一定规模的城乡身份的劳动力市场分割；另一方面，辽宁城市劳动力市场的复杂性更加明显。

根据第四次和第五次人口普查抽样数据，辽宁的离退休人员由1990年的174.6万人增加到2000年的322.7万人，增加了148.1万人；失业人员由

1990 年的 30.1 万人增加到 2000 年的 228.0 万人，增加了 197.9 万人，调查失业率高达 9.47%。在失业人员中失去工作正在找工作人员为 137.5 万人，从未工作正在找工作人员为 90.5 万人。从 2002 年和 2003 年两年的统计数字来看，辽宁的登记失业人数和失业率都高居全国第一，登记失业人数 2002 年占全国总数的 6.5%，2003 年仍占全国的 6.5%(见表 9.2)。辽宁的社会阶层结构与广东及其他发达省份存在极大的差异，面临的社会问题也存在极大的差异。

表 9.2　分地区城镇登记失业人数及失业率

区域	2002 年		2003 年	
	失业人数/万人	失业率/%	失业人数/万人	失业率/%
辽宁	75.6	6.5	72.0	6.5
浙江	27.7	4.2	28.3	4.2
广东	36.5	3.1	14.9	3.6
全国	770.0	4.0	800.0	4.3

数据来源：2004 年中国劳动统计年鉴统计数据第 145 页。

辽宁的区域社会结构凸显了由城市的下岗失业问题带来的城市劳动力市场的分裂，以及城市社会结构的断裂。城市和乡村劳动力市场的分割尽管依然存在，但是在大城市群集、城市问题更为严峻的辽宁，城市劳动力市场的分割表现得异常明显。

一、初级与次级：劳动力市场层级的二元分割

劳动力市场二元分割理论是分隔理论的最重要的形式，也是分割理论的典型代表，二元结构理论将劳动力市场理论分为初级市场和次级市场，两个部分不是按照特定的产业或职业，而是按照雇用和报酬支付特征来定义的。初级市场和次级市场的划分主要是关注统一的劳动力市场中劳动者的两种不同的境遇和状态。初级市场的工资较高，工作条件优越，就业稳定，安全性好，作业的管理过程规范，具有良好的晋升机制：而次级劳动力市场则与之相反，收入低，工作不稳定，工作条件差，培训机会少，缺乏晋升机制。两级市场之间工资差别是较大的，而需求方和制度性因素的影响又导致工薪差别并不完全反映劳动者的素质差别。

初级劳动力市场中常采用的高度专业化、合作化的生产方式更能体现“团

队生产”的特征。按照阿门·阿尔奇安和哈罗德·德姆塞茨的看法，在团队生产的条件下，总产出很难确定区分为个人对联合产出所做的贡献，初级劳动力市场常见于大型企业。

次级劳动力市场的企业生产规模和资本密集程度较低，产品市场高度竞争，而且多集中于价格竞争方面。在次级劳动力市场上，市场力量发挥着较大的作用(这里主要指比初级市场具有更大的流动性)，但其特征是供大于求。雇主作为非初级市场上的短缺方，能购买到任何数量的劳动力，而不受数量约束，从而具有有利地位。雇主可以通过提出或者接受或者走人的方案，就可以获得高于其支付的实际工资的劳动边际价值。与初级劳动力市场上高层所获得的过高的薪酬相比，次级劳动力市场上(特别是技术含量特别低的行业)的薪酬水平一般是过低了。

狄更斯发现美国初级和次级劳动力市场的工资决定机制不尽相同，他指出，在初级劳动力市场，受教育年限和收入具有显著正相关关系；但在次级劳动力市场上，受教育年限与劳动者的收入没有显著性关系。在初级劳动力市场，工作年限对提高劳动者收入具有积极作用，但在次级劳动力市场，工作年限的作用几乎为零。①

计划经济时代，劳动力由国家统一配置，因而不存在劳动力市场。改革开放以后，国有大中型企业高度集中的辽宁，社会也发生急剧的分化，劳动力市场也同样发生了分化，形成了高低不同的两种状态。初级劳动力市场同样高工资，高福利，高升迁机会，较好的工作条件；次级劳动力市场则低工资，低福利，低升迁机会，工作条件不稳定。初级劳动力市场主要集中在大企业群，次级劳动力市场则主要集中于中小企业。

辽宁劳动力市场的复杂性在于这样两种劳动力市场虽然也同样表现为劳动者的两种不同的雇佣形式和报酬支付特征，但是在这种表现背后还存在着经济转型和社会转型过程中的雇佣形式的特点：

第一，辽宁的劳动力市场分割在一定范围内具有行业和职业特征。

初级市场突出表现国家垄断的行业和有限制进入的行业，比如电力、电信、石油、自来水、烟草、民航等行业，媒体披露出的年薪十万的抄表工，年薪 30 万的烟草中层干部都只是冰山的一角，这些垄断行业依靠垄断利润维持

① William T. Dickens, Kevin Lang, “A Test of Dual Market Theory”, *The American Economic Review*, Sep., 1985, pp. 65-75.

着职工的高工资、高福利、较好的工作条件及依靠计划经济的传统维持着较高的晋升机会，“正因为待遇好，现在电力系统都快成世袭的了”①。这种垄断世袭使这里的工资与受教育程度的相关性表现得并不明显。

第二，辽宁的初级和次级劳动力市场分割具有制度安排的特征。

在辽宁，由于不同的工业部门和企业机构在制度变迁过程中具有不同的命运，因而不仅对不同的人存在着不同的就业类型、不平等的收入和福利待遇及不同的职业提升阶梯，有着同样特征的个人——如同样的教育水平、训练资历、心理素质、工作努力程度等，在垄断企业，在限制进入的企业，和在竞争失败的企业中的劳动者会具有不同的机遇、获得不同的回报，会有不同的社会地位，因而社会结构性因素、社会制度的安排在人们的职业地位获得中起着决定性的影响。而由于企业自身的竞争失败、破产、关闭等因素，使“人力资本失灵”现象在东北也成为非常普遍的事情。也就是说，劳动力市场的分割是确定的，然而被分割的主体，个体和企业归属于哪个劳动力市场却更表现为制度安排的特征，使具备在初级市场有效工作特质的劳动者却沦入次级劳动力市场。

第三，劳动力市场分割的稳定性与流动性并存。

处于社会转型期的辽宁，一方面，改革开放以来在市场化和体制转型的过程中，大量的原国有企业竞争失败，走向破产、倒闭，比如国企建筑业在包工队的竞争面前如同庞大的恐龙，几乎面临全军覆没的境地；另一方面，由于“摸着石头过河”，体制转型过程中必然存在制度的真空，也必然存在制度的调整和摇摆。那么，对于企业经营来讲，比完全市场化的稳定的社会形态存在更多的经营危机，比如中小钢铁企业面临的危机就不是个别企业经营的问题而是宏观政策变动的问题。在这种情况下，无论对于企业还是个体的职业生涯，由于企业命运的不同，存在着由初级劳动力市场跌入次级劳动力市场的危机，对于个体来讲也存在由稳定的就业跌入不稳定的就业的危机，由于同样的原因也存在处于次级劳动力市场的中小企业快速发展挤入初级劳动力市场的可能。因此，与发达国家稳定的劳动力市场分割状况不同，辽宁的劳动力市场分割的确定性和被分割的要素的变动性和流动性共存。

---

① 万兴亚、刘世昕：《电力系统快成世袭？垄断行业收入为何这么高？》，载《中国青年报》，2006-07-31。

二、核心与边缘：劳动力市场分布结构的二元分割

如果说初级和次级劳动力市场的二元分割注重的是劳动者的待遇状况、劳动条件，那么核心和边缘劳动力市场的二元分割则主要关注劳动力市场中的企业特点，这对劳动力市场二元分割又提高了一个维度，也是对初级和次级劳动力市场形成原因的进一步说明。

初级劳动力市场的平均工薪水平要远远高于次级劳动力市场的工薪水平，初级劳动力市场的源头和雇主主要是生产规模大、资本密集程度高、盈利能力强的企业的厂商，它们形成了核心劳动力市场，能够为职工提供高工资和高待遇。而非熟练工人，没有特殊技能的劳动者主要是聚集在由中小企业和城市的非正规就业部门组成的边缘劳动力市场，这个市场工资低下，没有接受在职培训的机会，没有晋升的机会。

从劳动力市场上企业分布的结构看，辽宁同样存在着核心劳动力市场和外围劳动力市场的分割。我们以对辽宁的百强企业的分类为例。辽宁百强企业是辽宁省企业联合会根据"企业申报、各市企联和行业协会推荐、确认的基础上，省企业联合会/企业家协会继续按照国际通行的排序方式，经省政府经济主管部门认定，根据企业 2006 年度完成销售收入(或营业收入)指标"进行的企业 100 强排序，我们根据企业的所有制性质和发展历史将百强企业分成三类，同时认为这三类代表了辽宁核心劳动力市场企业的基本特征：

第一类是具有行业特征的国家垄断企业，如电力、煤气、铁路、石油、邮电、烟草、高速公路、有线电视、自来水、电信等行业，这些企业由于其垄断利润而维持着高工资、高待遇、高晋升机会和较好的工作条件。此外，在这里还包括"半垄断"的大型钢铁国有企业，钢铁行业的特殊性，使国家可以通过对钢铁产业发展政策的调控来保护大型国企的竞争优势，这样的企业占百强企业的 31％。

第二类是竞争获胜的大型国有企业和已经转制的前国企。国有大中型企业高度集中的辽宁，在社会转型过程中除少数垄断行业外都被推向市场，在市场化的过程中尽管有大量的企业走向亏损和破产，甚至有的行业诸如国企的建筑业几乎全军覆没，但是大浪淘沙，也存在着诸多在竞争中生存和发展起来的企业，这些企业主要集中于辽宁的传统优势产业——重化工业，这些企业占百强企业的 32％。

第三类是民营、合资和外资企业，这是改革开放以后发展起来的非公有制

企业，占百强企业的37%。

以上述三种类型的企业为代表的大企业群构成了辽宁的核心劳动力市场，当然这并不是说核心企业完全是初级劳动力市场。事实上，核心企业的状况是不同的，第一类企业的垄断特征决定了它们具有最多的初级劳动岗位，年薪十万的抄表工就是代表，第二类企业的特征是它们具有较多的初级劳动岗位，第三类企业为了提高竞争力，他们的白领阶层技术人员就具有初级工作岗位。

而外围劳动力市场的源头企业大多为生产劳动密集型产品的、竞争力较弱的小企业或行业，属于经济中的边缘产业，这些企业处于低水平同质竞争激烈的市场，为生存而必须不断降低成本，公司管理缺乏规范的行政制度，很少有升迁机会，居于“边缘”劳动力市场的劳动者不仅就业不稳定，工资低，而且由于大量下岗失业工人和外来农民工的存在，使这里的次级工作具有极大的竞争性。

三、具有转型特征的内部劳动力市场

内部劳动力市场理论是指在一个企业范围内，以特定的规则和习惯来决定劳动力供求的资源配置机制。内部劳动力市场思想最早产生于20世纪40年代，当时一些学者发现在经典经济学中有关劳动力市场的理论并不能解释企业内部的雇佣关系，即工资体系，并进而提出了劳动力市场分割和内部劳动力市场的思想。克拉克·克尔在《劳动力市场的分割》一书中提出了内部劳动力市场和外部劳动力市场的概念，特别是在20世纪80年代，尤其90年代中期对日本企业终身雇用制的研究发现，大型企业内部高级别职务是通过现雇员的晋升或调任填补的。而受过专业性培训的在职雇员成为对企业有价值的资源，这类人员的流动导致很高的成本，因此，为防止受过专门培训的雇员离开，企业会向他们提供晋升的机会。在“空缺竞争”中[①]，雇主在没有开放雇佣关系的情况下，利用内部劳动力市场的工作阶梯对雇员形成一种激励结构，诱使雇员去竞争晋升的机会及相应的薪酬机会来强化激励的作用，这样在大型企业中就构成了内部劳动力市场。内部劳动力市场具有高度的组织性，是正规的劳动力市场，它通常有自己独特的工资决定机制，借助一套正式的内部政策及非正式的规范和传统等手段来实现企业内部员工的晋升。

在具有严格的晋升阶梯的企业内部，外部人只能在企业的“进入港”处找到

---

① ［美］戴维·格伦斯基编：《社会分层》，390页，北京，华夏出版社，2005。

工作——一般是一些较低级别的岗位。企业内部的劳动力市场实际上是一种等级式的控制，大型厂商为了笼络人心，便将重点放在正常的晋升规则、提供工作保障及开拓就业前景等方面，建立了专门适合于本企业或本行业的培训制度、晋升阶梯和稳定忠实的劳动力队伍。内部劳动力市场一般主要对应于竞争力强的资本密集型和技术密集型的核心产业。辽宁的核心企业存在着上述的内部劳动力市场，在企业的发展过程中，企业通过内部的"空缺竞争"表现对员工的激励机制，特别是生产规模大、技术含量高的企业更是通过这种内部劳动力市场来留住企业的专门人才。但是在辽宁的内部劳动力市场，还表现出与一般的内部劳动力市场不同的含义：

第一，计划经济时代单位制延续的"类终身雇用制"，强调"类"一方面是因为当时的意识形态强调职工是国家的主人，是企业的主人，因而与日本的终身雇用制是相区别的；另一方面，计划经济时代的劳动力资源是由国家发挥着资源配置的主导作用，作为国家职工的劳动者同时体现为对单位制的全面依赖，企业必须给予终身的"雇用"，这是"从摇篮到墓场"的终身托付。改革开放以后，尽管大批国企打破了"铁饭碗"和"大锅饭"，但是对于大量的垄断企业，这一计划经济时代的最后堡垒，职工对单位的依赖还有不断强化的趋势。因而表现为代内流动中的近乎封闭的内部劳动力市场，形成内部的晋升阶梯及工资的序列。

第二，垄断企业的内部劳动力市场还表现为代际流动中的封闭性，职工对单位的依赖，在市场经济的条件下也要求对子女的关怀，因而形成了代际间的封闭的内部劳动力市场，"子女就业单位主要由父母单位特征所决定"[①]。在我们的调查中，一些非垄断企业的大型国企和原国企也存在类似的情况，高级专业技术人员的需求如果没有内部的推荐，才会公开招聘，而一般的劳动岗位则主要解决内部职工的子女，因为要关心职工的生活，也要解决职工的后顾之忧，更要体现对退休职工的温暖。在就业竞争激烈的背景下，企业的内部劳动力市场甚至演变成为员工的福利，成为约定俗成的规矩。不仅使核心企业形成封闭的内部劳动力市场，甚至外围企业的内部劳动力市场也不逊色。

第三，通过企业的员工培训机构来实现内部劳动力市场。大型垄断企业大多有自己的技校和子弟学校，即使对外招收学员，能够上岗的主要为员工的子

---

① 余红、刘欣：《单位与代际地位流动：单位制在衰落吗?》，载《社会学研究》，2004(6)。

女。“正因为待遇好，现在电力系统都快成世袭的了，职工子女读个技校，常常就成正式的了，以前在中专学校，每个班也是先留出一定的名额给职工子女，如果运气好，班上职工子女人数不多，其他人才有机会进入。”[①]这种状况在交通行业同样存在。内部劳动力市场还通过“接班、顶替”及技校中专等培训机构来实现。

第四，它主要面对的不只是高级别职务，而是全部正规就业岗位。辽宁的内部劳动力市场是一种在单位对职工的全面控制及职工对单位全面依赖基础上形成的具有再分配体制特征的劳动力市场，在辽宁的就业压力不断增大的社会条件下，甚至包括“进入港”都用来惠及子女；而相反，只有对高级专业技术人员的需求才会放开控制，实行“人才引进”。

总之，处于社会转型期的辽宁，虽然市场化程度不断提高，但是劳动力市场尚未形成稳定的状态。多种形式并存就是这一背景下的产物，这一过程体现了中国经济多元化的发展过程，所有制成分的此消彼长，国家政策的不断调整，而且同时存在一个两种体制间的调适和适应过程，这一过程塑造了辽宁的劳动力市场。

第四节　处于边界状态的劳动力市场

改革开放以来，中国社会结构已经发生了极大的分化，这种分化不仅使地区的东西不同，南北差异，同时也使城乡身份的劳动者境遇发生了极大的分化。在我国由于城乡经济的二元结构特征依然存在，因此劳动力市场的城乡分割至少存在这样的三重含义：第一，区域分割，城市社会劳动力市场和乡村社会劳动力市场的分割；第二，制度分割，主要体现为劳动力市场制度的城乡分割，体现为制度上对不同身份劳动者的区别对待；第三，城乡身份的劳动者在劳动力市场上生活机遇的不同。

在城乡差别依旧存在的中国，第一层含义的差别仍然是基本的存在，随着我国户籍制度的放开和用工制度的放开，中国事实上已经形成了一亿多的城市流动人口，这些劳动者的生活机遇存在着极大的不同，发生着极大的分化。城市社会劳动力市场结构也在发生着极大的分化，在市场化的过程中，不仅存在

---

① 万兴亚、刘世昕：《电力系统快成世袭？垄断行业收入为何这么高?》，载《中国青年报》，2006-07-31。

着老工业基地经济转型中传统产业、夕阳产业等大批的破产企业，而且存在体制转型过程中竞争失败的大中小型国企，形成了相当规模的下岗失业大军。在社会保障制度尚不健全的今天，城市身份的劳动者也发生了极大的分化。城乡两个身份群体所发生的分化形成了城乡劳动力市场格局上的变化。

一、城乡身份制的动摇

随着我国户籍制度的松动和放开，改革开放30多年来，辽宁城乡身份劳动者的境遇已经发生了极大的变化，最明显的是农业身份的劳动者。

第一，一部分农业身份的劳动者成为企业主和管理人员，不论是通过乡镇企业的发展道路还是自己在城市社会的打拼，通过不同的途径，他们拥有了中小企业的初级岗位。

第二，在城市的长期生活，他们形成了自己的社会网络，并且具有相对稳定的职业，他们一般难以进入核心企业，但是在次级劳动力市场占据了相对稳定的职业，在商业服务业及中小企业站稳了脚跟。他们的职业可能还会经常变换，但是他们已经具有了一定的工作经历和经验，也知道了自己可以找，可以做什么样的工作。

第三，大量的未能进入次级劳动力市场的农业身份劳动者停留在非正式的马路市场、“零工市场”。

对于城市劳动者来说，改革开放30多年来，由于辽宁企业不同的命运，城市劳动者群体也发生了极大的分化。第一，存在着垄断企业中受内部劳动力市场保护的国企职工。第二，也存在着产业转型、体制转型过程中企业倒闭破产形成的大量的下岗失业工人，他们由“类中产阶级”下降为“再就业人员”，在再就业过程中，大批的城市劳动者集中到次级劳动力市场。第三，由于下岗失业工人规模的扩大，下岗失业率位居全国之首，在辽宁形成了一个非正式的零工市场，下岗职工的一部分涌入这个劳动力市场。

二、城乡身份混合的马路市场

由于改革开放30多年来城乡劳动者发生的分化，城乡劳动力市场的边界被打开，形成了城乡混合或城乡一体的马路市场，也被称为零工市场。据调查显示，在马路劳动力市场的劳动者1/3属于城市劳动者，2/3为农业身份的劳动者，这里的工作主要是计件工作，劳动内容主要为装修、家庭内部修理、清洁、搬运等临时性的工作。

从这个劳动力市场的特点来看，第一，这是一个城市社会和农村社会两个相互分割的区域的结合点。在这里，城乡身份被隐去了，城市的正式劳动力市场基本上是排斥农村劳动力的(尽管有不定期的农民工专场招聘会)，这个劳动力市场的根本特点是在劳动关系、工作的选择、劳动过程及在报酬的计算上不以城乡身份为根据，从这个意义上说，这是一个城乡一体的劳动力市场。第二，从存在时间上看，在我们的调查中，在这个劳动力市场务工5年以上的人员接近一半，从进入劳动力市场的年限看，新入者仍在源源不断地加入进来，这个劳动力市场会在相当长的时期内存在。第三，从劳动力市场的参与者来看，城市身份的劳动者年龄平均49岁，农业身份的劳动者平均39岁；从收入上来看，农业身份的劳动者相对较高；从进入的时间上看，城市劳动者新进入的比例较少，而农业身份的劳动者相对比例较高，而从实际生活上来看，农业身份的劳动者大多要支付一定比例的房租，因此，农业身份的劳动者的收入将要受到影响。

尽管城乡身份劳动者的生活境遇存在很大的差异，但是毕竟是走向统一的第一步。如果说劳动力市场从整体上来讲是被分割成两个部分，那么城市社会与农村社会就是一条河的两岸，在这两岸之间，存在着一个可以跨越的桥梁，这就是处于边界状态的劳动力市场。对于这个特殊的劳动力市场，我们应该以何种概念来抽象地概括其基本性质还需要我们去进一步地研究和思考，本章旨在描述和揭示出劳动力市场的中间状态，并希望通过展示辽宁劳动力市场的复杂性来揭示辽宁社会结构的复杂性。

三、边界状态的劳动力市场的基本特征

马路市场属于何种劳动力市场？它不存在于农村，不属于农村社区的劳动力市场，可是它在明显受季节和天气影响方面又与农村劳动力市场相似。它存在于城市，又不同于城市劳动力市场，城市劳动力市场可以划分为初级和次级劳动力市场，马路市场不可能属于初级劳动力市场，但是它也同样无法归属于次级劳动力市场。马路市场是零活市场，它没有稳定的月工资甚至周工资，严格说来这不是一种就业状态，而更接近于失业状态，或“准失业状态”，没有升迁，没有劳动组织，劳动管理，没有福利，不具备次级劳动力市场的条件。

它也不具备非正式劳动力市场的基本属性。城市劳动力市场还可以划分为正式劳动力市场和非正式劳动力市场。在国际上，非正式劳动力市场的终端通常被视为这样一类生产单位，主要表现为自我雇用，家族企业和微型企业。从

事的生产或服务活动没有完整独立的账户，无法与家庭其他活动清楚地区别开来，单位通常在低组织水平上运作，生产规模小，劳动关系大部分建立在临时性就业的基础上。马路市场的劳动者，没有自我雇用的资本，没有形成家族企业的可能，没有所属单位，即使是低组织水平上运作的单位，他们所从事的劳动活动根本没有账户，因此也不能归属于非正式劳动力市场。

劳动力市场的基本要素是三方性原则，但是在边界劳动力市场不存在国家或者中介组织，一般要通过中介机构进行的劳动力市场过程在边界劳动力市场完全通过买卖双方的互动来实现，由于不存在国家或者中介组织，边界劳动力市场的公平规则是通过约定俗成来实现的，劳动者之间的公平竞争也是通过习惯而不是通过法律来约束的。由于还属于非合法的人力资源交换场所，劳动过程和劳动者的合法权益得到的保护程度有限，由于国家和中介组织的缺位，边界劳动力市场的规则是依靠习惯力量"替补"的。这是更具有传统社会特征的劳动力市场。

它还不是一个合法的市场，劳动力市场的基本运作是政府的管理和职业介绍，而马路市场不仅不存在职业介绍的中介机构，而且还不为政府所认可，是一个公开的非法市场，因而经常要遭到城市行政管理部门的驱赶和没收工具等处罚。

因而，我们将城乡分割背景下难以界定归属的马路市场作为一个特殊的劳动力市场，这是复杂社会背景下临界状态的劳动力市场，这也是城乡劳动力市场分割的必然产物。边界状态的劳动力市场的长期存在就是在呼吁社会政策的关注，也是统一的城乡劳动力市场的先驱，在这里没有身份的差异，没有身份的歧视，因而随着中国市场化过程和城市化进程，边界状态的劳动力市场可能会具有更强的生命力。

第五节　辽宁劳动力市场结构的思考

辽宁城市社会的分化与计划经济时代的城乡二元社会交织在一起，使劳动力市场呈现制度分割与功能分割交织在一起的局面，形成辽宁劳动力市场的更为复杂、多元分割的局面。

一、辽宁劳动力市场结构

辽宁劳动力市场的城乡分割依旧存在，城乡二元经济结构及其在户籍制度基础上的城乡身份的分割依旧是辽宁劳动力市场分割的主要背景。但是在此基础上，辽宁劳动力市场发生了极大的分化，形成了明显的区域特征。

首先，城市社会的劳动力市场已经发生分化。不仅存在初级劳动力市场和次级劳动力市场，而且同时交织着核心劳动力市场和边缘劳动力市场。辽宁的核心劳动力市场主要是由资本密集型的垄断产业和大型企业构成，但是其分配体制的特征也同样非常明显。国家垄断企业和行业成为核心劳动力市场的核心，由于单位制的延续，代际间的继承性依然明显地存在，因而形成代内和代际间明显的企业内部劳动力市场。在初级劳动力市场的下层存在着次级劳动力市场，这主要是由中小企业构成，在这个层级的偏下的位置上，融入了农村身份的劳动者，他们多从事城市劳动者不愿从事的工资水平较低的脏、累、差的工作。

其次，在城乡分割之间，由于辽宁城市化进程的相对缓慢，以及城市下岗失业职工群体的相对庞大，辽宁形成了一个较大的无业半失业群体，在这个群体的基础上形成了较大规模的边界状态的劳动力市场，这个劳动力市场是城乡混合一体的，尽管这不是一个被认可的劳动力市场，却也长期地存在。这里既存在属于上升流动的农民，也存在向下流动的国企工人，成为一个劳动力的蓄水池。

二、结论与思考

社会结构的复杂性决定了辽宁劳动力市场的复杂结构，学者们对此著述诸多，有双重劳动力市场分割论，有多重分割论，也有二元分割论，无论以何种标准进行分割，中国的劳动力市场的城乡分割是确定的前提，这是由城乡二元社会的特点决定的，计划经济时代国家是通过体制的力量、通过户籍制度来实现二元社会的维续。改革开放以后随着国家权力的不断退出及户籍制度的松动，在形成了城乡劳动力市场的同时，也形成了城乡间劳动者的流动。

城乡劳动力市场分割理论尽管概括了劳动力市场结构的根本特性，但是对于表现中国社会的复杂性及中国劳动力市场结构的复杂性都显得过于简单和模糊。由于中国经济发展的不平衡性，在东南沿海地区快速城市化，以及乡镇企业迅速发展的过程中，劳动力市场的复杂性被掩盖起来，很少能够引起人们足够的注意。而当我们关注辽宁社会的时候，这种劳动力市场结构的复杂性清晰地呈现在人们面前。一方面是改革开放 30 多年来经济社会的迅速发展，社会分化日趋明显，初级劳动力市场与次级劳动力市场分割已经形成。但是另一方面，辽宁已经成为全国登记失业率最高的省份，使城市劳动力市场由于存在大量的下岗失业工人而表现出极为复杂的结构。就业压力及单位制传统使内部劳动力市场异常明显。

同时由于城市化过程的相对缓慢和城市存在着大容量的“劳动力蓄水池”，也使农村劳动者很难顺利地实现劳动力市场的转换，于是在辽宁形成了边界状态的劳动力市场，即马路劳动力市场。也由于大量的下岗失业工人的地位下降，使他们在就业无望的努力中沉入边界劳动力市场，于是在辽宁的城乡劳动力市场结构中，出现了一个稳定的边界劳动力市场，形成了一个劳动力市场结构的临界空间。

在混合经济、社会经济发展不平衡的条件下，提供一个对所有对象和所有阶段都有效的分析框架是不太可能的。因此，劳动力市场分割理论对中国的解释力很可能是由一系列局部性的或动态的板块式理论所决定的。作为国有大中型企业高度集中，再分配体制力量相对雄厚，最近 20 年城市化过程相对缓慢的辽宁，劳动力市场结构所发生的独具特点的适应、变异和分化是中国“政体连续性背景下”转型社会结构复杂性的浓缩和典型。而对这种复杂劳动力市场结构的解释，至少应是对转型社会劳动力市场分割类型的贡献。而认识辽宁劳动力市场结构的复杂性，对于提出切实可行的社会政策和策略都是具有实践意义的。

第十章

一个边界状态的劳动力市场：基于沈阳零工市场的调查

第一节 研究背景

劳动力市场分割理论是在过去30年发展起来的新型经济理论，与传统劳动力市场理论的区别在于它构建了一种新范式来解释劳动力市场的非竞争性。美国新结构主义社会学家皮奥里的二元结构理论是比较有影响和有代表性的，他把劳动力市场划分为初级劳动力市场和次级劳动力市场，初级劳动力市场具有工资高，工作条件好，就业稳定，安全性好，工作规章制度的实施有公平适当的过程，个人升迁机会多，福利优越等特点。次级劳动力市场工资低，工作条件差，就业不稳定，管理粗暴，没有升迁机会，福利低等特点。这两个劳动力市场还是相互隔绝的，初级劳动力市场的求职者宁愿等待就业机会，也不愿到次级劳动力市场中谋职，而次级劳动力市场的失业者也根本不可能进入初级劳动力市场。

劳动力市场二元分割理论拓宽了我国社会学界的研究视野。以李强为代表的学者根据中国二元社会结构提出了城乡二元分割论，这种分析框架首先是一种空间的分割，即中国劳动力市场存在城市和乡村两个性质不同、空间分离的劳动力市场。在此基础上具有身份分割和就业层级分割(由于身份的不同，农民工所能进入的是那种收入低、工作环境差、待遇差、福利低的与城市居民不同的劳动力市场)的含义。

如果从布迪厄的场域和习惯理论，或者说空间呈现与空间实践理论来理解，那么中国城乡劳动力市场存在空间的、制度的二元分割是毫无疑问的。但是如果从空间实践的角度就会发现中国两个空间中的劳动力市场主体是单向流动的，即存在着大量从农村到城市劳动力市场的区域流动。我们无意去探究流动是否与劳动力市场分割理论相左，而是注意到一旦引入流动的概念，从空间实践的角度去观察问题，最先面对的就是边界转换问题，即农村劳动者进入城市空间能否立即实现城乡劳动力市场的两极跨越？如果不能立即实现，那么它们处于何种空间？现有的研究不论是结构分析理论还是社会网络分析理论都是以这种跨越可以立即实现为前提的，只不过结构分析理论是将社会流动放在社会分层结构中探讨，而社会网络分析理论将流动过程看成是其通过建立社会网络来实现的。①

与此相关的一个概念是农民工，一般说来它首先是指进入城市区域的农业户籍身份的劳动者，其次是指在城市工作中户籍身份为农业的劳动者。现有的研究基本上是在第二种含义上来理解农民工，不论是关注农民工的工资还是福利保障，还是农民工的劳动保护，基本前提都是已经在城市工作的农业户籍劳动者，或者是已经进入城市劳动力市场的农村劳动者。从理论上讲农民工的职业身份是通过进入劳动力市场获得的，而在城乡分割和农民职业流动的跨空间实践中，这种流动多大程度上存在立即实现的可能呢？根据劳动和社会保障部的研究，农村劳动力外出就业主要依靠自发外出的方式。2004 年，33％的农民工是通过自发方式外出就业的，有 65％的农民工是通过亲友介绍外出就业的。即使我们把通过亲友介绍外出就业的劳动者设想为能够立即获得城市工作，那么还有 33％的自发外出方式的农民不可能立即融入城市劳动力市场。此外，在城市社会还存在大量的下岗失业工人，特别是在国有大中型企业高度集中的东北老工业基地，由于就业形势的严峻，他们面临再就业无望的境地，也由于中国的体制转型存在着大量的买断、失业而造成的被隔离在社会保障制度之外的群体，他们的地位不断下沉，但是在城乡分割的背景下他们沉到哪里？他们的生计何以为继？

对超越两极空间的临界状态研究一直是社会学研究的一个兴奋点。以漂泊理论为代表的移民研究，通过对移民漂浮不定的身份认同，以及他们在不同地

---

①　翟学伟：《社会流动与关系信任——也论关系强度与农民工的求职策略》，载《社会学研究》，2003(1)。

方被视为外来者的经验，提出了第三种空间(the third space)，并以此来解释跨国移民的这种非此非彼的边界群体的心态。① 以阿帕都莱为代表的空间理论把空间视为一个社会过程，当中存在很多文化政治关系与互动，而移民通过流动和实践来创造新的跨地域社会空间。② 这是在两种文化空间的背景下，由移民所创造出的与本土和移居地都不同的临界空间。项飚以研究浙江村的经验，又进一步提出了“跨越边界的社区”。他认为，浙江村既与社会的各个部分紧密相关，又在既定的总体社会秩序之外，它的特点在于：不仅超越了地理上的边界，也超越了组织体系、行政体系和身份体系的边界等一系列更隐蔽、更深刻的社会边界。这是对中国城乡二元分割背景下，一种既非城市社区又与乡村有别的边界社区的关注。

无论是对于移民的边界心态研究和跨地域、跨文化的边界空间研究，还是对边界社区的研究，都涵盖了一个基本的主题，这就是边界状态存在。只要有移民，只要有大规模的社会流动，这种边界状态就有存在的现实性。本研究循着这样的思路试图通过对边界状态一个新的领域——边界状态的劳动力市场的关注，来探讨中国城乡劳动力市场二元分割背景下，一个跨越制度分割边界的临界状态的劳动力市场的基本理论、运行规则及主题特征。

在中国的城市社会普遍存在着一个特殊的劳动力市场——马路市场，也叫劳务市场和零工市场。在全国的各大城市都大量地存在，在处于经济和体制转型过程中的辽宁老工业基地，由于存在着国内最高的登记失业率和农业劳动人口不断上升的逆向城市化过程，在这双重的挤压下，具有异常繁荣的马路市场，不仅老城区存在，而且在新城区、新小区，这样的市场也立即生成。然而可能是由于其非法身份和“四不像”的属性，学界对此的关注非常有限。

于是我们试图了解这是一个如何定位或者如何确定归属的劳动力市场？它与城市的次级劳动力市场及与非正式劳动力市场有什么关系？这个劳动力市场是“非法的”，它没有政府和中介组织的参与，那么它的劳动力市场的运行是通过何种力量来实现的？此外活动于这个劳动力市场的劳动群体有何特征？

为此我们进行了调查和访谈，调查是在沈阳市内五区的马路市场进行的，

---

① James，Clifford，“Diasporas” *Cultural Anthropology*，vol 9，No. 3，1994，pp. 303-338.

② Arjun Appadurai，“Sovereignty without Territoriality：Notes for a Postnational Geography”，in Setha M. Low & Denise Lawrence－Zuniga（eds.），*The Anthropology of Space and Place：Locating Culture*. London：Blackwell，2002.

调查时间为 2007 年 4 月，采用判断抽样的方式，经过踩点选取了 8 个规模不同的马路市场，计划样本 400 人，回收有效访谈问卷 390 份。受访者平均年龄 41.7 岁，平均月收入 832.4 元。此外我们还进行了 30 人的深入访谈。

第二节　“马路天使”：一个超底层群体

最近几年，“弱势群体”是一个耳熟能详的话题，人们习惯把底层群体定位在无业失业人员、低收入者和进城农民工、失地农民，然而这个群体也是存在极大分化的，城市的无业失业人员和低收入者是否具有低保、退休金、养老保险和医疗保险，可能是完全不同的生活机遇。同样，进城农民工也存在工作有无的区别，在这个意义上，农民工的工资问题，有工的农民工有地方求助以期获得工资，而无工的进城农民的状况更是另一番景象。

本次调查显示，马路劳动力市场聚集的就是这样一个特殊的群体，我们称之为超底层群体，而调查对象们则给自己起了一个更美好的名字“马路天使”，把握这个群体的经济状况、社会网络、社会心态，也是我们解读这个劳动力市场过程的自变量。

这群“天使”们主要由进城农民和城市下岗失业工人组成（占 32%）。基本状况如下：

一、年龄高、受教育程度低

据劳动和社会保障部的调查，下岗职工平均年龄为 39 岁；国务院研究室 2006 年 4 月发布的《中国农民工调研报告》显示，全国农民工平均年龄为 28.6 岁。

本次调查对象平均年龄 41.7 岁，城市人平均年龄 47.5 岁、农村人平均年龄 39.1 岁，城市人的 47.5 岁比城市下岗职工的平均年龄高出 8.5 岁，而农村人平均年龄 39.1 岁，比农民工的平均年龄高出 10.5 岁。对于这两个备受社会关注的群体来说，“马路天使”们在年龄上明显处于劣势。

表 10.1　马路市场调查数据：城乡身份和学历　　单位：%

文化程度	城市	农村	共计	辽宁就业劳动者
小学及以下	11.2	32.8	25.7	20.7
初中	64.8	58.9	60.8	56.7

续表

文化程度	城市	农村	共计	辽宁就业劳动者
高中	23.2	7.2	12.3	13.4
大专	0.8	0.8	0.8	6.2
大学及以上		0.4	0.4	2.9
Total(N)	125	265	390	100.0

辽宁数据来源：国家统计局人口和就业统计局、劳动和社会保障部规划财务局编：《中国劳动统计年鉴2005年》，62页，北京，中国统计出版社，2005。

从受教育程度来看(见表10.1)，他们明显低于全省劳动者的平均水平。初中及以下占到86.5%，比辽宁平均的77.4%低近10个百分点，高中和大专也明显低于一般水平。这个群体在受教育程度上也明显处于劣势。在这个群体中，许多人甚至从没有上过学。笔者的调查对象中有一个18岁男孩，他甚至一天学也没有上过，没有文化，没有技术，但是已经在沈阳待了4年。

二、收入低、家庭负担重

从收入状况来看，马路市场劳动者平均月收入832.4元，其中城市身份的劳动者平均月收入805.79元，农业身份的劳动者平均月收入844.98元，城乡身份的相差近40元。根据国家统计局公布的2006年全国城镇单位在岗职工平均年收入大约是21001元，月工资应为1750.1元，那么马路市场的劳动者的平均工资仅为全国平均工资的47.6%。

由于平均年龄较高，81.5%的马路市场劳动者处于已婚状态，对于已婚劳动者来说，配偶收入状况也是家庭经济的决定因素。然而本次调查显示(见表10.2)，配偶的收入状况也并不乐观，44.3%的配偶也干临时工，一直没有工作的占23.6%，其中有正式工作的和离休退休的仅占8.8%。

尽管从收入状况上来看，城乡收入相差近40元，也就是说年轻的农村劳动者要比城市劳动者多挣40元。但是如果考虑到住房，情况就发生了很大的变化。81.6%城市劳动者有自己的住房，而85.3%农村劳动者需要租房居住，这又是一笔支出。本次调查显示，租住住房者平均每月支付房租为165元，这样的租金在大都市沈阳只能居住在城乡接合部或者合居在市内的棚户区，而一旦除去房租的165元，农村劳动者将比城市的劳动者收入更低。

表 10.2　城乡身份与配偶工作的交互分类　单位：%

	城市	农村	共计
一直没有工作	27.7	22.3	24.2
有正式工作	9.8	4.4	6.3
干临时工	35.7	49	44.3
自谋职业	19.6	9.2	12.9
在老家		15.1	10.4
退休离休	7.1		2.5
Total	112	206	318

三、缺乏社会保障

社会保障状态（见表 10.3），总体上 95.1%的人没有低保和退休金，85.1%的人没有医疗保险，在平均年龄为 49 岁的城里人中，也有 87.9%的人没有退休金和低保，60.8%的人没有医疗保险。“他们主要是国企和大集体单位的下岗职工，或者买断，或者企业倒闭，现在没有低保、医保和养老保险，企业不管，自己没有钱交”。而农村有退休金和低保的仅仅占 1.5%，而有医疗保险的仅仅只有 3.4%，那么在有低保和退休金的群体中，金额从 50 元到 800 元，平均为 377.5 元。当然，即使这部分人加上这个收入，依旧与全国职工的平均收入存在相当大的距离，但是毕竟和没有比起来还是幸运的，至少还有一点稳定的收入。

表 10.3　城乡劳动者低保退休金收入的有无　单位：%

		城市	农村	共计
退休金和低保	没有	87.9	98.5	95.1
	有	12.1	1.5	4.9
	Total	124	265	389
医疗保险	没有	60.8	96.6	85.1
	有	21.6	3.4	9.2
	自己交	17.6		5.6
	Total	125	265	390

四、缺乏劳动技能、没有稳定的职业

零工市场的劳动者在劳动技能上也比较匮乏，主要从事装修技术类(50%)、体力搬运类(16.4%)、什么活都干(15.4%)及卫生清洁类(14.6%)。过去的研究显示，许多劳动者是志愿选择在劳务市场等活，而本次调查显示，对于大多数马路市场的劳动者而言，这是一种无奈的选择，是找不到工作才来这里碰碰运气。在下岗后(或进城后)是否做过全日制工作(持续3个月以上，每月开工资)的回答上，65.4%的人根本没有做过，而34.4%的人虽然做过但是由于种种原因不能再做。

不论是城市的下岗失业工人还是进城的农民，在他们最大希望的选项上首选的是找个稳定的月工。有些马路市场就设在劳动力市场的外面，政府的劳动力市场每天上午开业，他们都要去等安置，下午才在马路市场等活，“大多数工作都要30多岁的，根本没有找我们的活”。由于他们的年龄、受教育程度和技术水平的限制，基本上找不到月工，不得已才依靠马路市场生活。因此，这里的劳动者是劳动世界的超底层群体。

大多数人都以为马路市场等活仅仅是一种暂时的状态，一种流动的状态，如果有合适的工作人们会离开，然而现实是留在这里的劳动者由于年龄、受教育程度和技术水平有限，已经与稳定的用工无缘，他们只有长期留在马路市场。调查显示，大多数马路市场的劳动者是长期处于这样不安全的劳动状态，或者说是没有指望的长期“准失业状态”。

调查显示，66.1%的人4年以上滞留在非正规的劳动力市场上，从事临时的偶然的工作。如表10.4所示，54%的劳动者在马路劳动力市场5年以上，城市身份的占64%，农村的占49.6%。随着时间的推移，城市劳动者长期留在马路市场的人数比例将会有所减少，然而农业身份的尚有12.5%的新加入者，随着时间的推移和城市化的进程，农村劳动者比例有增加的可能。

表10.4　城乡劳动者在马路市场的持续时间　　单位：%

	城市	农村	共计
半年以下	6.4	12.5	10.5
一年	6.4	6.8	6.7
二年	5.6	9.5	8.2
三年	7.2	8.7	8.2

续表

	城市	农村	共计
四年	10.4	12.9	12.1
五年以上	64.0	49.6	54.0
Total(n)	100(125)	100(264)	100(389)

五、经常处于生存危机的状态

由于工作和收入的不稳定，马路市场的劳动者要面对生存危机，55.7%的人偶尔或经常要面对吃不上饭的生存危机。在这样的绝对危机面前，他们采取应对的方法是向亲属朋友借和挨饿等到有活的时候，还有一些人采取的办法诸如捡破烂、回家种地等，有人则明示要犯法(见表 10.5)。在物质极大丰富的现代社会面前，还有这么多社会成员处于绝对生存危机的状态，这确实是令人担忧的。

表 10.5 生存危机及其应对 单位：%

问题	分类	城市	农村	共计
您有过没钱吃不上饭的时候吗?	没有	53.6	39.6	44.1
	偶尔有	36.8	40.0	39.0
	经常有	9.6	20.0	16.7
	其他		0.4	0.3
没有钱的时候您一般怎么办?	无回答	25.6	15.5	18.7
	找亲属朋友借	52.0	57.8	55.9
	想其他办法	17.6	21.5	20.2
	犯法	0.8		0.3
	节衣缩食挨饿	4.0	5.3	4.9
	Total	125	265	390

六、挫折感强烈

处于绝对生存危机中的马路市场的劳动者，主观的焦虑状态是我们在调查中就感受到的。我们的访谈对象在调查中非常容易出现激动、愤怒和沮丧的情绪，甚至我们试调查以后不得不求助于刑警学院的便装大学生，为我们每位女性访问员维持秩序兼维护安全。这是我们在其他的调查中不容易遇到的情况。

从表10.6可见，72.1%的人感到生活艰难，而处于习惯了和没有困难感觉的仅仅占一成左右，感到艰难中觉得可以忍受的也仅仅占20%，其中农村身份的感到可以忍受的比城市身份的比例高。这确实是很特殊的群体，是一个挣扎在城市社会边缘的超底层群体。

表10.6　您觉得生活艰难吗？　单位：%

	城市	农村	共计
习惯了	12.0	13.6	13.1
没有困难的感觉	15.2	10.9	12.3
感到很艰难	52.8	51.7	52.1
觉得艰难但可以忍受	17.6	21.1	20.0
说不清楚	2.4	2.6	2.6
Total	125	265	390

七、对生活的态度比较平和

令人觉得欣慰的是这个群体具有比较平和的对自身生活状况的评价，和我们在现场观察后的预期有些不同(见表10.7)，45.9%的人选择了现在的生活不好不坏，认为中等(不好不坏)以上的达到59.7%，比较不好和很不好的合计为39.4%。

表10.7　你认为你现在的生活状况　单位：%

	城市	农村	共计
很　　好	2.4	0.4	1.0
比 较 好	12.0	14.0	13.3
不好不坏	47.2	45.3	45.9
比较不好	16.0	18.9	17.9
很 不 好	21.6	21.5	21.5
不 知 道	0.8		0.3
Total	125	265	390

我们感到马路市场的劳动者们即使有很艰难的感觉，但是在自我生活的评价上仍选择了比较平和的态度，我们认为这一方面是“随遇而安”和“知足者常乐”的文化传统的影响；另一方面也是不同参照群体比较下的一种心理平衡。对于城市人来说，即使生活艰难，但是毕竟和同一个市场的农村人比起来有一个不用付租金的栖身之地，还有一个家庭和亲属网络；对于农村人来说，尽管生活艰难，但是和在农村种地的人比起来收入毕竟还是较高的，不同的参照群体使他们还能保持着比较平和的生活态度。

八、满足生理需要的人生目标

对马路市场劳动者的生活目标的调查，使我们对这个群体的了解进一步加深，在“您的最大希望”的选项上，所有选择大都集中在生存的需要，而除了孩子勉强可以算作发展以外，个人的发展需要基本上没有奢望，而享受的需要更没有涉及。对于现在最大困难的回答情况也大致相同，主要是基本的生存需要，甚至对较远期的保障的需求比例都很低(见表 10.8)。

表 10.8　关于人生目标及其实现可能　　单位：%

1. 您现在最大的希望是什么				2. 您现在最大的困难是什么			
分类	城市	农村	共计	分类	城市	农村	共计
多赚钱	23.7	43.4	37.2	没有工作	24.1	23.2	23.5
有保障	13.1	2.8	6	生活没有保障	7.5	1.2	3.3
有工作	34.2	24.4	27.5	收入太少	29.6	41.4	37.8
为孩子	17.1	11	9.4	孩子花费大	17.6	10.1	12.6
生活能好一点	8	11.4	10.3	生活困难	8.3	8.4	8.5
执法宽容一点	0.9	1.6	1.4	个人能力差		0.8	0.6
没有希望	1.8	1.6	1.6	政府执法太狠	0.9	3.4	2.7
其他	1.8	4	3.3	没有困难	12.0	11.0	11.3
Total	114	254	368	Total	108	236	344

总之，这是一个超底层群体，没有稳定的收入，没有保障，没有住处，但是这也是一个充满生存希望的群体。

第三节　马路市场的运行规则

劳动力市场的基本要素是企业、劳动者和中介机构，国家通过劳动的法律和法规来监督市场的运行。但是马路市场是一个自发形成的劳动力市场，它不存在中介组织，也很难得到国家劳动部门的监督。那么，由于不存在国家或者中介组织，边界劳动力市场的公平规则如何实现？

一、没有明码实价，能够上下波动的劳动力价格

在一般的劳动力市场，劳动力的价格是靠企业和个人的协商、中介机构的协调实现的。由于中国就业形势的异常严峻，一般情况下企业对劳动力的价格——工资往往具有绝对的决定权。但是在马路市场，由于中介组织和国家监督的缺位，劳动者所面对的主要不是精通劳动工资制度的企业而是个人，因此劳动力的价格尽管受到一般劳动价格的影响，但是在这里有约定俗成的价格波动空间。

我们访谈 F 的时候正好来了一个骑自行车的人，下了车问道，一车沙子 50 元谁干？上来五六个人，几个人讨价还价，被访者对旁边的小伙说，去吧！再讲你没菜了，3 个人跟着走了。然后一群人散开。

五爱马路市场，F，男，48 岁，原沈阳某大型国企的电工，买断后没有经济收入，一般不干力工的活：

那人是开建材商店的，懂行，讲也没用。俺们干的活，给钱靠谱就干，你问什么谱，就是官价呗，像刮大白一平米多少钱、水暖接个头多少钱、下个盒多少钱，都有数的，你看雇主有钱你多要点也能行，雇主要是挺穷你就得少要点，反正不能离谱。

也有多要的时候，碰见脑袋大的主道有的是钱，你要多点也没事，有一回那个小区有个主道就换个吊灯，我看挺有钱穿个貂，就要 80 元，结果那家伙说：行啦给你 100 元好好给我干。也有赔的时候，上礼拜给人家修厨房灯，钳子掉下来把灯罩打碎了，没挣着钱还倒给人家 50 元。

也有离谱的，刚才来个要搬电视的，那边那家伙看人家一女的开口 100 元，其实也就三四十，把人家吓走了，人家上别的地方找呗，不行可能让她老公扛了。离谱了呗！

尽管在马路市场没有中介组织协调，是完全市场化的，市场在调节着劳动

力的价格，围绕着某个确定值在上下波动。

二、非正式群体维护公平价格和公平竞争

在一般的劳动力市场，中介和企业具有用人的决定权，通过对劳动者的基本情况的了解和筛选来决定取舍，在中介和企业面前，劳动者的竞争机会是公平的。但是在马路市场，由于中介组织的缺位，劳动力价格和公平竞争的机会都必须用群体的力量来维护，于是这里也存在着非正式的组织。通过舆论来维护"组织"的秩序。

新乐市场，D，男，45 岁，苏家屯下岗工人，力工：

有不仗义的，昨天来了一个要刨地面的，刨车库地面修下水管，出的价太低，我们两个让涨 100 元，我们都扛着，看架势能行，可这工夫那家伙(他指了指远处一个孤零零的矮矮的男人说)吃独食接过去干了，一直干到半夜，然后又干完活赖着跟人家多要钱，人家也没给他。这里也没人搭理他。

谁最有威信？俺们都混到这份上了还讲什么威信？不过打架什么的都爱找那个老师傅说理(指不远处坐在花坛边的一个穿军大衣的)，人家原来还是干部呢！什么车间副主任，昨天那小子让他损了，谁的活就是谁的，你穷疯了抢活，你把价压那么低以后俺们怎么赚钱呀！

泰山市场，Z，39 岁，法库农民：

也有抬价的，那边那几个人就能抬价(他努努嘴指指路边的三五个看起来挺年轻的人)，要价可黑了，反正蒙上算，蒙不上拉倒。他们几个挺烦人，这边玩扑克都不带他们。他们要的价高，挺多人觉得我们这贵就不来了……谁不困难，不困难上这儿来？谁说了算？自己说了算，这里没谁能管谁，但是有几个岁数大的人挺好的，遇上事常帮俺们出出主意，俺们也都愿意听他们的，有时候也愿意一起搭帮干活。

虽然在这个群体中非正式组织的凝聚力有限，但是在正式组织缺位的情况下，它在维持劳动力价格、维持公平竞争上也发挥着明显的作用，而且在一定程度上也起到了减压、监督和调节的作用。

三、"互助组"内部网络相互支持

由于中介组织的缺位，在马路市场等活具有很大的偶然性，但是在这种偶然性中我们发现也存在着一个内部的社会网络的支持系统。在大西市场，我们刚开始访谈，一个雇主过来问：有瓦匠吗？这时受访者大喊一声"老三别玩了，

来!”于是我们的访谈就中断了，他们谈完价钱走了，临走那人还兴高采烈地向我们挥挥手。我们于是只好找旁边的另一位。

大西市场，L，男，35岁，吉林农民，挂着“疏通下水”的牌子，其实什么都干。

他们是表兄弟，一起来沈阳，我们都愿意跟老乡、跟和把(性格相投)的人一起干活，一个人找到活两三个人一起干，大家都能挣钱。要是自己干不了的活，问到我了就是我的，这是规矩，我揽下来介绍给老乡，我在这没有兄弟，有几个吉林来的挺好的，俺们互相照应着。

马路市场用工的偶然性很大，这种“互助组”可能也是一种降低风险的办法。

这里的人都是一帮一帮的，三个一群，五个一伙，有的是一起来的，有的是老乡，有的是后来合得来凑到一起的，大家有活一起干，没活一起聊，绝大多数是属于地缘和亲缘的网络。有的活自己干不了也都介绍给老乡、亲友，形成了一个个小的网络，还常常存在装修的活几个小网络连成一个大网络，形成“一条龙”，如水暖、电工、木匠、油工一起包下来干。由于存在着这些网络的支持，不仅仅是降低了个人的没有收入的风险，而且也形成了一种群体监督和压力，一旦某个人伤害了大家的利益，比如抢活、压价等，他可能就会失去群体的信任，而一旦失去了一个互助的网络，那么他找活的风险就增大。

四、劳动法律的真空地带?

在一般的劳动力市场，劳动者是通过和企业或者中介机构签订用工合同来保护自己的合法权益，一旦发生纠纷，大多数都可以通过劳动仲裁机构协商或强制解决。然而在马路市场，由于中介组织的缺位，也由于用工者绝大多数是小企业或个人，因此能够签订劳动合同的凤毛麟角，而这种情况下，一旦发生劳动纠纷，往往受害的是这些“马路天使”们。

泰山市场，S，男，东陵区汪家农民，木工，32岁。

不给钱、少给钱经常有，有丧尽天良的人，找你干活时说得好好的，干完活挑毛病，这也不行那也不行，就是为了少给钱、不给钱。有一回哥几个给一家吊棚，干了一个星期，他要作个圆儿，俺们做出来他硬说不圆，说有棱角，还让赔他料，其实就是不想给钱让俺们白干。俺们找谁，没有合同，没人管，那家伙挺横，俺们只认倒霉，连俺们都欺负的人丧尽天良啊。多数人都按数给钱，有的看俺们可怜还多赏点。

不是都自认倒霉，要是俺有错，少给点行，要是就想讹俺，欺负人，也报复报复。

怎么报复？原来在北行市场，有回给东家干一礼拜，硬说丢了东西，不给钱，他什么东西(我们)看都没看见，偷了也没用。后来气不过，晚上把他家店的玻璃砸了，把他家的门锁头塞个洋火棍儿，俺们也换地方不敢在那块干了。

由于缺少权力机关来维护合法权益，这里的劳动用工纠纷存在着很大的社会风险。

五、“非法市场”

在大多数城市，马路市场都是一个“非法”的市场，“马路天使”们也都为此带有着类似于非法的身份：他们时常要面对行政管理部门的驱赶，一旦被逮住，还会被收缴工具。大多数农业身份的“马路天使”都加入了农民工协会，调查中他们会拿出会员证和身份证，证明他们的会员身份。然而工作没有人给介绍，许多农民工住在马路市场周边的小旅店，5 元一宿，但是这是非法的旅店，也要经常遭到政府部门的取缔，一旦旅店被封，他们就只好露宿街头，露宿大桥下边。他们时常面临衣食无着，寒冷的季节许多人身着单衣，而且还要经常遭到周围行人和居民的鄙视。年老的城市下岗职工境遇虽然相对好一些，但是他们的怨气很大，感到政府抛弃了他们，他们的青春贡献给社会，年老的时候却一无所有。

总而言之，这里是一个特殊的劳动力市场，由于它缺少一般劳动力市场的中介组织和国家监督，因此这里的劳动力市场的用工规则、劳动力价格及市场运行规则都发生了变化，有自己的一套运作方式，而这套方式更倾向于受传统社会的习惯和习俗的制约，而不是受法律的制约，更倾向于非正式组织的作用，更倾向于地缘和亲缘关系的作用。因此，这是特殊的劳动力市场，我们称之为边界劳动力市场。

第四节　边界状态的劳动力市场的基本特征

边界劳动力市场不同于我们惯常理解的劳动力市场，无论是劳动力市场的要素、运行规则，还是劳动力市场的运行机制，都存在特殊性。

一、劳动力市场要素的不同

在一般的劳动力市场，市场要素是企业、中介组织、劳动者。而马路市场的市场要素，不仅中介组织缺位，使劳动力市场缺少协调环节，而且由于属于非法的市场，也是国家权力监督的真空，劳动力市场的主体之一的企业也发生了性质上的变化，大多为用工的个人和规模极小的企业。劳动者也处于一种特殊的状态：由于劳动力市场要素的不同，在马路市场，劳动者身份是非公开的，临时的雇主(用户)无法获得劳动者的身份资料，劳动者一般也无须具有身份证、档案，无须了解姓名、年龄、家庭背景、职业经历等，这种非公开性不仅使这种即时的劳动没有积累性，使劳动者很难实现向上流动。研究表明农民工再次流动以后均属于水平流动的原因之一就在于这种非累积性；同时由于这种非公开性也使这里容易成为安全的隐患，容易发生极端的事件。

二、劳动力市场运行机制的特殊性

马路市场是在没有国家和组织干预的情况下，通过内部的习惯和约定来实现和雇主的等价交换。由于正式组织的缺位，马路市场是通过非正式组织来保证公平竞争和订立价格同盟，由于没有正式的业缘组织，所以马路市场是以更加传统的地缘和亲缘来形成支持的网络。由于成为劳动法律法规的制度真空，个人的合法权益可能会受到侵害而无法得到保护。在正式劳动力市场，劳动者的收入一般是稳定的，每月工资的数额是可预期的，尽管存在拖欠工资等现象，也是可以有渠道争取的。但是在边缘劳动力市场，收入具有更大的偶然性和不确定性，为了应对这种偶然性，“马路天使”组成了互助组来降低风险。

总之，这是一个极其特殊的劳动力市场，它存在于城市，不属于农村社区的劳动力市场，但是也具有和乡村劳动力市场相似的季节性，收入受季节受天气的影响很大，寒冷的季节、炎热的季节都会影响用工，也就都会影响收入。它虽然存在于城市，但又不属于一般意义上的城市社会的劳动力市场。

三、劳动力市场划分的剩余项

对于劳动力市场，可以从不同的角度，依据不同的标准来进行分类。然而，马路市场不同于次级劳动力市场。城市劳动力市场可以划分为初级和次级劳动力市场，这种劳动力市场的二元分割主要是根据完全市场化条件下的劳动力市场所界定的。但是在中国，由于存在城乡的二元分割，因而初级和次级劳动力市场划分即使仅仅对城市社会也是“不周延”的，如边界劳动力市场不可能属于初级劳动力市场，也同样无法归属于次级劳动力市场。次级劳动力市场主要具有工资低，工作条件差，就业不稳定，管理粗暴，没有升迁机会，福利低劣等特点。而边界劳动力市场的劳动者们的就业状态更接近于失业状态，或者说“准失业状态”。因而这里的劳动，根本不存在升迁，也没有劳动组织，因而谈不到劳动管理，更谈不到任何福利，因而不能归属于次级劳动力市场。

马路市场也不同于非正式劳动力市场。城市劳动力市场还可以划分为正式劳动力市场和非正式劳动力市场。在国际上，非正式劳动力市场的终端通常被视为这样一类生产单位，主要表现为自我雇用、家族企业和微型企业。他们从事的生产或服务活动没有完整独立的账户，无法与家庭其他活动清楚地区别开来，非正规部门的单位通常在低组织水平上运作，作为生产要素的劳动力和资本较少分离或不分离，生产规模小，劳动关系大部分建立在家属或个人的社会关系上，而不是基于有正式保障的合同安排。① 人们习惯上在就业层次比较低的意义上把农民工和城市下岗失业工人归属于非正式劳动力市场，而事实上，这并不能涵盖所有的农民工和下岗失业工人，马路市场的劳动者，没有自我雇用的资本，没有形成家族企业的可能，没有所属单位，即使是低组织水平上运作的单位，他们所从事的劳动活动根本没有账户，因此也不能归属于非正式劳动力市场。

我们认为，在城乡分割的背景下，这就是边界劳动力市场，这是复杂社会背景下临界状态的劳动力市场，这也是城乡劳动力市场分割的必然产物。把对完全市场化条件下产生的劳动力市场分割理论应用于中国城乡二元制度分割背景下的中国实践，边界劳动力市场理论是对劳动力市场分割理论体系的不断完善。通过劳动力市场分割来关注移民及大规模社会流动所形成的中国劳动力市场的边界状态，这是中国二元社会的独特风景，也是一个边界研究的新领域。底层群体特别是农民工和下岗失业工人群体，一直被视作为一个无差别的整体，而事实上由于社会差距的不断拉大，群体内张力也不断加大，因而群体内存在着极大的境遇上的差异。本研究在边界劳动力市场的背景下，把“马路天使”从农民工和下岗失业工人群体中剥离出来，对这个群体内分层研究的尝试也形成了一个底层群体内分层研究的新视角，也将会有助于社会对底层不同群体实现更加切实的人文关怀。

---

① 王伟：《非典型雇用问题文献综述》，载《经济学动态》，2003(5)。

中国城乡二元分割的社会背景和市场化过程的体制转型形成了诸多的制度真空，边界劳动力市场所处的非法状态正是体制转型过程中的两种体制摩擦形成的制度空洞。对边界劳动力市场的关注，将有助于社会政策对马路市场的人文关怀，推动“边界政策”来关注边界空间。

参考文献

1. [美]李普塞特，本迪克斯．产业社会的结构．日译本．日本：サィマル出版会，1968.
2. 许嘉猷．社会阶层化与社会流动．中国台北：三民书局，1986.
3. [日]安田三郎．社会流动研究．东京：东京大学出版会，1987.
4. [美]戴维·波普诺．社会学．刘云德，王戈译．沈阳：辽宁人民出版社，1987.
5. 贾春增．外国社会学史．北京：中国人民大学出版社，1989.
6. 李路路，王奋宇．当代中国现代化进程中的社会结构及其变革．杭州：浙江人民出版社，1992.
7. 陆学艺主编．改革中的农村与农民．北京：中共中央党校出版社，1992.
8. 童星．劳动社会学．南京：南京大学出版社，1992.
9. 陈婴婴．职业结构与流动．北京：东方出版社，1995.
10. 李培林主编．中国新时期阶级阶层报告．沈阳：辽宁人民出版社，1995.
11. 李强．当代中国社会分层与流动．北京：中国经济出版社，1995.
12. 王春光．社会流动和社会重建：京城“浙江村”研究．杭州：浙江人民出版社，1995.
13. 辽宁省统计局编．辽宁统计年鉴 1996. 北京：中国统计出版社，1996.
14. [美]布劳·邓肯．美国职业结构．北京：社会科学文献出版社，1997.
15. [德]马克斯·韦伯．经济与社会(下卷)．林荣远译．北京：商务印书馆，1997.

16. 郑杭生等．当代中国社会和社会关系研究．北京：首都师范大学出版社，1997.
17. [英]安东尼·吉登斯．社会的构成：结构化理论大纲．李康，李猛译．北京：生活·读书·新知三联书店，1998.
18. [英]安东尼·吉登斯．现代性与自我认同．赵旭东，方文译．北京：生活·读书·新知三联书店，1998.
19. 郑杭生主编．社会学概论新修．2版．北京：中国人民大学出版社，1998.
20. 李强等．生命的历程——重大社会事件与中国人的生命轨迹．杭州：浙江人民出版社，1999.
22. 项飚．跨越边界的社区：北京"浙江村"的生活史．北京：生活·读书·新知三联书店，2000.
23. 许欣欣．当代中国社会结构变迁与流动．北京：社会科学文献出版社，2000.
24. [俄]弗·伊·多博林科夫，阿·伊·克拉夫琴科．社会学．张树华等译．北京：社会科学文献出版社，2006.
25. 李强，胡俊生，洪大用：失业下岗问题对比研究．北京：清华大学出版社，2001.
26. 刘霓：西方女性学：起源、内涵与发展．北京：社会科学文献出版社，2001.
27. 汝信，陆学艺，单天伦．2001年：社会蓝皮书——中国社会形势分析与预测．北京：社会科学文献出版社，2001.
28. 边燕杰．市场转型与社会分层．北京：生活·读书·新知三联书店，2002.
29. 程连生．中国反失业政策研究．北京：社会科学文献出版社，2002.
30. 段若鹏．中国现代化进程中的阶层结构变动研究．北京：人民出版社，2002.
31. 冯同庆．中国工人的命运．北京：社会科学文献出版社，2002.
32. 顾朝林．城市社会学．南京：东南大学出版社，2002.
33. 李慧英．社会性别与公共政策．北京：当代中国出版社，2002.
34. 李路路，孙志祥主编．透视不平等——国外社会阶层理论．北京：社会科学文献出版社，2002.
35. 李强．转型时期的社会分层结构．哈尔滨：黑龙江人民出版社，2002.

36. 李拓．和谐与冲突．北京：中国财政经济出版社，2002.
37. 刘少杰．后现代西方社会学理论．北京：社会科学文献出版社，2002.
38. 陆学艺主编．当代中国社会阶层研究报告．北京：社会科学文献出版社，2002.
39. [英]安东尼·吉登斯．社会学．赵旭东等译．北京：北京大学出版社，2003.
40. 李清均．从刚性到柔性——资源枯竭型老工业基地改造．北京：经济科学出版社，2003.
41. 辽宁省统计局编．辽宁统计年鉴2003. 北京：中国统计出版社，2003.
42. 张继焦．城市的适应：迁移者的就业与创业．北京：商务印书馆，2004.
43. 袁方，姚裕群主编．劳动社会学．北京：中国劳动社会保障出版社，2003.
44. 赵子祥等主编．2002—2003年辽宁省经济社会形势分析与预测．沈阳：辽宁人民出版社，2003.
45. 杜芳琴，王政．社会性别．天津：天津人民出版社，2004.
46. [日]高坂健次主编．当代日本社会分层．张弦等译．北京：中国人民大学出版社，2004.
47. 蒋选．我国中长期失业问题研究．北京：中国人民大学出版社，2004.
48. 李汉林．中国单位制社会．上海：上海人民出版社，2004.
49. 李培林等．中国社会分层．北京：社会科学文献出版社，2004.
50. 李强．转型时期中国社会分层．沈阳：辽宁教育出版社，2004.
51. 辽宁省民政厅．城市低保试点资料汇编．沈阳：辽宁省民政厅，2004.
52. 刘艾玉．劳动社会学教程．2版．北京：北京大学出版社，2004.
53. 陆学艺主编．当代中国社会流动．北京：中国社会科学文献出版社，2004.
54. 邱泽奇．当代中国社会分层状况的变迁．保定：河北大学出版社，2004.
55. 石彤．中国转型时期的社会排挤——以国企下岗失业女工为视角．北京：北京大学出版社，2004.
56. 苏红．多重视角下的社会性别观．上海：上海大学出版社，2004.
57. 孙立平．转型与断裂．北京：清华大学出版社，2004.
58. 吴贵明．中国女性职业生涯发展研究．北京：中国社会科学出版社，2004.

59. 杨云彦等．城市就业与劳动力市场转型．北京：中国统计出版社，2004.
60. 郑杭生，李路路．当代中国城市社会结构．北京：中国人民大学出版社，2004.
61.［美］戴维·格伦斯基编．社会分层．北京：华夏出版社，2005.
62. 李春玲．断裂与碎片：当代中国社会阶层分化实证分析．北京：社会科学文献出版社，2005.
63. 李汉林．中国单位组织变迁过程中的失范效应．上海：上海人民出版社，2005.
64. 李培林．另一只看不见的手——社会结构转型．北京：社会科学文献出版社，2005.
65. 沈崇麟．中国沿海发达地区社会变迁的调查．北京：社会科学文献出版社，2005.
66. 汪开国．深圳九大阶层调查．北京：社会科学文献出版社，2005.
67.［美］赖特．后工业社会中的阶级．陈心想等译．沈阳：辽宁教育出版社，2004.
68. 李弘毅．转型社会的职业分层结构．北京：社会科学文献出版社，2007.
69. 蒋来文等．北京、广州两市职业声望研究．社会学与社会调查，1991(1).
70. 孙立平．"自由流动资源"与"自由活动空间"——论改革过程中中国社会结构的变迁．探索，1993(1).
71. 王汉生，张新祥．解放以来中国的社会层次分化．社会学研究，1993(5).
72. 李若建．割裂的劳动力市场及其对就业的影响：珠江三角洲劳动力市场的研究．管理现代化杂志，1994(2).
73. 孙立平等．改革以来中国社会结构的变迁．中国社会科学，1994(2).
74. 蔡禾，赵钊卿．社会分层研究：职业声望评价与职业价值．管理世界，1995(4).
75. 郭凡．当前广州社会的代际流动．社会学研究，1995(6).
76. 李若建．当代中国职业流动研究．人口研究，1995(2).
77. 钟逢干，袁政．强开放型经济区——珠江三角洲人口行业职业结构变化评析．广东社会科学，1995(5).
78. 赖得胜．劳动力市场的制度性分割．经济科学，1996(6).
79. 李培林．流动民工的社会网络与社会地位．社会学研究，1996(4).
80. 彭庆恩．关系资本和地位获得——以北京市建筑行业农民包工头的个案为例．社会学研究，1996(4).
81. 张宛丽．非制度因素与地位获得——兼论现阶段中国社会分层结构．社会学研究，1996(4).
82. 李若建．广东省职业流动分析．社会学研究，1997(3).
83. 仇立平．社会阶层理论：马克思和韦伯．上海大学学报，1997(5).
84. 蔡昉．二元劳动力市场条件下的就业体制转换．中国社会科学，1998(2).
85. 平萍．国有企业管理的性别策略与女工的企业依赖．社会学研究，1998(1).
86. 彭希哲，任远．从“知青一代”的职业流动看社会变迁．社会学研究，1998(1).
87. 王汉生，陈智霞．再就业政策与下岗失业女工再就业行为．社会学研究，1998(4).
88. 何江．广东省人口职业结构变化及区域特征的初步分析．南方人口，1999年(2).
89. 李汉林，李路路．资源与交换——中国单位组织中的依赖性结构．社会学研究，1999(4).
90. 李路路．论社会分层研究．社会学研究，1999(1).
91. 李路路，李汉林．单位组织中的资源获得．中国社会科学，1999(6).
92. 王卫平．论中国古代慈善事业的思想基础．江苏社会科学，1999(2).
93. 巫继学．权力资本分析——关于权力转化为资本的现象、过程、深层关系和命运的透视．当代经济科学，1993(5).
94. 于蜀，徐桂琼．经济转型与中国人口职业结构的变动．中国人口科学，1999(5).
95. 刘德中，牛变秀．中国的职业性别隔离与女性就业．妇女研究论丛，2000(4).
96. 林聚任，赵萍．行业与职业中的性别隔离状况分析——以山东省为例．妇女研究论丛，2000(4).
97. 李强等．我国城市中的失业下岗问题及其对策．社会学，2000(3).
98. 李强．转型期冲突性的职业评价．中国社会科学，2000(4).
99. 许欣欣．从职业评价与择业取向看中国社会结构的变迁．社会学研究，2000(3).
100. 游正林．国有企业内部的职业声望研究——对北京某机械厂的调查．管理世界，2000(4).
101. 胡鞍钢．阐述我国国情基本特征：一个中国"四个世界"．税务，2001(5).
102. 仇立平．职业地位：社会分层的指示器——上海社会结构与社会分层研究．社会学研究，2001(3).
103. 佟新．研究城市妇女职业发展的理论框架．妇女研究论丛，2001(3).
104. 徐国亮，武中哲．"单位制"变革与女性就业保障．山东师大学报(社会科学版)，2001(5).
105. [美]林南．建构社会资本的网络理论．国外社会学，2002(2).
106. 龙彦，佟新．反思与重构——对中国劳动性别分工研究的回顾．浙江学刊，2002(4).
107. 揭艾花．单位制度变迁过程中的城市女性职业发展障碍．浙江大学学报，2003(4).
108. 李春玲．社会阶层的代际流动和代内流动．中国社会科学院院报，2003(3).
109. 李培林．走出生活逆境的阴影．中国社会科学，2003(5).
110. 宋宝安．观念与需求：社会养老制度设计的重要依据——东北老工业基地养老方式与需求意愿的调查与分析．吉林大学学报，2003(3).
111. 宋丽君，林聚任．职业地位取得社会的性别差异．安徽农大学报(社会科学版)，2003(2).
112. 王君南．基于救助的社会保障制度体系．山东大学学报，2003(5).
113. 王伟．非典型雇用问题文献综述．经济学动态，2003(5).
114. 翟学伟．社会流动与关系信任——也论关系强度与农民工的求职策略．社会学研究，2003(1).
115. 边燕杰．城市居民社会资本的来源及作用：网络观点与调查发现．中国社会科学，2004(3).
116. 蒋晓光．西方劳动力市场分割理论及其启示．经济师，2004(6).
117. 李若建．广东省人口职业结构时空变迁及流动过程中的职业流动．市场与人口分析，2004(1).
118. 刘平．"人力资本失灵"现象与东北老工业基地社会——从李培林、张翼在东北的发现谈起．中国社会科学，2004(3).
119. 乔榛．东北老工业基地改造中的下岗失业问题．税务与经济，2004(1).
120. 王其峰．浙江省职业结构的变化及其影响因素分析．技术经济与管理研究，2004(6).
121. 徐传湛．加快市场化制度创新 振兴东北老工业基地．经济与管理研究，2004(2).
122. 余红，刘欣．单位与代际地位流动：单位制在衰落吗？社会学研究，2004(6).
123. 赵定东，王星．论关东文化选择及其对区域经济的意义．东北亚论坛，2004(3).
124. 赵定东，许洪波．关系的魅力与移民的社会适应——中哈移民的一个考察．市场与人口分析，2004(4).
125. 郑杭生，刘精明．转型加速期城市社会分层结构的划分．社会科学研究，2004(2).
126. 曾群，魏雁滨．失业与社会排斥：一个分析框架．社会学研究，2004(3).
127. 张宛丽．现阶段中国社会分化与性别分层．浙江学刊，2004(5).
128. 张展新．劳动力市场的产业分割与劳动人口流动．中国人口科学，2004(2).
129. 巨文辉．国外劳动力市场分割研究的方向及其特点．中国劳动关系学院学报，2005(6).
130. 刘平．从新二元社会分析到社会政策选择．社会科学辑刊，2005(1).
131. 孙立平．社会转型：发展社会学的新议题．社会学研究，2005(1).
132. 许欣欣．社会、市场、价值观：整体变迁的征兆．社会学研究，2005(4).
133. 王立波．社会转型与辽宁人口职业结构的变迁．人口与经济，2006(5).
134. 刘平．新二元社会与中国社会转型研究．中国社会科学，2007(1).
135. 许经勇．论我国体制内外二元劳动力市场．天津行政学院学报，2007(8).
136. Peter M. Blau，Otis Dudley Duncan：*the American Occupational Structure*，The Free Press，1967.
137. Peter B. Doeringer，Michael J. Piore. "Equal Employment Opportunity in Boston"，*Industrial Relations*：*A Journal of Economy and Society*，Vol. 9，No. 3，1970，pp. 324-339.
138. Lin Nan，Ensel Walter M.，Vaughn John C.，"Social Resources and

Strength of Ties: Structural Factors in Occupational Status Attainment", *American Sociological Review*, vol. 46, No. 4, 1981, pp. 393-405.

139. Wright Erik Olin, Costello Cynthia, Hachen David, Sprague, Joey, "The American Class Structure", *American Sociological Review*, vol. 47, No. 6, 1982, pp. 709-726..

140. Nan Lin and Wen Xie, "Occupational Prestige in Urban China", *American Journal of Sociology*, Vol. 93, No. 4, 1988, pp. 798-832.

141. Bian Yanjie, "Guanxi and the Allocation of Jobs in Urban China", *The China Quarterly*, No. 140, 1994, pp. 971-999.

142. Lee, Ching Kwan, "Engendering the World of Labor: Women Workers, Labor Markets, and Production Politics in the South China Economic Miracle,"*American Sociological Review*, vol. 60, No. 3, 1995, pp. 378-397.

143. Zhou, Xueguang. "Stratification dynamics under State Socialism: the case of China cities, 1949-1993", *Social Forces*, vol. 74, No. 3, 1996, pp. 759-796.

144. A. L. Kalleberg; A. B. Sorensen, "The Sociology of Labor Markets", *Annual Review of Sociology*, vol. 5, 1999, pp. 351-379.

后　记

我出生于大跃进的年代，懵懵懂懂地经历了“文化大革命”，1976 年下乡插队，1977 年作为恢复高考的第一届大学生，进入了辽宁大学哲学系学习，如今已经毕业近 30 年了。

生在沈阳、长在沈阳、工作学习在沈阳，除了留学 6 年外，一直伴随着家乡沈阳的变化，目睹着周围的亲属、朋友、同学们人生的大起大落。原来家属大院的伙伴和同学们，大部分已经成为下岗失业者。我将零工市场纳入研究，直接原因就是在那里我曾经遇见了两个同班同学，其中一个儿时过着极令我们羡慕的优越生活。

我们这一代的生命历程嵌入到改革开放后中国社会的巨大变化过程中，尽管不同的人有着不同的命运，我们有责任和义务去理解和解读我们身处的社会发展阶段。

感谢我的老师们：中学的、大学的，中国的、外国的；感谢我的同事们给我支持和帮助；感谢王汉生老师、郭于华教授，对我的研究提出过宝贵的意见；感谢李春玲教授对我问卷设计的帮助；感谢我的研究生刘俊杰、马丹、吴凤玉曾帮我做了许多研究工作，陈岩、肖德成、刘明玉、张琳帮我做了许多文字工作；我更要感谢家人，我姐姐一直在生活上帮助我，我爱人一直宽容大度，容忍我忙碌时候家里的乱七八糟；也感谢我的儿子们努力学习，自立自强，让我没有后顾之忧；更要感谢国家社科基金，让我研究辽宁社会结构的愿望能够实现；感谢辽宁省教育厅的出版资助，让我的研究成果能够出版。尽管它还是粗糙的，不成熟的，我谨以此献给所有关爱我的人们。

王立波
2011年11月10日于
沈阳国源新村